古代歷史文化研究輯刊

五 編

王明蓀 主編

第3冊

先秦三晉文化研究（下）

陳溫菊 著

國家圖書館出版品預行編目資料

先秦三晉文化研究（下）／陳溫菊 著 — 初版 — 新北市：花
木蘭文化出版社，2011〔民100〕
目 8+204 面；19×26 公分
（古代歷史文化研究輯刊 五編；第3冊）
ISBN：978-986-254-417-4（精裝）
1. 先秦史 2. 文化研究
618   100000573

ISBN-978-986-254-417-4

9 789862 544174

古代歷史文化研究輯刊
五 編 第三 冊   ISBN：978-986-254-417-4

先秦三晉文化研究（下）

作　　者　陳溫菊
主　　編　王明蓀
總 編 輯　杜潔祥
印　　刷　普羅文化出版廣告事業
出　　版　花木蘭文化出版社
發 行 所　花木蘭文化出版社
發 行 人　高小娟
聯絡地址　新北市永和區中正路五九五號七樓之三
　　　　　電話：02-2923-1455／傳眞：02-2923-1452
電子信箱　sut81518@gmail.com
初　　版　2011 年 3 月
定　　價　五編 32 冊（精裝）新台幣 56,000 元

先秦三晉文化研究（下）

陳溫菊　著

目次

附　表

第六章　社會文化

　　社會上大多數人的生活情況及其發展變化，就是社會的一般面貌。在一般的社會面貌上，某一段時間或一個地域的人們，自能呈現一種屬於當代、當地獨特的生活方式、行為準則、社會組織等文化風貌，我們就可以把它們視為當地特有的「社會文化」。若進一步細究「社會文化」，其涵括的內容至少可以包含社會性質、社會結構、社會制度、社會風俗與社會生活五方面的變動發展，當然，政治歷史的演進、經濟生產的變遷與社會思想理論的建立，其實也是社會面貌的組成因素。由於政治歷史的演進已於本論文第二、第三章中闡述，經濟問題在下一章中會有詳盡的介紹；而思想理論的建立是社會思想的精華，不能代表一般的社會思想，因此本章的探索焦點就放在前五個子題上面。其中，社會性質與社會結構的關係是互為表裏、本為因果的，所以二者歸併於本章第一節「社會構成」中，不分割討論。而社會制度與社會風俗的發展，有融合一體、禮俗不分的現象，所以也合併成第二節「社會制度與風俗」的單元。第三節則略述三晉文化地區的人們，在食、衣、住、行、育、樂等各項社會生活的發展概況與面貌，尤其特別側重於晉、趙、魏、韓四國人民生活與其他地域人們的生活差異，以凸顯三晉文化在「社會文化」的特色。

第一節　社會構成

　　「社會構成」是指不同社會形態所形成的「社會性質」，與其相應變化發展的社會組織所構成的「社會結構」。在三晉文化的社會變遷史上，尤其春秋

中晚期到戰國時期，是三晉社會組織與社會結構急速變化的時期，原來嚴格而穩定的社會層級，被政治制度的變革、經濟發展、思想轉變等因素交互影響產生變動。有的階層活動力消失，有的階層大量崛起，促成三晉區域文化的社會性質不停的演進，產生新的社會組織與社會結構面貌，也爲三晉文化的「社會文化」增添豐富的內容。就「社會性質」總論，三晉社會是由晉國的「宗法封建制」步入趙、魏、韓的「齊田授民制」；就「社會結構」而言，晉國原來架構社會組織的「國野鄉遂制」在春秋中晚期以後，受到宗法封建制崩潰的衝擊，以血緣關係爲紐帶的社會架構無法施行，於是趙、魏、韓三國社會順時推移，出現新的結構聯繫方式，改以居住地或職業的關係重組其社會結構。

一、社會性質

（一）晉國的「宗法封建制」

晉國建立之初的社會性質，統言之，可謂「宗法封建制」的社會。其社會形態即以「宗法」制度爲軸心，其社會意識形態中，宗法觀念即是人們的共識。不過在探究晉國「宗法封建制」本身的變遷發展之前，我們首先必須了解周人何以走向封建制與宗法制結合爲「宗法封建制」的背景與過程。

1.封建制度與晉的建國

（1）周族封唐與晉國的封建制度

周族本來是以今之洛陽以西至渭涇一帶爲根據地的小邦，公元前十一世紀下半葉，取代了大邦殷商而成爲天下共主。爲了鞏固政權，大約在周初成康之世、周公輔政的時代，完成了大部份「封藩建國」的工作。如《左傳・僖公二十四年》富辰說：「昔周公弔二叔之不咸，故封建親戚，以蕃屏周。管、蔡、郕、霍、魯、衛、毛、聃、郜、雍、曹、滕、畢、原、酆、郇，文之昭也；邘、晉、應、韓，武之穆也；凡、蔣、邢、茅、胙、祭，周公之胤也。」（頁 255）《左傳・昭公二十八年》成鱄亦云：「昔武王克商，光有天下。其兄弟之國者十有五人，姬姓之國者四十人。」（頁 913）《荀子・儒效》篇也說：「周公兼制天下，立七十一國，姬姓獨居五十三人。」（頁 73）這三段資料顯示，周初分封諸侯，姬姓親戚佔大部分，大概有五、六十個，都是文、武、周公的後裔，這是「親親」的原則。其中晉國的建立，也在這波的封藩建國行列中。

西周「分封」的本質是什麼？柳宗元《封建論》說：

> 彼封建者，更古聖王堯、舜、禹、湯、文、武而莫能去之。蓋非不
> 欲去之也，勢不可也。勢之來，其生人之初乎？不初無以有封建，
> 封建非聖人意也。彼其初與萬物皆生，草木榛榛，鹿豕狉狉，人不
> 能搏噬而且無毛羽，莫克自奉自衛。荀卿有言，必將假物以爲用者
> 也。夫假物者必爭，爭而不已，必就其能斷曲直者而聽命焉。其智
> 而明者，所伏必眾，告之以直而不改，必痛之而後畏，由是君長刑
> 政生焉。故近者聚而爲群，群之分，其爭必大，大而後而有兵有德。
> 又有大者，眾群之長又就而聽命焉，以安其屬，於是有諸侯之列，
> 則其爭又有大者焉。德又大者，諸侯之列又就而聽命焉，以安其封，
> 於是有方伯連帥之類，則其爭又有大者焉。德又大者，方伯連帥之
> 類又就而聽命焉，以安其人，然後天下會於一。

又說：

> 蓋以諸侯歸殷者三千焉，資以黜夏，湯不得而廢。歸周者八百焉，
> 資以勝殷，武王不得而易。徇之以爲安，仍之以爲俗，湯武之所不
> 得已也。〔註1〕

柳氏以爲，「封建制」淵源甚早，幾乎在生民之初就已開始，隨著社群組織的
擴大而逐步向更高的政治權力匯聚。商周的封建，事實上是政治權力層級分
化。以周初分封諸侯國的整體範圍來看，大抵以華北黃土平原爲領域，因此
雖然周人以征服形勢克殷，但卻不應當作異民族間的征服與被征服，而應視
爲夏、商二代以來，同一個大文化圈內所進行的族群關係的重新組合〔註2〕。
分封制度其實就是周人建立新型政治權力結構的方法，周人取代商人，成爲
封建結構的最上層。分封制的意義，即是周人在各地區與殷人舊族、當地土
著建立「三結合」關係的政治權力。

　　至於周朝封唐（晉）的目的爲何？所謂「以蕃屏周」，到底是「蕃屏」什
麼？據《左傳・定公四年》記載衛國祝佗所講周公分封魯、衛、唐三國的情
況（頁946～949），除了賞賜儀仗、禮樂器、寶物之外，三國分別還配以部份
商朝世族或古國宗族：

〔註1〕 中國學術名著：《柳河東全集》卷三，台北：世界書局，1988年五版，頁31
　　　　～32、34。
〔註2〕 許倬雲：《西周史（增訂版）》，台北：聯經出版公司，1990年，頁139～143。

> 魯：「殷民六族：條氏、徐氏、蕭氏、索氏、長勺氏、尾勺氏，使
> 帥其宗氏，輯其分族，將其類醜。以法則周公，用即命于周，
> 是使之職事于魯，以昭周公之明德。……命以伯禽，而封於少
> 皞之虛。」
>
> 衛：「殷民七族：陶氏、施氏、繁氏、錡氏、樊氏、饑氏、終葵氏。
> ……命以康誥，而封於殷虛。皆啟以商政，疆以周索。」
>
> 晉：「懷姓九宗，職官五正。命以唐誥，而封於夏虛。啟以夏政，
> 疆以戎索。」

魯、衛所分封者為殷民「六族」與「七族」，他們應該都是殷族的世臣大族，
為了避免危亂於周，於是將其分散遷移。至於分配給晉國的則是「懷姓九
宗」。杜預以為，懷姓是古唐國的餘民，「九宗」意為一姓九族。王國維《鬼
方昆夷玁狁考》說：「他書不見有隗國。此隗國者，殆指晉之西北諸族，即唐
叔所受之懷姓九宗，春秋隗姓諸狄之祖也。」〔註 3〕所謂「懷姓九宗」，其實
就是赤狄族隗姓方國的貴族。顯然，唐叔的任務稍異於伯禽與康叔，重點不
在懷柔殷遺，而在確保周室北方一線的安定。《唐誥》雖然已經失傳，但其
內容重點可以推想，必是在於「啟以夏政，疆以戎索。」因為唐國原是夏朝
統治地區，因此需要採取夏代政策中合適的部份繼續推行；而且，唐國周圍
是戎狄之族的分佈地區，又應保留戎狄習俗中適當的部份加以傳承，這是
因地制宜的統治政策。我們還可看出，正因唐地居於戎狄與中國、北方戎狄
文化與中原華夏文化的交界點，故唐國（晉國）分封的主要目的在於「匡有
戎狄」（《左傳・昭公十五年》，頁 824），即擔負抵禦和控制西北戎狄的責
任，為周人確立北面的屏障。不可忽略的一點是，受到周王朝冊封而建立的
晉國，在統治政策上雖然留意於「啟以夏政，疆以戎索」的機變，但政治體
制上，則仍本於周王朝「封建制度」的規定，在國君之下繼續分封卿、大夫
及大夫之下的階層。因此，在封建制度下的晉國社會，其階級層次是嚴明存
在的。

（2）分封儀式的社會意義

「封建制度」除了形成晉國社會層級分明的基本形態外，透過分封儀式
的內容，我們還掌握到周人封建制度的施行，由器物、土地到人民，無不印

〔註 3〕王國維：《鬼方昆夷玁狁考》，《叢書集成續編》（雪堂叢刻本），台北：藝文印
書館，頁 7。

上「封建」的色彩，如此，封建制度不僅是政治層級關係的確立，也是經濟層級關係的確立；而政治與經濟的層級關係，即凝構成層次分明、井然有序的社會結構。晉國之內各個層級的封建情況應當也是如此。

據文獻及出土器銘證實，周初分封諸侯，應有一套隆重的策命典禮，舉行地點則在太廟。《禮記・祭統》曰：「古者明君，爵有德而祿有功，必賜爵祿於太廟，示不敢專也，故祭之日一獻。君降立于阼階之南，南鄉，所命北面，史由君右執策命之。再拜稽首，受書以歸，而舍奠于其廟，此爵賞之施也。」（頁 836）以西周金文所載策命王臣之禮來比較，《祭統》所言頗爲可信。策命禮的執行內容，除了「史由君右執策命之」，還包括分賞儀仗、禮樂器或寶物，以及司空「授土」、司徒「授民」的儀式。《左傳・定公四年》祝佗描述魯、衛、唐受封的內容，當是周人舉行策命禮的情況：

首先，在分封儀式中，賞賜器物所具備的象徵意義通常大於實質意義。就唐叔而言，受賜之物有「大路、密須之鼓、闕鞏、沽洗」。大路，是路車，象徵諸侯尊貴身份的乘車；密須，是國名，文王伐其國而得其鼓；闕鞏，是指闕鞏國所出之鎧甲；沽洗，是鐘名，樂器，代表禮樂重器。周公分封這些禮器或寶物給唐叔，兼具有裝飾唐叔威儀、加強其統治力量的用意。周景王也曾解釋：「密須之鼓，與其大路，文（文王）所以大蒐也；闕鞏之甲，武（武王）所以克商也。唐叔受之以處參虛，匡有戎狄。」（《左傳・昭公十五年》，頁 824）周公把文王在大蒐禮中使用的鼓和車、武王在克商戰役中所應用的鎧甲賞給唐叔，就是要求唐叔須繼承祖先尚武的傳統、勝利的餘威，以達到「匡有戎狄」的目的。

其次，就魯、衛分封的內容而論，策命禮中還有「授土」的步驟，祝佗所言「分之土田陪敦」於魯公、「聃季授土」於康叔即是。所謂「土田陪敦」，就是「土田附庸」。《詩經・魯頌・閟宮》記分封魯國的情況：「乃命魯公，俾侯于東。錫之山川，土田附庸。」（頁 778）「陪」和「附」古聲同（皆爲並母），「敦」和「庸」因字形相近而訛誤。「附庸」原是小城的意思，後來引申爲附屬天子或諸侯國的附屬國。《禮記・王制》曰：「子男五十里。不能五十里者，不合於天子，附於諸侯曰附庸。」鄭玄注：「小城曰附庸。」（頁 212）故「土田附庸」之意，是說有城郭居民的大塊土地。授土儀式的執行者爲司空。據《古文尚書・周官》述六卿職掌爲：「冢宰掌邦治，統百官，均四海；司徒掌邦教，敷五典，擾兆民；宗伯掌邦禮，治神人，和上下；司馬掌邦政，統六

師，平邦國；司寇掌邦禁，詰姦慝，刑暴亂；司空掌邦土，居田民，時地利。」（頁 270）杜預注《左傳》「聃季授土」亦云：「聃季，周公弟，司空。」（頁 948）祝佗陳述唐叔受封，當因文漸省略而未言及「土田陪敦」與「授土」，但可推想，應是同於魯、衛，由司空進行授土儀式。

第三，分封儀式還有「授民」的步驟。上文提及，周公分予魯國「殷民六族」，並且「使帥其宗氏，輯其分族，將其類醜。」所謂「類醜」，應該就是隸屬於殷貴族的奴隸。「殷民六族」原是殷的貴族，他們帶著宗氏和分族，以及所屬的「類醜」，被分配給魯公，將隨魯公遷到魯地，成爲魯國政治與軍事上的依靠力量〔註4〕。同理，分配給康叔的「殷民七族」和分配給唐叔的「懷姓九宗」，情況可能大致相同，只是省略後半的文字敘述。所謂「懷姓九宗」，應該原是聽命於殷的一個赤狄族的隗姓方國，此時爲周所滅，因此周公將其分配予唐叔，成爲晉國的「國人」。除此之外，唐叔還被分配了五官之長的「職官五正」，他們是世襲五種官職的貴族〔註5〕。顯然，在「陶叔授民」的成份裡，除了舊貴族的「懷姓九宗」會成爲「國人」的新血輪，另外還包括屬於舊官員的「職官五正」將擔任唐國的官吏，授民的意義等於人口再編組。如此一來，不但可防止舊貴族與舊官員在原有的領域或官場坐大危亂及腐敗，還能幫助新封國儘速穩定政治、軍事的情勢，同時擴大周朝統治的範疇，可說一舉數得。

再進一步深究分封儀式涉及的社會意義，其器物賞賜還象徵著一切典章制度的主從關係。若擴及生活衣食住行各方面，所有器用也因而都有禮制的等級意義存在；其授土、授民的本質，基本上建構了貴族擁有土地佔有權的意識，而這種意識在社會不斷的變遷與發展下，竟逐漸演變成土地私有的模式，並回過頭來促使社會變遷的速度加快。

2. 宗法制度的產生

中國古代的家族制度與宗法制度有密切的關聯。家族是由若干具有親近血緣關係的家庭組成，而若干出自同一男性祖先的家庭又組成宗族。所謂宗法制度，「是指一種以血緣關係爲基礎，標榜尊崇共同祖先，維繫親情，而在宗族內部區分尊卑長幼，並規定繼承秩序以及不同地位的宗族成員各自不同

〔註 4〕 參見楊寬：《西周史》，頁 355～360。
〔註 5〕 「職官五正」，據《左傳》疏所引，劉炫另有一說，以爲乃在懷姓九宗之內立五長，可備一說。

的權力和義務的法則。」〔註6〕更明確的說，宗法制度是中國古代維護貴族統治的一種制度。它不僅制定了當時貴族的組織關係，而且和政權機構密切結合，由此確定了各級族長的統治權力和相互關係。因此，宗法制度可視爲用來鞏固貴族政治組織的一種方法。

宗法制度是由古代父系氏族社會的家長制演變而來的。在父系氏族社會中，世系是以父系計算，父系家長擁有支配家族成員的力量，甚至可掌其生殺大權。大約在父系氏族社會後期進入夏王朝的階段，宗法制度逐漸形成。隨著生產力的發展，私有財產的增加，當父系家長死後，他的權力與財產需要有人繼承，於是習慣上就規定一定的繼承程序。具有特權地位的繼承人，還必須依照血緣關係的親疏遠近，把部份權力和財產分配給宗族中的其他成員。因此確定繼統秩序，並且在宗族內部，依血緣關係區分尊卑親疏，規定各自的權利和義務，二者相輔相成，是宗法制度的基本內容。與此相適應的，爲了加強宗族內部的凝聚力，又產生了對祖先的崇拜，及隨之而來祭祀祖先的種種儀式。在河南偃師二里頭夏代都城遺址出土的一號宮殿基址，發現許多祭祀坑。據專家研究推測，一號宮殿應是屬於宗廟性質的建築遺存〔註7〕。宗廟的存在，是國家政權產生的一種標誌；宗廟祭祀，是一個國家的重要大事，由宗族中地位最高的成員主持。同一宗族的人，具有共同的祖先、共同的宗廟、共同的姓氏、共同的墓地，並且同受宗法制度的約束。

到了商代，更明顯的證據證明宗族組織確實存在。所謂「殷民六族」、「殷民七族」、「懷姓九宗」，以及「宗氏」、「分族」、「類醜」的區別，說明宗族內部的不同層次。「宗氏」當是宗族長本支的子弟，「分族」則是族中旁支。卜辭中也屢見「王族」、「多子族」、「帝」、「介子」、「介兄」、「介母」等名稱。多子族與王族有血緣關係，實際上就是王族的分支。王族的宗族長爲商王，多子族的宗族長稱爲「子」（後世稱爲「宗子」），商王與「子」的關係，正如後世的大宗與小宗。「帝」是商王對死去的先王之稱，《說文》「嫡」字從女啇聲，啇字又從帝得聲，所以卜辭用以稱父王的「帝」，應該是「嫡」的前身。至於親屬稱謂中所謂的「介」，有「副」的意思，與「嫡庶」的「庶」意義十分接近。大要而言，商代的宗法制度，比夏代的初期形態更趨嚴密，宗族內

〔註6〕陰法魯、許樹安：《中國古代文化史（一）》，北京：北京大學出版社，1989年，頁80。

〔註7〕張之恒、周裕興：《夏商周考古》，南京：南京大學出版社，1995年，頁39。

部的繼統法以傳子為主，並且由此產生了直系、旁系之分，嫡、庶之分，大宗、小宗之分。

　　武王伐紂滅商，建立西周王朝後，為了維護統治秩序，周人不僅承襲了商人文化中的宗法制度，更在新的條件下，對商代原有的宗法制度作進一步的充實和發展，使之更加系統。可以說，在西周時期，中國宗法制度最為典型、嚴密，臻於完善。按照周代的宗法制度，周王自稱「天子」，王位由嫡長子繼承，稱為天下的大宗，是同姓貴族的最高族長，又是天下政治的共主，掌有統治天下的權力。依照封建制度上「親親」的原則，天子的眾子有的分封為諸侯，君位也由嫡長子繼承，對天子為小宗，在本國為大宗，是國內同宗貴族的大族長，又是本國政治上的共主，掌有統治封國的權力。諸侯的眾子有的再分封為卿大夫，也由嫡長子繼承，對諸侯是小宗，在本家是大宗，世襲官職，並掌有統治封邑的權力。此時宗法制度的主要特點在於嚴格區分嫡、庶，確立嫡長子的優先繼承權，以及在宗族內區分大宗、小宗之別。無論大宗、小宗，都以正嫡為宗子，宗子具有特殊的權力，諸如主持祭祀、掌管宗族財產、料理族人婚喪、處理宗族內部糾紛等等，宗族成員皆須尊奉宗子。

　　至於諸侯宗族旁系的情況，《禮記》中有兩段重要的參考資料：

　　〈大傳〉記載：「別子為祖，繼別為宗，繼禰者為小宗。有百世不遷之宗，有五世則遷之宗。百世不遷者，別子之後也。宗其繼別子之所自出者，百世不遷者也。宗其繼高祖者，五世則遷者也。尊祖，故敬宗；敬宗，尊祖之義也。」（頁 620）

　　〈喪服小記〉內容大致相同：「別子為祖，繼別為宗，繼禰者為小宗。有五世而遷之宗，其繼高祖者也。是故，祖遷於上，宗易於下。尊祖，故敬宗；敬宗，所以尊祖禰也。庶子不祭祖者，明其宗也。」（頁 592）

所謂「別子」，是與嫡長子相對而言。諸侯的嫡長子繼位為君，世守祖廟；別子則不敢祖諸侯，只能分出另立一系。別子往往受封為卿大夫，領有封邑采地，他的後世奉之為始祖，此即「別子為祖」。分出去的別子又會有嫡子、庶子，同樣也是世世代代以嫡長子為繼承人，這一支就是直系大宗，所謂「繼別為宗」。其餘的諸子，不能「繼別」，應尊奉繼別者為宗，相對而言，就是「小宗」。他們也以嫡長子為嗣，雖無權「繼別」，但可「繼禰」。禰，是已故

父親在宗廟中的神主。繼禰者有權祭祀父親，稱爲「繼禰小宗」。庶子除了宗奉直系大宗，還得宗奉這個繼禰小宗。再往下，由於繼禰小宗又是世代以嫡長子爲嗣，於是又會有繼祖小宗、繼曾祖小宗、繼高祖小宗。繼禰小宗受親弟的宗奉，繼祖小宗受同祖昆弟的宗奉，繼曾祖小宗受同曾祖昆弟的宗奉，繼高祖小宗受同高祖昆弟的宗奉，而所有小宗又一起宗奉大宗。

不過族中子孫會不斷增加，數代以後，彼此之間血緣和感情上的聯繫會越來越疏遠，一個人也不可能宗奉許許多多小宗，於是根據「五世親盡」的原則，規定由自身算起，只往上推到第五世高祖，只宗奉繼禰、繼祖、繼曾祖、繼高祖四個小宗，高祖以上可以不管，此即所謂「宗其繼高祖者，五世則遷者也。」「有五世而遷之宗，其繼高祖者也。」又因爲每一代會有不同的父、祖、曾祖、高祖，所以「祖遷於上，宗易於下。」然而，若只論五世而遷，一個宗族終將分裂爲無數的小宗族或家族而漫無統系，因此又要強調「宗其繼別子之所自出者，百世不遷者也。」大宗要永遠受到宗奉，小宗可絕，作爲宗族核心與象徵的大宗不可絕。萬一大宗沒有後嗣，族人應以支子爲大宗後，以維持大宗的統系〔註8〕。就一個諸侯國內的貴族成員而論，往往有兩層宗主，一是本宗宗主，一是作爲國內大宗宗子的諸侯，如果再加算天下大宗的周天子，則有三層宗主。

這套嚴密的宗法制度與封建制度緊密結合，在西周、春秋時期，是維持周王朝與諸侯國政治社會組織穩固的重要依據。

3. 晉國「宗法封建制」的變遷

如上文描述，周王朝與分封諸國穩定其政治、社會架構最重要的力量，是宗法制度與封建制度的結合並行，可稱之爲「宗法封建制」。晉國的社會性質，也是「宗法封建制」的社會。

宗法封建社會最主要的表現是宗族在社會上佔有主導的地位。以晉國的統治階層而言，與晉國同姓的貴族在未凋零之前，其內部是由不同的等級組成龐大結構網。《左傳·宣公二年》曰：「初，驪姬之亂誡，無畜群公子，自是晉無公族。」（頁 365）所謂「公族」，即泛指晉君的同姓貴族。《左傳·昭公三年》叔向說：「晉之公族盡矣。肸聞之，公室將卑，其宗族枝葉先落，則公從之。肸之宗十一族，唯羊舌氏在而已。肸又無子，公室無度，幸而得死，豈其獲祀？」（頁 723）這兩段文字都是描述晉國公室凋零的情況，但這是春

〔註8〕 本段文字主要參見陰法魯、許樹安：《中國古代文化史（五）》，頁81～88。

秋以後的事情，在此之前，晉國公族應該是晉國統治階級最主要的勢力。光看晉國公室的一個分支宗族——羊舌氏，就可發現，晉國的公族起碼有公室——羊舌之宗十一族，以及羊舌一宗底下還有「羊舌四族」（《左傳·昭公五年》，頁 747）的分支層次，可見公族的層次至少是三層以上。不同層次其實也是大宗統小宗，小宗服大宗，上下相從的宗法關係，構成晉國初期的公族統治網。《左傳·桓公二年》晉國大夫師服說：「故天子建國，諸侯立家，卿置側室，大夫有貳宗，士有隸子弟，庶人、工、商各有分親，皆有等衰，是以民服事其上，而下無覬覦。」（頁 97）所謂「各有分親，皆有等衰。」顯示士以上的統治階層以及庶人以下的被統治階層，在內部都以宗族的關係組織其等級結構。我們因此可以推定，西周時期的晉國社會，在性質上是宗法制度的社會，在表現上就是宗族集團的普遍存在。上自貴族、下至庶民，都藉由宗族血緣關係的連繫，達成國家社會關係和諧，政局穩定的結果。不過，晉國宗法封建社會的發展相較於其他諸侯國，不但最早遭到破壞，而且到了春秋以後，其變動激烈亦甚於他國。

唐叔封唐，八傳至晉穆侯止，皆由其子繼位。西元前 785 年，晉穆侯過世，其弟晉殤侯以別子身份為君，晉國的宗法制度遭到第一次的破壞。之後，賴晉文侯的反正，晉國繼統的宗法才能恢復。不過，到了春秋初期，由於晉昭侯分封叔父成師於曲沃，不但帶來晉國分裂和內亂的動盪局勢，也造成晉國宗法制度的解體。西元前 678 年，經過數十年的自相殘殺，曲沃武公取代翼侯做了國君，除了追尊始祖唐叔之外，先世的十四代、十六位國君斷絕祭祀，此後各代國君只承認武公為其宗主。這是小宗叛大宗並取代其地位的情況，也是晉國宗法制度史上歷史性的破壞。

接著，經過驪姬之亂，晉國宗法又出現另一項具打擊性的特點，即是嫡長子繼承制色彩的淡化。晉惠公、晉文公都是庶子，但是因為嫡長子申生的自殺，他們相繼成為國君、宗廟的主祭人。晉襄公雖然以子繼父，但襄公之母偪姞並非嫡妻，則襄公亦非嫡子。襄公死後，在激烈的爭奪戰中，夷皋因母親的力保才繼父位為靈公，十四年後，被趙穿所殺，趙盾則迎立襄公庶弟黑臀為君（即晉成公），繼統竟是叔父繼承侄子。成公之後三代，又發生欒書弒厲公、迎立晉襄公庶孫次子（即曾孫）的事變。可以說，自從晉獻公之後，晉國的繼承君統方面，宗法制度幾乎無法實行。相較於其他諸侯國，晉國宗法制度的破壞顯然最為嚴重。

另外，晉獻公時，先後發動兩次殘滅公族的行動，致使晉的舊公族只剩下出自始祖唐叔、後來流落在戎狄的狐氏，以及出自靖侯的欒氏、出自桓叔的韓氏，以及不知宗族淵源的羊舌氏等少數宗族。晉文公之後，雖然不再殺戮公族，但總把庶子送往列國。這種忽視宗族血緣關係、刻意削弱小宗政權、藐視宗法制度的情形，造成晉國公族的力量特別薄弱，而輔助國君的卿大夫，相對必須採用多數異姓輔佐大夫，間接埋下趙、韓、魏三家足以分晉的因素。

宗法制度在公族中無法貫徹實行，自然會影響到其他貴族家族。晉國之內，無論同姓或異姓宗族，往往也不實行嫡長子繼承制。例如：趙盾是狄女叔隗所生，卻以庶出繼為趙氏大宗；趙毋恤是趙鞅的翟婢所生，趙鞅雖有長子伯魯，卻選擇庶子毋恤為嗣。韓厥告老，因長子無忌患疾，只好讓次子韓起為卿。按照宗法制度，一個大宗要統轄四個小宗，直到繼高祖的小宗才可以絕宗自立。可是晉國貴族，常不待四世就分族了。例如：程鄭是荀雅的曾孫，三傳就另立為程氏；智果是知伯瑤的族人，為怕受其牽連，於是別族為輔氏。

所有宗法制度在晉國高度破壞的情形，由初期的小宗代大宗，到公族盡滅、繼統秩序混亂，以及不同宗族或分支的相互併吞等，對晉國宗法封建社會產生社會結構異動的影響，特別是統治階層內部結構的變化，和這些變化引發的政治措施所帶來的社會變遷，終於導致原來維繫社會安定的宗法制度崩潰，宗族關係逐漸模糊，新的社會階層相應產生，促使晉國走向三家分晉的滅亡結局。

（二）趙、魏、韓的「齊民授田制」

春秋以來，「宗法制度」在晉國貴族階層結構上的破壞最為顯著，政治活動的重心由統治的公室轉移入大夫集團，並且集中在少數的家族，以趙、魏、韓、范（士）、中行、智（荀）、欒、郤最有名。其他國家也大抵如此，例如齊國的高、國、崔、慶、陳（田），魯國的季孫、孟孫、叔孫，衛國的石、甯、孫、孔，鄭國的罕、駟、豐、羽、印、國、良，宋國的華、樂、皇、魚、鱗、蕩、向，周王室的召、單、甘、劉等姓大夫，都曾經在各國春秋史上強力活躍。到了春秋晚期，卿大夫集團劇烈的競爭兼併，最終殘存的家族寥寥無幾，晉國僅存趙、魏、韓三姓大族執政，同時「士」集團參與重要事項的人數漸多，有逐步取代卿大夫集團勢力的趨勢。到了戰國時期，

趙、魏、韓的卿相來自強宗巨室的情形似乎絕跡，而周遊列國的遊士說客爲國君賞拔的比例極高〔註9〕，證明「宗法」的力量淡薄，和以「宗法」維繫的舊型態社會結構已經消失，晉國原來「宗法封建制」的社會性質產生重大變化。

簡言之，戰國時期趙、魏、韓三國異於晉國的社會型態及社會性質，可稱之爲「齊民授田制」的社會。所謂「齊民」，指的是晉國原來基層行政組織區分爲國人、野人制度的取消，人民一律編戶齊民，施行五家爲「伍」、十家爲「什」的戶籍制度；原來因宗法關係聚居的鄉黨組織也瓦解消散，改施以地域關係爲基礎的鄉里社會組織。所謂「授田」，就是結合戶口和田宅，凡是有設籍的人民，國家就授與田地耕種，據此徵賦、徵稅；而原來封建制度中按宗法等級的社會地位授與爵位的方式，隨之式微，血緣關係和封建制度大體剝離，改採以軍功、事功爲依據賜爵和封賞田地。其實這種軍功爵制在春秋時期的晉國就已經產生並且系統化，例如晉文公歸國之後，「賞從亡者及功臣，大者封邑，小者尊爵。」（《史記・晉世家》，頁 644）；晉文公蒐於被廬，作三軍，「作執秩以正其官」（《左傳・僖公二十七年》，頁 1662），「執秩」是專行負責爵位賞賜之官，而以軍隊爲管理對象，說明當時晉國的軍功爵制已經系統化；趙鞅在鐵之戰的戰前誓師辭說：「克敵者上大夫受縣，下大夫受郡，士田十萬，庶人、工、商遂，人臣、隸、圉免。」（《左傳・哀公二年》，頁 994）是趙鞅爲激勵士氣，承諾以軍功賞土田的創舉。之後趙、魏、韓三國在戰國時期也都實行軍功賜田制。至於沒有軍功、事功的宗室貴族是否就完全沒有社會地位？其實也不是，他們雖然不能頒祿授爵，不過還是因其宗室身份可獲賜田宅土地，所以通常是富而不榮。整體而言，戰國時期雖然宗法制度尚存影響的痕跡，但三晉國家的社會性質已無法用「宗法封建制」歸納，而是以「齊民授田制」論之較爲妥切。

二、社會結構

這裡的「社會結構」，主要是指社會成員的政治地位、經濟地位因差別形成組織層次不同的社會關係，也就是擔任不同責任、義務的社會成員所對應的不同階級身份。

〔註 9〕詳見許倬雲：〈春秋戰國的社會變動〉，載於中央研究院《歷史語言研究所集刊》三十四冊下集。

　　形成晉國與三晉國家社會結構存在不同階級成員之因，除了宗法封建制形成的等級規範外，另外一個重要的決定因素是土地政策規劃所形成的社會組織與對應的身份階級。根據《周禮》的內容，西周、春秋時期，王室與諸侯國家都應實施「國野」「鄉遂」對立的土地制度。這種制度的施行，不僅對行政區域進行劃分，也成為居民身份階級有別的劃分標準。雖然《周禮》一書的成書時代較晚，書中所描述的國野制、鄉遂制可能也不是晉國施行的原貌，但由《左傳》記事中，有關晉國與春秋諸國的「國人」、「郊人」與「遂」、「野」存在的事蹟為證〔註 10〕，可知西周到春秋時代，晉國社會組織實施國野、鄉遂區分，大體是可信的。因此以下我們還是根據《周禮・小司徒・遂人》與〈大司徒〉、〈小司徒〉等相關記載的內容，推測晉國「國野制」與「鄉遂制」的施行概況與演變歷史。

（一）「國野制」與「鄉遂制」的內容與變遷

1.「國野制」與「鄉遂制」的內容

　　「國」的本義應當是城，指王城或國都，在都城城郭之內的範圍就稱作「國中」；「野」原義是泛指都城以外無人居住的曠野地區，如《詩經・小雅・鶴鳴》：「鶴鳴於九皋，聲聞在野。」（頁 376）〈我行其野〉詩：「我行其野，蔽芾其樗。」（頁 383）〈何草不黃〉詩：「匪兕匪虎，率彼曠野。」（頁 528）等，可見「野」是佈滿雜草林木、飛禽走獸的地區。《說文》謂：「野，郊外也，从里予聲。」（頁 701）《周禮・天官冢宰》言其職掌之一「體國經野」，將城郭以外相當距離的周圍地區叫做「郊」或「四郊」，並歸為城的一部分，城郊合為廣義的「國」，而「野」指郊外之地，與廣義的「國」對立起來，這大概是較後起的定義。根據〈小司徒〉職掌「大比六鄉四郊之吏」來看，《周禮》在「國」以外、「郊」以內的範圍分設「六鄉」，這就是「鄉遂制度」的「鄉」，也是廣義的「郊」；在「郊」以外和「野」以內分設有「六遂」〔註 11〕，

〔註10〕例如《左傳・僖公十五年》載，晉惠公被秦俘虜，派郤乞「朝國人而以君命賞。」（頁 232）《左傳・襄公九年》載宋國火災，「樂喜為司域以為政……令隧正納郊保……二師令四鄉正敬享。」（頁 522～524）《左傳・襄公七年》：「（魯）南遺為費宰、叔仲昭伯為隧正。」（頁 518）「隧正」即是「遂」的長官。又如《左傳・昭公十八年》載鄭國火災，「（子產）使野司寇各保其徵，使郊人助祝史除於國北。」（頁 841～842）居住在「鄉」範圍內的居民，皆可稱為「郊人」，從「野」徵發來的役徒當即是「遂」的居民。

〔註11〕《周禮・遂人》：「凡賓客，令脩野道而委積；大喪，帥六遂之役而致之。」（頁 234）

這是「鄉遂制度」的「遂」。國君分封給卿大夫的釆邑則稱「封鄙」，細分之，有甸、稍、縣、都、鄙等名目（見《周禮・縣師》，頁 204）。大體而言，「六遂」與「都鄙」等地可合稱爲「野」，這就是「國野制」與「鄉遂制」的組織形式。

居住在「國」中和「六鄉」中的居民，稱爲「國人」、「鄉人」，或統稱爲「國人」，他們要在國中與郊內的範圍遷居，手續比較簡便。《周禮・比長》曰：「徙于國中及郊，則從而授之；若徙于他，則爲之旌節而行之。若無授無帶，則爲圜土內之。」（頁 187）如果遷居範圍不在國中和郊，所指的便是居於六遂或都鄙之人，則必須有「旌節」爲證才能通行，否則會被拘捕圈禁的。顯然，「國」和「野」兩個區域的居民是無法自由遷徙的，這表示：居住在國野兩地的居民身份有所差異，不得混淆。

雖然在《周禮》中，「鄉」與「遂」的居民都可統稱爲「民」，但「六遂」的居民還有一些特殊的稱呼，如「湔」、「氓」、「野民」、「野人」等。《周禮・遂人》曰：「凡治野，以下劑致湔，以田野安湔，以樂昏擾湔，以土宜教湔稼穡，以興鋤利湔，以時器勸湔，以強予任湔，以土地平政。」（頁 232～233）這裡談「治野」，而一連七舉「湔」，內容大多關涉農業生產活動。《周禮・縣正》又云：「若將用野民，師田行役，移執事，則帥而至，制其政令。」（頁 237）《孟子・滕文公上》也說：「無君子莫治野人，無野人莫養君子。」（頁 91）「野人」、「野民」都是「湔」（氓）的別稱。

除了名稱的區別之外，「六卿」和「六遂」的居民社會組織也有不同。《周禮・大司徒》載「六鄉」的鄉黨組織是「令五家爲比，使之相保；五比爲閭，使之相受；五閭爲族，使之相葬；五族爲黨，使之相救；五黨爲州，使之相賙；五州爲鄉，使之相賓。」（頁 159）而〈遂人〉載「六遂」的鄰里組織是「五家爲鄰，五鄰爲里，四里爲酇，五酇爲鄙，五鄙爲縣，五縣爲遂。」（頁 232）從「六鄉」的鄉黨組織來看，分爲比、閭、族、黨、州、鄉六級，基本上是採聚族而居的方式，即以血緣關係爲連繫的宗法組織形式；而「六遂」的鄰里組織分爲鄰、里、酇、鄙、縣、遂六級，居民的關係則完全以地域關係、鄰居關係代替了血緣關係。

分析「六鄉」與「六遂」居民的社會義務與政治權利，楊寬先生認爲：「六鄉」居民都是「國人」〔註12〕，具有國家公民的性質，屬於當時的統治階級，

〔註12〕見《戰國史》（1997 年增訂版），頁 376～380。其實國中居民包括上自宗族、

依舊沿用傳統習慣，以血統關係作為團結的手段，對國家最主要是負擔軍賦、兵役和力役的義務，有參與政治、接受教育、選任官吏的權力；「六鄉」的居民屬於被統治階級，主要負擔的是農業生產和提供一切在野的物產和服勞役，但無法享受政治、教育的權利。因此，「六鄉」與「六遂」的居民明顯是兩個不同的社會階級。

晉國國野制和鄉遂制可能施行的狀況，今已無詳細資料可考。但據《左傳·僖公十五年》記載，春秋中期韓原之戰後，晉惠公為秦人所擄，晉國要立太子為君還須召集國人共同決策，先「朝國人而以君命賞」（頁232），之後公佈「作爰田」、「作州兵」，應當也都徵求其同意才施行；其他國家的「國人」也普遍存在，可見春秋之時，國野制很可能在晉國和各國普遍存在，而且就是架構當時社會組織的主體制度。

2. 晉國「國野制」的變遷

據上文推測，西周到春秋初期的晉國大體維持著國野分立的田地疆界，以及國人、野人分居的社會組織型態，應是可相信的。但是這種穩定的社會關係，在晉惠公時開始產生變化。晉國在韓原之戰大敗，為了挽救戰敗的局勢，採取「作爰田」和「作州兵」的兩項措施。所謂「作爰田」，簡單地說，就是承認國人已經開墾的私田合法，承認他們因開墾私田而變動的田地疆界〔註13〕；所謂「作州兵」，則是承認野人在州地開墾荒田的合法性，又要他們和國人一樣負責軍賦、兵役。「作爰田」、「作州兵」都是晉國的創舉，所以《左傳》、《國語》特別以「作」字記載。這兩項措施最大的影響是國人和野人的責任義務因此開始發生重疊，相對地，兩個階級間的差別界限也會模糊。由此，晉國也確認了耕地私有化的第一步。

春秋中期以後，晉國卿族與公族、卿族與卿族的兼併激烈，爭田納室之舉時有所聞。例如：「先克奪蒯得田于董輒。」（《左傳·文公八年》，頁320）、「郤錡奪夷陽五田……郤犨與長魚矯爭田。」（《左傳·成公十七年》，頁483），「初，州縣，欒豹之邑也。及欒氏亡，范宣子、趙文子、韓宣子皆欲之。」（《左傳·昭公三年》，頁724），「晉邢侯與雍子爭鄐田，久而無成。」（《左傳·昭公十四年》，頁820～821），「范宣子與和大夫爭田，久而無成。」（《國語·晉

貴族，下至工商百工及奴隸各種身份的人，奴隸並沒有政治權力，如果明確的區分，我們不能說國中居民都是國人。

〔註13〕「作爰田」的內容詳見第五章第一節的土地制度說明。

語八》，頁 164）等等，都是晉國宗族爭奪家室田產的記錄。公族衰微之後，專政的卿族持續互鬥，在晉卿互鬥的過程中，晉國的縣制因而逐漸普及。晉國的縣制異於秦、楚的最大特點是，它們不屬於國君直轄，反而變成卿大夫累積私家勢力的後盾，如六卿滅祁氏、羊舌氏後，魏獻子分其采邑爲十縣指派給六卿子弟管理（《左傳·昭公二十八年》，頁 912），楚大夫薳啓疆言：「韓賦十邑，皆成縣也；羊舌四族，皆彊家也。晉人若尙韓起、楊肸、五卿、八大夫，輔韓須、楊石，因其十家九縣，長轂九百；其餘四十縣，遺守四千，奮其武怒，以報其大恥……。」（《左傳·昭公五年》，頁 747）晉國的「縣」性質接近卿大夫的直屬領土，自行擁有徵兵、徵賦的權力。這些晉國各地紛紛建立起來的新據點——「縣」，慢慢的跨越過國、野的界限，打破國、野的疆界。同居一縣的國人、野人須盡相同的義務、責任，因此在身份階級上自然不再區隔。隨著新的「郡縣制」逐步取代舊的「國野制」，國、野疆界進一步遭到破壞，社會組織因而改變，社會結構也有新的調整。

　　與此同時，晉國六卿爲了擴張自己的力量，爭取郡縣、招攬人才，可能都曾進行過田畝制度的改革。由近年出土的〈吳問〉篇竹簡內容來看，春秋末年，晉國范氏、中行氏、智氏、韓氏、魏氏、趙氏六卿族各自廢除了「百步爲畝」的井田制，代之以擴大的田畝制〔註14〕。六卿不同程度的擴大畝制，使原來井田「百步爲畝」的封疆阡陌勢必要重新推廣開闢，而土地疆界的改變，直接影響到國、野的劃分。因此，西周以來維持晉國社會組織、社會結構穩定的「國野制」，在晉國「作爰田」、「作州兵」、卿族互併田室、普及縣制及改革田畝舊制一連串的措施下，「國」與「野」的疆界被破壞無遺，「國」的鄉黨和「野」的鄰里組織關係變動，「國人」和「野人」在經濟、政治、軍事的權利義務漸趨一體，對立色彩消失。到了三家分晉，趙、魏、韓成爲獨立國家後，三國普遍推行按戶籍身份授田徵稅，「國人」、「野人」之別成爲歷史名詞，當然，三國的社會等級、社會結構也隨之重新分配。

（二）三晉文化的社會結構

　　我們已知，決定西周到春秋時期晉國社會結構分級的因素主要是宗法封建制度和國野制的施行，因此當春秋時期的晉國產生宗法觀念動搖、國野界限消泯的現象後，晉國的社會結構也隨即產生變化。這種變化持續到戰國時

〔註14〕詳見田昌五：〈談臨沂銀雀山竹簡中的田制問題〉，《文物》1986 年第二期。

期新國家、新制度出現，趙、魏、韓三國的社會等級和社會結構自然而然調整出新的面貌。因此，下文將三晉文化的社會結構大致區分為西周至春秋、春秋晚期到戰國兩個階段分述。

1. 西周到春秋

首先，按照西周、春秋時期宗法封建制度的規範，晉國國家成員的社會地位可以區分為下列這樣概略的層次結構：

這時的社會分為貴族與非貴族兩大層級，貴族是統治階層，非貴族是被統治階層。這兩大層級還可細分出最高的統治者——國君為一個層級，國君之下擁有官爵、封地的卿大夫為另一個層級，但是這個層級其實還是多層次的等級，卿的等級高於大夫，大夫又有強族大姓與弱族小姓之別。卿、大夫之下是士的等級，士可能擔任公職，可能充任卿、大夫的家臣，也有無職而「食田」，甚至親自耕作者。可能因部分「士」的地位向庶民地位下滑，因此「士」的階層在春秋時期面目相當模糊。士以下的非貴族層級，包括庶民與奴隸。庶民因社會職能的不同而有庶人、工商之別。庶人是農耕者，所以「庶人食力」（《國語‧晉語四‧文公修內政納襄王》，頁 133），「庶人力於農穡」（《左傳‧襄公九年》，頁527）；庶人地位比工商要高，如《左傳‧桓公二年》說：「庶人、工、商各有分親。」（頁 97），「庶人、工、商、皂、隸、牧、圉皆有親昵。」（〈襄公十四年〉，頁 562）庶人都列在工商之前，顯示他們的社會地位原先應高於工商業者。社會地位最低層的成員是奴隸，從事一些服務性或勞動性的賤役，隸屬於統治階層的財產，沒有人身自由。

其次，如果按照居住地域來劃分社會地位，我們可以把晉國一國之內的成員分為：

1. 國人 —— 貴族 / （農）工商　　2. 野人　　3. 奴隸

居住在城中的貴族如國君、卿大夫、士，以及工商或者近郊的農民，都

歸爲「國人」。這個層級中的貴族即是統治階級，其中「士」又是「國人」的主體，人數最多，有服軍役、納軍賦的義務，是國家軍隊的主力。不過，春秋時期的晉國政治主導權，基本上是掌握在卿大夫手裏，「士」的政治力量還不是最具影響力的。居住在城郊以外的「野人」則是被統治的階級，主要從事農業生產、提供力役服務，不能自由遷徙。除了國人、野人的區別之外，還有一部分居住在城內，供貴族僕役或從事手工製造的奴隸，他們雖然居於「國」中，但不可能具有與「國人」身份相同的責任或義務，所以不能視之爲「國人」，而是列於「國人」和「野人」地位之下的另一個社會層級，因此按國野之分的社會組織來看，晉國的社會結構應分爲國人、野人、奴隸三個層次較爲恰當。

2. 春秋晚期到戰國

這個時期的斷限不是絕對的，只取其大概。趙、魏、韓三國的政治發展，在執政階層方面是實施官僚制度取代世官世祿制；在被統治階層方面，以「齊民授田」政策替代「國野制度」，因此這個時期的社會結構可以歸納爲以下的層次概況：

國君是全國最高的統治者。國君下層的統治階級主要是官僚制度下的所有官吏，他們無法世襲，任用罷免的權責操於國君手上，所以這個階層的成員流動率高，並未形成固定的族群。官僚成員之外，此時宗法封建的勢力雖已大幅削弱，卻未完全消失。國君之下，還是有宗室封君的存在，他們是官僚體制外的另一個統治階層。被統治階級的成員是龐大的「民兵」，何以稱「民兵」？因爲此時編戶齊民的目的，除了授田予民耕作，維持國家重要稅賦來源之外，這些戶籍在列的「民」，同時也是國家軍隊的主力成員。除了少數經選拔的精銳成爲職業軍人外，社會上多數的成員平日爲民、戰時爲兵，是兵、民合一的身份，他們隨時有可能因軍功賜爵而上升至官僚階級，也有可能因貧窮或犯罪而下淪爲奴隸。在民兵之下社會結構的最底層，仍然是占有相當數量的奴隸。這時的奴隸有官奴、私奴之別。官奴是指官府的奴隸，他們的來源可能是戰爭中的俘虜罪犯，以及罪犯的妻子、兒女一併沒收爲奴隸。沒

入官府的奴隸，可以用錢贖回，如春秋末年齊人晏嬰到晉國，見到齊人越石父被掠爲奴，於是解下一匹拉車的馬將他贖回（《呂氏春秋·觀世》，頁 957～959）；戰國時期有個「胥靡」（即奴隸）逃至魏國，替魏襄王治病，衛嗣君以左氏之邑贖回（《戰國策·宋衛·衛嗣君時胥靡逃之魏》，頁 1166）。私奴是指封君、大官、大商人、富戶等身份者所擁有的私人奴隸，其中不少是從其他部族掠奪販賣來的，一部份則爲民兵因債務積欠、無力償還而淪落爲奴。

綜言之，三晉國家的社會結構主體大致分成國君、官僚（封君）、民兵、奴隸四個等級是沒有疑問的。不過，又有出土資料顯示，魏國的社會等級層次可以分得更多層，如上一章提及的《魏戶律》、《魏奔命律》竹簡出現的「叚門、逆旅、贅婿、後父」等身份者，他們並非奴隸，但卻不能和編戶之民享相同的權利，在魏國的社會地位上確實低於一般的民兵，應當是高於奴隸、低於民兵的另一個社會階級，所以魏國的社會結構正確說來，目前至少可分爲五個等級，即國君──官僚、封君──民兵──叚門、逆旅、贅婿、後父──奴隸。

第二節　社會制度與風俗

一、婚姻制度與風俗

婚姻是最平常的社會現象，又是社會制度的一環。它的功能可以《禮記·昏義》的定義來概括：「婚姻者，合二姓之好，上以事宗廟，下以繼後世。」（頁 999）所謂「合兩姓之好」，就是「同姓不婚」。不同姓的兩個氏族才會締結婚盟，藉著彼此的婚姻關係，達到政治經濟結盟的目的；所謂「事宗廟」、「繼後世」，指的是婚姻的另一項重要功能在於保證世代的延續。在周朝的宗法社會裏，婚姻的目的在於成立新的家庭，而新家庭的任務就是生育下一代，以承繼祭祀祖先的責任，否則，便意味著某一宗支的斷絕。故整體而言，婚姻的目的在於增強社會的穩定性和合作性，換言之，因婚姻關係組成的家庭，就是國家、社會牢固的根本。

（一）婚姻觀念

1.一夫一妻

周人的禮法規定，大概是以一夫一妻爲通行的制度，所以《左傳·桓公十八年》才說：「并后、匹嫡、兩政、偶國，禮之本也。」（頁 130）意思是

說，國君如果有兩個「后」，將會造成政治的混亂。這是規定國君的夫人只能有一位，其他階層的貴族和庶人應當也是如此。不過，在現實生活中，不少史料證明，貴族的妻妾數量絕對不限於一人。由《左傳》記載可知，晉獻公夫人有齊姜、賈君、驪姬姐妹、大戎、小戎六人；晉文公的妻妾包括有文嬴、偪姞、季隗、杜祁、齊姜與懷嬴等至少九人，故文公六年《傳》文才說懷嬴：「班在九人」；晉平公所納有少姜、少姜繼室，以及姬姓女子四個，至少也有六人；其他如齊桓公也有九位夫人：王姬、徐嬴、蔡姬三位夫人，和長衛姬、少衛姬、鄭姬、葛嬴、密姬、宋華子六位「內嬴如夫人」（《左傳‧僖公十七年》，頁 237）。因此禮法雖然是規定國君一夫一妻制度，可是實際上國君的婚姻實況都存在一夫多妻的現象。這種現象的存在既然被允許，顯然還有一套協調禮法規定和現實生活現象取得平衡的辦法，那就是嫡、庶的嚴格區分。妻為嫡，其餘的夫人、妾為庶，一個男子只能娶一個嫡妻，而其他的夫人或妾則無限制。尤其是社會階層的上級——貴族統治者，這種婚姻現象是相當普遍的。至於庶人階級，以其社會地位與經濟能力考量，大約是以一夫一妻為通例。

2. 同姓不婚

同姓不婚的制度大概是從周朝開始的。《左傳‧僖公二十三年》載鄭叔詹之語：「男女同姓，其生不蕃。」（頁 252）魯昭公元年，公孫僑亦曰：「內官不及同姓，其生不殖，美先盡矣，則相生疾，君子是以惡之。故志曰：買妾不知其姓則卜之，違此二者，古之所慎也。男女辨姓，禮之大司也。」（頁 707）這兩段記載都是從生理學上解釋同姓不婚的理由，在於男女同姓會導致不育。另外，《國語‧晉語四‧重耳婚媾懷嬴》又有：「異姓則異德，異德則異類。異類雖近，男女相及，以生民也。同姓則同德，同德則同心，同心則同志，同志雖遠，男女不相及，畏黷敬也。黷則生怨，怨亂毓災，災毓滅姓，是故娶妻避其同姓，畏亂災也。」（頁 128）這是從倫理學的角度說明。不論是生理學或倫理學的認知，都是因為周初的社會裏，「姓」的原始概念還保存著同姓同祖，必有血緣關係的意義，所以不允許同宗範圍內有婚姻行為的發生。

其實周禮如此嚴禁同姓婚姻，還和周朝宗法社會的特點有關。由於西周的社會是以血緣為紐帶聯繫起來的宗法社會，所以同姓不婚還有政治上的意義。同姓不婚使得周王室與異姓諸侯之間成為甥舅關係，如此，通過婚姻「合兩姓之好」的功能，便可爭取異姓諸侯成為政治上穩定的盟國，進一步鞏固

周王朝的統治政權。以晉國而言，多位國君娶姜姓齊國之女爲夫人，如晉穆侯娶齊女姜氏生太子仇、少子成師；晉文侯娶姜氏女生「晉姜」；晉武公有少妾齊姜，後來獻公納齊姜，生太子申生與秦穆夫人；晉文公流亡至齊，齊桓公以女妻之；晉平公娶齊女少姜，少姜死，齊國又請納繼室於晉。另外晉與秦也繼室通婚，成爲甥舅關係，世稱「秦晉之好」〔註15〕。晉君的異姓聯姻，除遵行禮法規定「同姓不婚」的原則，和尋求政治外交助力的目的也有直接關係。晉文公就是因爲接受秦穆公之女懷嬴（《左傳·僖公二十三年》，頁252）爲妻，穆公才幫助他回國登位。

　　由於「同姓不婚」的推動是建構在宗法制度的基礎上，因此，隨著春秋時期宗法制度的瓦解和姓氏制度的演變，「同姓不婚」制度在這一個時期也逐漸失去它的約束力。晉獻公以後，晉國國君就打破了「同姓不婚」的原則，出現娶姬姓女子爲妻妾的狀況。如獻公最初所娶的賈國女賈君，即是姬姓；又娶狐氏二女爲妻，生公子重耳與夷吾，而「狐氏出自唐叔，狐姬，伯行之子也。」（《國語·晉語四》，頁125），可見狐氏也是姬氏；晉平公娶四個姬姓女子（《左傳·昭公元年》，頁696～711）。上述晉君所以敢娶同姓之女，主要和姓氏制度的變化有關。周初分封的四十個姬姓諸國，彼此都有直接的血緣關係，之後隨著時間的推移、人口的繁衍、地域的擴大、民族的融合等因素，後裔子孫們姬姓血緣的成份便越來越淡，子孫之間的血緣關係也逐漸疏遠，最後接近消失。於是，「姓」和血緣聯繫之間產生了一定的距離。與此同時，原先姓、氏有別的概念也混淆了同姓不婚的實行。《左傳·隱公八年》眾仲所謂：「天子建德，因生以賜姓，胙之土而命之氏。」（頁75）「姓」是根據血緣關係而取得，「氏」的來源卻多樣化，可能以封地、國名或官爵爲氏。如周繆王賜造父以趙城，故有趙氏；晉獻公封畢萬於古魏國，故其後裔從其國名爲魏氏；武子因封於韓原而稱「韓武子」，後人從其封而稱韓氏；晉史官世掌典籍稱籍氏，晉大夫世掌刑法者爲士氏……等。「氏」原是比「姓」更爲廣泛的概念。大約在周族血緣關係淡化的同時，姓、氏之別也逐漸模糊，以氏爲姓，姓、氏混合不分，故同姓不一定同宗，也不一定同祖，自然也就不一定同一血緣。至戰國以後，社會的發展與人口的繁衍快速，以地緣關係爲基礎的社會組織逐漸取代了以血緣關係爲基礎的社會組織，人民可以自由

〔註15〕《左傳·僖公二十三年》曰：「秦，晉匹也。」（頁253）指秦、晉聯姻通好，此即「秦晉之好」成語的由來。

遷徙，因此同姓聚落漸少，雜姓聚落漸多，聚落之間的聯盟不必以兩姓聯姻爲唯一途徑，而散居不同地區的同姓也可能產生通婚現象。所以「同姓不婚」的禁忌更加淡薄。

3. 再娶與再嫁

（1）妻死再娶

在周禮的禮制上，似乎有妻死不再娶的傾向，如《公羊傳・莊公十九年》曰：「諸侯不再娶。」（頁 97）不過這樣的說法可能只是出於禮制的考量，所謂「不再娶」應該指正妻的名份和地位是確定無疑、不可僭越的，所以不能有第二個正妻。從實際層面來看，諸侯除了原配正妻以外，必定還有其他夫人或妾，因此「不再娶」不影響其「繼後世」的責任。在《左傳》之中所見「元妃」、「繼室」之稱，正反應了這樣的原則。如《左傳》隱公元年前傳曰：「（魯）惠公元妃孟子。孟子卒，繼室以聲子，生隱公。」（頁 28～29）及《左傳・昭公三年》云：「齊侯使晏嬰請繼室於晉，而晉許之。」（頁 721）可知諸侯元配夫人稱「元妃」，當「元妃」去世，國君若要選擇其中一位夫人遞補其位，也不能再稱元妃，只能稱「繼室」。這樣的觀念應該是從「一夫一妻」的禮制背景衍生出來的，雖然有名份上的規範性，卻無實質上的約束力。對古代的男性而言，「再娶」之風一直就不曾構成社會輿論的壓力。

（2）夫死再嫁

就史料記載來看，春秋時期婦女再嫁是很普遍的。晉國最有名的例子就是文公娶懷嬴，懷嬴即是晉懷公夫人，因懷公死再嫁重耳（《左傳・僖公二十三年》，頁 250）。又如《左傳・成公十一年》：「（魯）聲伯以其外妹於施孝叔。（晉）郤犨來聘，求婦於聲伯，聲伯奪施氏婦以與之。」（頁 456）施氏婦被迫再嫁郤犨。其他國家之例，例如《左傳・閔公三年》：「（衛惠公）即位也少，齊人使昭伯烝於宣姜，不可，強之。生齊子、戴公、文公。」（頁 456），《左傳・哀公十一年》：「冬，衛大叔疾出奔宋。初，疾娶于宋子朝，其娣嬖，子朝出，孔文子使疾出其妻而妻之，疾使侍人誘其初妻之娣，置於犁，而爲之一宮，如二妻。文子怒，欲攻之，仲尼止之，遂奪其妻。……衛人立遺（衛出公，疾之弟），使室孔姞（疾之妻）。」（頁 1018）宣姜與孔姞都是被迫再嫁之例。

既然春秋之國君夫人、大夫夫人再嫁者俯拾即是，可見當時婦人再嫁並未違反風俗或禮教，後世所謂「貞節觀念」在此時尚未確立。《管子・入國》曰：「凡國皆有掌媒，大夫無妻曰鰥，婦人無夫曰寡，取鰥寡而合之，予田宅

而家室之，三年然後事之，此之謂合獨。」（頁 300）似乎促成鰥夫、寡婦之婚，是先王仁政之一。「貞節」的觀念，應是秦漢以後才確定成型的社會觀念。不過在春秋之時，這種觀念已稍具影響。《左傳·莊公十四年》載，楚文王滅息，以息嬀爲妻，生有二子，但息嬀從未開口說話，楚文王問她原因，息嬀說：「吾一婦人而事二夫，縱弗能死，其又奚言？」（頁 156）息夫人的話顯露自己沒有「從一而終」的憾恨。可見守節（已婚守寡）觀念，此時已經存在，不過還沒有成爲整個社會必須恪守的倫理道德規範。

4. 居喪不婚

《禮記·內則》曰：「女子二十而嫁，有故，二十三而嫁。」（頁 539）所謂「有故」，是指遇上尊親之喪，須服喪三年方可婚嫁。《左傳·昭公三年》載：「齊侯始晏嬰請繼室於晉，……韓宣子使叔向對曰：『寡君之願也，寡君不能獨任其社稷之事，未有伉儷，在縗絰之中，是以未敢請。君有辱命，惠莫大焉，若惠顧敝邑，撫有晉國，賜之內主，豈唯寡君，舉群臣實受其賜，其自唐叔以下實寵嘉之。』」（頁 721～722）晉平公原娶齊女少姜，少姜去世，齊侯派晏嬰赴晉再談聯姻之事。韓宣子之言：「未有伉儷，在縗絰之中，是以未敢請。」指的是少姜之死，文公居「配偶之喪」期間，所以不便於再議婚姻，很能顯現晉人當時對居喪婚嫁採取較保守的態度。漢代以後訂定「居喪不婚」，包括尊親之喪、配偶之喪、帝王之喪三種情況的嚴格禁律，應該是從先秦時期這類婚姻禮俗觀念承襲而來的。

5. 異族通婚

三晉文化的重要特徵之一是華戎之別的色彩較淡，華夏、戎狄風俗融合政策從晉國立國之初就是治國方針之一，所以晉人與戎狄異族通婚的情形極爲普遍。如晉獻公所娶驪姬姐妹；晉文公妻季隗，趙衰妻叔隗，二女是隗姓赤狄的廧咎如族；趙鞅娶狄妻生趙毋恤，毋恤也娶空同氏生五子。晉女也嫁於戎狄，如晉成公長女嫁赤狄潞氏君長潞子嬰兒；趙鞅嫁女於代王等。這些婚例說明，「非我族類，其心必異」的傳統觀念，在三晉文化區的婚姻觀中較不凸顯；加上晉國國內很早就有戎狄雜處的實際情況，所以異族通婚自然成爲晉國社會現象中普遍又獨特的一項特色。

（二）婚姻形式

1. 交換婚與表親婚

締結姻緣關係的兩家互以其女交換婚配，這種婚姻方式就是「交換婚」。

如西周時期，王室的姬姓和周初功臣呂尚的後裔姜姓世爲婚姻，歷久不衰；春秋時期，齊、魯兩國，秦、晉兩國之間，互爲婚姻，世代聯親，這都是「交換婚」的方式。以「交換婚」的實質意義來看，這種婚姻方式的目的是出於政治因素的考量。爲了鞏固王室與公室的政權、擴大自身勢力，採取聯姻的方式可使兩個互婚家族的政治、經濟利益自然結合起來。當其中一方的政權受到威脅時，聯姻的另一方便出手加以援助，保障彼此權益的穩固。這種婚姻方式對統治階層的政權勢力有穩固的作用，所以，長期以來許多政權集團會採行這種婚姻形式。

「表親婚」又稱「姑表婚」、「舅表婚」、「姑舅表婚」，它是兄弟之子女與姐妹之子女間相互擇配的一種婚姻形式。這種婚姻是以血緣爲依據，通婚的雙方父母必須是同一血緣出生的兄弟姐妹。「表親婚」的形式在中國歷史上源遠流長，上文所說的周朝姬、姜二姓累世聯姻，以及各代魯君皆娶齊女，成爲甥舅；秦、晉兩國繼世通婚，所娶之女非舅即姑等。這些國君的婚姻形式，其實既是「交換婚」，又兼「表親婚」。雖然周人已有「同姓不婚」，否則易導致不育的理解，但他們的理解恐怕不是來自於生理學的科學認識，而是基於同姓血脈的思想，所以反對同祖同姓者通婚，卻不反對異姓同祖之婚，甚至以爲這樣的婚姻方式是親上加親，更可鞏固兩姓的同盟。〔註16〕

2. 搶掠婚

通過或依靠暴力手段取得婚姻關係的方式，即是「搶掠婚」。這種婚俗起源很早，如《易經‧屯卦》：「六二。屯如邅如，乘馬班如，匪寇，婚媾。」（《十三經注疏》本，頁 22）〈賁卦〉云：「六四。屯如皤如，白馬翰如，匪寇，婚媾。」（頁 63）描寫的應當是殷周時期「搶掠婚」的情況。在春秋史以及晉國史上，「搶掠婚」的情形竟然很普遍。例如《左傳》見載者：齊懿公見閻職妻美而奪之（〈文公十八年〉，頁 351），這是國君奪人妻；鄭人游性遇人娶妻，公然奪走新娘（〈襄公二十二年〉，頁 600），這是大夫奪人妻；宋國太宰華父督更無法無天，在路上遇到大司馬孔父嘉之妻，色心大動，回去後便率人攻殺孔父嘉，奪孔妻佔爲己有，宋殤公因此大怒，他乾脆連宋殤公都殺了，另立國君（〈桓公元年〉、〈桓公二年〉，頁 89～91）。這些事件只是個人掠奪行爲，規模不大。還有一種通過戰爭手段，以戰俘爲妻的戰爭型掠奪婚，其影響往

〔註16〕參見盛義：《中國婚俗文化》，上海文藝出版社，1994 年，頁 269～272；郭振華：《中國古代人生禮俗文化》，陝西人民出版社，1998 年，頁 89。

往是滅國、滅族。如楚王滅息，奪息嬀，立爲夫人（《左傳・莊公十四年》，頁 156）；晉獻公伐驪戎而娶驪姬；重耳至狄，狄人贈叔隗、季隗二女，就是狄人戰敗嗇咎如族所獲女俘。戰國時期，三晉地區的掠奪婚俗未見文字記載，但很難議定說沒有，秦國因《日書》所載有秦人「奪室」（即奪妻）的簡文數條，故可確知此俗尚存。〔註17〕

3. 收繼婚

父死妻其庶母，兄死妻其嫂，弟死妻其弟婦等婚俗即是「收繼婚」。這種婚姻形式後世認爲是大逆不道的亂倫行爲，在中國卻很早就存在。傳說中舜的弟弟將舜落井下石後曾說：「舜妻堯二女與琴，象取之。」（《史記・五帝本記》，頁 34）故事的眞實性如何不必考究，但象欲收舜妻的情節，倒可能是當時社會流行的婚俗反應。春秋時期，這種風俗在史料中大量反應，即所謂「烝」、「報」。「烝」字本爲祭名，如《詩經・周頌・豐年》曰：「爲酒爲醴，烝畀祖妣，以洽百禮。」（頁 731）《左傳・僖公三十三年》云：「烝，嘗，禘於廟。」（頁 292）皆是祭名。「報」也是一種祭祀的名稱。如《國語・魯語上・展禽論祭爰居非政之宜》言：「幕，能帥顓頊者也，有虞氏報焉；杼，能帥禹者也，夏后氏報焉；上甲微，能帥契者也，商人報焉；高圉大王而帥稷者也，周人報焉。凡禘、郊、祖、宗、報此五者，國之典祀也。」（頁 57）可見周人行「烝」或「報」，可能是在收繼婚時所行祭祀祖先之禮，向祖先報告收繼的事實，並非如漢儒闡釋的「上淫曰烝」、「淫季父之妻曰報」〔註18〕，它實際上應是當時普遍流行，被社會認可的一種婚俗。在《左傳》中，「烝」和「報」事件的記載不少，例如：

> 《左傳・桓公十六年》：「衛宣公烝于夷姜，生急子。」（頁 128）夷姜爲衛莊公之妻，衛宣公庶母。

> 《左傳・莊公二十八年》：「晉獻公娶于賈，無子，烝于齊姜，生秦

〔註17〕《日書》，如簡 1026：「毋以戊辰、己巳入寄人，寄，人反寄之。辛酉、卯癸，卯入寄之，必代當家。」簡 912：「嘌羅之日利以說孟詐棄疾鑿宇葬、吉。而遇人，人必奪其室。」（簡 786、937、1016同）；簡 731：「結日作事不成，……以寄人，寄人必主室。」見《雲夢睡虎地秦墓》圖版 154、145、116（北京：文物出版社，1981 年出版）。「室」字主要指妻。《禮記・曲禮》曰：「三十日壯，壯有室。」鄭注：「有室，有妻也。」孔穎達疏：「壯有妻，妻居室中，故呼妻爲室。」（頁 16）

〔註18〕見《詩經・雄雉》毛傳疏引東漢服虔《左傳解誼》，頁 86。

穆夫人及太子申生。」（頁177）齊姜是獻公父親武公的妾。

《左傳·閔公二年》：「（衛）惠公即位也少，宋人使昭伯烝於宣姜，不可，強之。生齊子、戴公、文公、宋桓夫人、許穆夫人。」（頁191）宣姜是衛惠公的妻子，後被衛宣公奪子媳爲妻。宣公死後，又被自己的族人強迫再嫁給惠公的庶兄昭伯（公子頑），生下眾多子女。

《左傳·僖公十五年》：「晉侯烝於賈君。」（頁229）晉侯指晉惠公，賈君是太子申生所娶，故爲惠公兄嫂。

《左傳·宣公三年》：「鄭文公報鄭子之妃，曰陳嬀，生子華子、臧子。」（頁368）鄭子（子儀）爲文公叔父，娶於陳國，故曰陳嬀。鄭子死後，其姪文公再娶嬸母。

上列事件中，晉國史上有子「烝」庶母、弟「烝」嫡嫂之例，衛國有子「烝」庶母，鄭國有姪「報」嬸母之事，當時都沒有受到什麼懲處，所生子女也不會受到歧視，同樣享有繼承權。說明「烝報」形式在春秋是一種公開被允許的婚姻形式，這種婚姻形式隨著禮教的深入，慢慢在中原地區消失，戰國以後就不見記載了。

4. 贅 婚

這是男子就婚於女方家，以女方家作爲主體關係的婚姻形式。以「贅婚」方式成婚的男子稱作「贅婿」，這個名詞在戰國時期正式見諸記載。雲夢秦簡中的《魏戶律》、《魏奔命律》所見「贅婿、後父」都是「贅婿」的身份。差別在於贅婿是招贅於未婚的女子，後父是招贅於有子的寡婦。贅婿的社會地位在魏國明顯較低，在秦、齊也是。《史記·秦始皇本紀》載：「三十三年，發諸嘗逋亡人、贅婿、賈人，略取陸梁地，爲桂林、象郡、南海，以適遣戍。」（頁253）〈滑稽列傳〉云：「淳于髡者，齊之贅婿也。」（頁3197）當時入贅者多數可能因爲家貧而選擇贅婚，在婚姻關係裏女性在家庭之中具有支配作用，男性則是從屬地位，所以贅婿的家庭地位，乃至社會地位都比較低。

5. 媵 婚

「媵婚」是西周到春秋時期上層貴族盛行的一種特殊婚俗。據《儀禮·士婚禮》曰：「媵，送也，謂女从者也。」鄭玄注：「古者嫁女，必姪娣從，

謂之媵。」（頁50）《公羊傳·莊公十九年》亦云：「媵者何？諸侯娶一國，則二國往媵之，以姪娣從。姪者何？兄之子也。娣者何？弟也。」（頁97）所謂「媵婚」，是指一女出嫁，同姓娣姪隨嫁，新娘為嫡妻，其妹或姪女陪嫁為妾的婚俗。《詩經》中〈大雅·韓奕〉詩第四章：「韓侯娶妻，汾王之甥，蹶父之子，韓侯迎止，于蹶之里。百兩彭彭，八鸞鏘鏘，不顯其光，諸娣從之，祁祁如雲。韓侯顧之，爛其盈門。」（頁 682）描述韓侯娶妻的情景，新娘的數位妹妹（諸娣）也一同陪嫁。〈衛風·碩人〉詩是寫齊莊公女兒莊姜嫁到衛國的情形，詩末二句曰：「庶姜孽孽，庶士有朅。」（頁 130）「庶姜」就是陪嫁的姐妹，「庶士」是送嫁的眾多侍衛。《左傳·成公八年》以及九年、十年載，魯國伯姬嫁宋共公，魯國的同姓諸侯國，衛國和晉國均「來媵」，連異姓的齊國也「來媵」，〈襄公二十三年〉又載：「晉將嫁女于吳，齊侯使析歸父媵之。」（頁 602）可見這種「媵婚」形式在春秋中原諸國普遍存在，晉國也是如此。大概到春秋晚期，隨著政治、社會、文化的變遷，媵婚形式才逐漸廢止，之後也不見記載了。

（三）婚齡與婚期

1. 婚　齡

晉人具體結婚年齡的記載僅見於《左傳》中一條，即魯襄公九年時，襄公到黃河邊上為晉悼公送行，悼公問其年齡為十二歲，便說：「國君十五而生子，冠而生子，禮也，君可以冠矣，大夫盍為冠具？」（頁 529）晉悼公之言明白指出，國君婚齡當在十五歲之前，則冠禮之齡更早。若據《周禮》、《禮記》典籍記載，一般人的婚嫁年齡應是三十而娶、二十而嫁，比國君婚齡要晚。如《周禮·地官司徒·媒氏》曰：「掌萬民之判，男三十而娶，女二十而嫁。有故，則二十三而嫁。」（頁 216）《大戴禮記·本命》亦曰：「男三十而娶，女二十而嫁。」（頁 67）《禮記·內則》云：「男子二十而冠，始學禮，……三十而有室，始理男事。……（女子）十又五年而笄，二十而嫁。有故，二十三而嫁。」（頁 538～539）《穀梁傳·文公十二年》說：「男子二十而冠，冠而列大夫，三十而娶，女子十五而許嫁，二十而嫁。」（頁 108）諸書所記皆同。大概國人婚齡，一般是男子在二十至三十歲之間，女子在十五至二十歲之間，規定的「三十而娶」、「二十而嫁」，應該是對時人婚齡的最高限制。

2. 婚　期

關於舉行婚禮的時間，先秦古籍有不少記載，就記載來看，主要的婚期

有兩種時段：一是春天爲婚，二是秋冬爲婚。《周禮》引《夏小正》曰：「二月，冠子嫁女之時。」又云：「仲春之月，令會男女，于是時也，奔而不禁。」（〈地官·媒氏〉，頁 217）《詩經·周南·桃夭》詩：「桃之夭夭，灼灼其華，之子于歸，宜其室家。」（頁 37）桃花盛開也是春天的季節。這些都是春天爲婚的例子。又《詩經·衛風·氓》詩曰：「送子涉淇，至于頓丘。匪我愆期，子無良媒。將子無怨，秋以爲期。」（頁 134）《韓詩外傳》也說：「古者霜降逆女，冰泮殺止，士如婦歸。」則秋冬之際也是迎娶季節。不論春天或秋冬成婚，在《左傳》中皆可找到實例，如周桓公娶紀女，是在春天派蔡公于紀迎娶（《左傳·桓公九年》，頁 119）；周惠王娶陳女，時間也是在春天（《左傳·莊公十八年》，頁 158）；周靈王求齊女爲后，時在冬季（《左傳·襄公十二年》，頁 548）；齊桓公迎娶王姬也在冬天（《左傳·莊公十一年》，頁 153）。但是，又有例外，如《左傳·成公十四年》載魯成公娶齊女，七月派人迎親，九月回到魯國（頁 464）；《左傳·文公四年》載魯文公娶齊女出姜也在夏天（頁 305）；《左傳·昭公九年》載晉文公續娶齊女，也是在夏季四、五月之時（頁 780）。可見實際上，諸侯婚期春、夏、秋、冬四季都有，似乎沒有嚴格規定。

（四）婚姻禮儀

1. 非媒不得

在中國傳統的婚姻文化中，「媒」是聯絡結姻雙方最重要的中介角色。大約在西周婚姻關係形成一套禮制規範的同時，「媒」就成爲男女兩家建立婚姻關係的保證人和中介人，是完整、合法的婚儀中必須出現的角色。《詩經·齊風·南山》詩曰：「折薪如之何？匪斧不克。取妻如之何？匪媒不得。」（頁 197）〈衛風·氓〉詩云：「送子涉淇，至于頓丘。匪我愆期，子無良媒。」（頁 134）都指出「媒」的作用和地位相當重要，是締結婚姻關係不可或缺的條件。《禮記·曲禮》曰：「男女非有行媒，不相知名。」（頁 37）《禮記·坊記》云：「男女無媒不交。」（頁 871）也是相同意思。

據《周禮·地官》所載周朝政府還專行設置了「媒氏」的機構，管理國人男女的婚姻。媒氏之職，就是「掌萬門之判，凡男女自成名以上，皆書年月日名焉。令男三十而娶，女二十而嫁。」（頁 216）又有：「仲春之月，令會男女，于是時也，奔而不禁。若無故而不用令者，罰之。司男女之無夫家者而會之。」（頁 217）媒氏的具體工作包括新生嬰兒的出生年月和姓名登記，

以及通令三十歲男子、二十歲女子按時結婚，處罰那些不按規定辦理結婚的人，總掌國人未婚男女婚姻事宜。至於三晉地區的婚姻禮俗，目前還沒有直接、明確而系統的資料出現，所以很難論定當地「媒」在婚俗中的具體作用。但我們由春秋時期齊、衛的詩歌史傳，及戰國時期重要典籍中提及燕、魯、齊所重「父母之命，媒妁之言」的情況來看〔註19〕，「非媒不得」的婚俗有逐漸普遍、形成風氣的發展趨勢。以同是姬姓中原國家的晉或趙、魏、韓而言，婚禮重「媒」，應是可以預料的風俗之一。

2.婚禮程序：六禮

《詩經·大雅·大明》曰：「文定厥祥，親迎于渭。」（頁541）可知在文王時代，便有較隆重的婚禮儀式。鄭玄箋《詩經·鄭風·丰》詩云：「婚姻之道，謂嫁娶之禮。」（頁177）以婚禮來詮釋婚姻，意即婚姻禮儀標誌婚姻的成立，就中國的婚姻文化而言是正確的。典籍中真正記載婚姻程序的，以《儀禮》最早。按照《儀禮·士昏禮》規定，婚姻禮儀有六道程序：納采、問名、納吉、納徵、請期、親迎。

（1）納采

男方請媒妁向女方表達求婚之意，並且要以一隻雁做為禮物。《禮記·昏義》曰：「納采者，謂采擇之禮，故婚禮下達，納采用雁也。」（頁1000）用雁的原因，大概和雁秋去春來，不失時、不失信，以及從一而終對伴侶忠貞的屬性有關。〔註20〕

（2）問名

納采之後，男方再通過媒人向女方詢問女子的名字、生辰八字。問名時男方仍須以雁為禮。問名的目的一在於防止同姓近親婚姻，二是為男女八字是否相合占卜。

〔註19〕春秋用媒，如齊詩〈南山〉、衛詩〈氓〉。戰國重「媒」，如《戰國策·齊策六·齊閔王之遇殺》所記，齊襄公通太史敫女，敫以「女無謀（媒）而嫁者，非吾種也，汙吾世矣。」之語責難（頁471～472）；《戰國策·燕策一·燕王謂蘇代》曰：「處女無媒，老且不嫁；舍媒而自衒，弊而不售。」（頁1075）《孟子·滕文公下》亦言：「丈夫生而願為之有室，女子生而願為之有家，父母之心，人皆有之。不待父母之命、媒妁之言，鑽穴隙相窺，踰牆相從，則父母國人皆賤之。」（頁109）不靠媒人自嫁之女，不但被恥笑如賤價出售的貨品，也被懷疑其貞操，則以媒妁之言成婚者，在戰國風俗中已受國人輿論制裁，「非媒不得」變成一種具公信力的社會規範。

〔註20〕參見盛義：《中國婚俗文化》，頁106～107。

（3）納吉

是男方將問名所得的女子姓名、八字，通過問卜，如果得到吉兆才請媒人通知女方家，決定締結婚姻，故稱「納吉」。納吉也要以雁為禮。

（4）納徵

《儀禮・士昏禮》注：「徵，成也。使使者納幣以成婚禮。」（頁 42）納「徵」，就是男方家正式向女方家送「聘」禮，表示婚事確定下來。照《儀禮》所定，士大夫的聘禮是「玄纁、束帛、儷皮（一雙毛皮），如納吉禮。」（頁 42）諸侯、天子之禮更加隆重，庶人應該降一級，「凡嫁子娶妻，入幣純帛無過五兩（匹）。」（《周禮・地官・媒氏》，頁 217）所以「納徵」又叫「納幣」。納徵之後，男女雙方的婚姻即成定局，故納徵又可稱「納成」。

（5）請期

男家擇定婚期，備禮告知女家，徵求女家同意。禮物也用雁。

（6）親迎

新郎親自到女方家迎娶新娘回家，然後舉行一連串儀式。其中最主要的儀式是交杯共飲，即「共牢合巹」之禮。親迎的時間一般在黃昏，新郎著黑衣、乘黑車，這也反應出上古搶掠婚的遺風。〔註21〕

完成上述「六禮」後，整套成婚之禮其實尚未完成。對新娘來說，「共牢合巹」後，她只完成了成妻之禮，接下來還有拜見翁姑和廟見兩個成婦的儀式，才算婚禮的最後完成。「拜見翁姑」是合巹之禮後第二天清晨到翁姑門外侍立並拜見的步驟；「廟見」即成婚三個月後到宗廟去祭拜祖先牌位。完成這兩個儀式，新婦才算是丈夫這個宗族的正式成員。

「六禮」這套禮節相當繁縟，內涵又十分豐富，恐怕不是一時一地的婚俗反映，可能是戰國，甚至是更晚期的人，把各地的流風遺俗匯集起來，加以定型和規範化後才呈現的面貌。到底其中有多少三晉地區婚俗的成份，實在無法確知，目前僅能以概略的說明獲得籠統的印象。

二、喪葬制度與習俗

死亡是人類必然的歸宿。考古學的材料表明，人類很早就對死者本身，

〔註21〕張亮采：《中國風俗史》云：「上古雜婚時代……有摽掠婦女之俗。其摽掠必以昏夜，所以乘家人之不備。今以士昏禮觀之，猶有摽掠之遺風。」商務印書館，1926 年再版，頁 5。

以及社會成員死亡帶來的社會結構和組織的暫時紊亂產生關注，因此逐漸形成一套哀悼、安葬、祭祀死者的系列活動，這便是喪葬制度的起源〔註 22〕。中國古代的喪葬制度包括埋葬制度和居喪制度，居喪制度又可分爲喪禮制度和喪服制度。無論是埋葬制度還是喪禮、喪服制度，都具有等級分明、形式繁縟兩個顯著的特點。尤其在先秦西周時期，喪葬制度和宗法制度關係密切，在宗法制度規範的深刻影響下，許多喪制內容在民間相沿成俗，至今仍是中國文化內涵的重要組成部份。

（一）埋葬制度

1. 墓葬的起源和墳墓的普及

中國埋葬制度的由來，《孟子・滕文公上》有一段話：「上世嘗有不葬其親者，其親死，則舉而委之于壑。他日過之，狐狸食之，蠅蚋姑嘬之。其顙有泚，睨而不視。……歸反虆（盛土器）梩（劚土器）而掩之。」（頁 162）孟子以爲人們是因不忍心親人屍體遭受野獸昆蟲的噬食而刻意埋葬之，這是倫理觀念的體現。《易經・繫辭下》曰：「古之葬者，厚衣之以薪，葬之中野，不封不樹，喪期無數。」（頁 168）說明上古的埋葬形式，最初只是「厚衣之以薪」、「不封不樹」，也就是屍體用樹枝雜草掩埋，葬地不堆封土，也不種樹設標誌。由考古發掘證明，距今七千年到五千年的黃河流域仰韶文化遺址中，所發掘的兩千多座墓葬，其中絕大多數已是土坑葬了，可見中國土葬形式出現的時間更早。〔註 23〕

在土葬形式出現後，隨著工具的發展，土葬很快就普及成最普遍的葬法。進入三代文明時期，土葬又發展成必有墳墓。《禮記・檀弓上》引孔子之言曰：「古也墓而不墳。」（頁 112）所以「墓」和「墳」原義是有區別的，鄭玄注說：「墓，謂兆域，今之封塋也。古謂殷時也。土之高者謂墳。」（頁 112）實施土葬，要先把死者安放在棺木中，再埋入土穴埋棺之處叫做「墓」，也叫做「塋」，墓地範圍叫「兆域」；如果在墓地埋棺之處的地面上堆土成丘，則稱作「墳」，或叫作「冢」。換言之，「墓」是指平的土葬坑，「墳」是指墓上還

〔註22〕考古學家在中國各處發掘的古代文明，從史前史到殷商，可以說幾乎是由墓葬文化來說明，顯示喪葬習俗起源之早。

〔註23〕距今一萬八千多年前舊石器時代晚期的山頂洞人已把自己居住的山洞用作公共墓室，在那裡以土掩埋死者的屍體。中國墓葬制度的濫觴，可能就從此開始。詳見陰法魯、許樹安：《中國文化史（二）》，頁 121。

有堆高土丘者。從目前的資料顯示，夏、商、西周初至春秋前期，埋葬制度仍然停留在「墓而不墳」、「不封不樹」的階段。大約到了春秋中期，中原地區才開始流行土丘墳。孔子所說：「古也墓而不墳。今丘也，東西南北之人也，不可以弗識也。於是封之，崇四尺。」（《禮記·檀弓上》，頁112）可以為證。孔子雖然崇尚古制，但考慮到自己是四方奔走之人，為了便於上墓祭祀（父母之墓），不能不在地上立個標誌，所以要封四尺高的墓頭。這種土丘墳一經出現，很快地迅速流行，由「不封不樹」變為「又封又樹」，在春秋晚期到戰國時期形成風氣，並且制度化。尤其是王公貴族的墓，起墳植樹是普遍現象，所以戰國文獻中「墳墓」、「丘墓」連稱已屢見不鮮。

從晉都新田遺址所發掘出土的墓葬坑實況來看，截至目前為止，此遺址所發現的上馬、柳泉、下平望、牛村古城南、東高、喬村等六處大型墓地，年代包含西周晚期至戰國、兩漢的晉國、魏國和部份秦人、漢人的墓葬坑。其中屬於晉公墓群的柳泉墓地，尚可見兩組封土的遺跡。其一是已挖掘的M301、M302、M303三墓上築有連為一體的封土，以及尚未開挖的M16大墓也有封土。這兩組墓的封土皆大於墓口，是高約兩公尺的夯土堆。由隨葬器來看，這是春秋晚期到戰國早期的晉公陵墓。〔註24〕

趙國邯鄲故城周圍的王陵墓葬區現存五組陵墓，分據五座山頭，不但地面上有封土，還築有台基，所以又稱「陵台」。中國帝王墳墓的建築規模至春秋以後越來越宏大，到戰國初期趙肅侯開始就稱作「陵」〔註25〕，一方面是帝王墳墓佔地之廣、封土之高如同山陵，另一方面也有以崇高山陵比喻至高無尚的帝王之意。而且除了王公之墓有封土之外，在屬於中小貴族的邯鄲百家村古墓群中，也發現一座封土的墓葬〔註26〕。魏國墓葬如河南輝縣琉璃閣固圍村區的大型墓葬區，以及韓國鄭韓故城外西部約十公里的許崗村東部四座高約七公尺的墓冢〔註27〕，氣勢雄偉，都是戰國時三晉墓葬建「墳」的例證。

2. 族墳墓制度

由晉國新田墓葬遺址及趙、魏、韓三國出土的大型墓葬群遺址總觀，西

〔註24〕 參見《晉都新田》，頁24～25。
〔註25〕 《史記·趙世家》載，肅侯十五年「起壽陵」，頁704。
〔註26〕 見《趙都考古探索》，頁137～143。
〔註27〕 以上資料參見《二十世紀河南考古發現與研究》，頁466、473～474記載。

周至春秋及戰國時期的三晉墓葬，都是採取同族而葬的族墳墓制度。據《周禮》記載，族墳墓又分為公墓和邦墓兩類。《周禮‧春官‧冢人》職曰：「掌公墓之地，辨其兆域而為之圖，先王之葬居中，以昭穆為左右。凡諸侯居左右以前，卿大夫、士居後，各以其族。」（頁 334）而「墓大夫」之職則是「掌凡邦墓之地域為之圖，令國民族葬而掌其禁令，正其位，掌其數。」（頁335～336）也就是說，「公墓」是國君和王室貴族及其子孫的墓地，規劃嚴整，早就畫成圖案，按照宗法關係區分尊卑次序排定墓地，中間是歷代國君之墓，左右是與國君同族的其他大小貴族的墓。「邦墓」是普通庶民的墓地，也由專門官員掌管，劃分地域，分族同葬，一樣按其血緣親疏關係區分大宗、小宗的尊卑次序，並因生前地位高低而有不同規格。依文獻記載，周人墓葬制度不但是聚族而葬，還必須反應出死者生前的宗法關係與社會地位的尊卑次序，而實際出土的三晉文化考古資料也證明，《周禮》所載是可信的。例如晉國柳泉墓地探勘所得的四組大型墓葬群，每組有一大兩小墓並列一處，居中者較大，兩邊較小，周圍散佈有中、小型慕葬及車馬坑，據考古學家研判，M301 墓可能是晉幽公之墓，兩側的 M302、M303 可能是其夫人之墓〔註28〕，墓葬的規模確實有大小等級的差別。1963～1987 年上馬墓地所發掘的一千三百七十三座墓，由隨葬品及墓地規模可分為三個不同社會階層的等級；依據墓葬間存在的空白地帶、墓葬方向、規模、分佈的疏密程度，明顯地反應使用墓地的人在生前所屬的不同族群，據此得知上馬墓地應是典型的「族墳墓」〔註29〕，這是西周到春秋之交晉人墓葬文化的具體面貌。

戰國以後族墳墓制度依然存在，不過原先的公墓規模已擴大為王陵區，只埋葬君王及其配偶，和少數關係最親近的王室血親，如邯鄲百家村的趙王陵區是顯著的例子；至於一般的貴族封君、各級官僚，則和庶民一起葬於邦墓，墓序排列仍有一定次序，不過往往有身份差別很大、貧富懸殊的人交錯而葬的現象，說明社會地位和宗法制度的關係雖然疏離，但墓葬制度仍照宗法關係的維繫而族葬在一起。

3. 墓室形制

墳墓在地下建築安放棺木和隨葬品的墓穴就稱作「墓室」。墓室主要是由墓穴的空間形成，墓穴也稱作墓壙，有豎穴、橫穴之分。豎穴是從地面一直

〔註28〕見《晉都新田》，頁 186。
〔註29〕見《晉都新田》，頁 30。

往下挖掘而成的土坑，橫穴是先挖掘到地下一定的深度再橫向掏空而成的洞室，有的洞室不只一間，因此會有墓道相通。以先秦的墓室結構而言，主要是土室，其形制和規模則隨時代和墓主身份的差異而不同。就晉國都城新田六大墓地的墓室形制來看，晉墓多數是長方形的土坑豎穴墓，只有牛村古城南墓地與喬村墓地出現少數的橫穴洞室墓〔註 30〕。降及戰國，三晉文化區的墓室形制主要還是流行土坑豎穴墓。例如，趙國百家村古墓葬群全部是長方形的豎穴土坑墓；韓國新鄭故城周圍的墓葬群李家樓一帶也都是長方形土坑豎穴；河南湯陰縣五里崗魏趙交界點出土的二百一十座戰國晚期戰士墓均為土坑豎穴墓；鄭州市區西北的崗杜清理的四十七座東周墓，有三十一座豎穴土坑墓、十六座洞室墓，較特別的是其中有四座屬於戰國晚期的空心磚墓壙；1955 年，鄭州西郊碧沙崗清理的一百四十五座東周魏墓都是長方形豎穴土坑墓；1953 年，鄭州東南部二里崗發掘的二百一十二座戰國墓葬（魏墓或韓墓尚有爭議）有一百八十六座豎穴土坑墓及二十六座空心磚墓〔註 31〕。整體而言，西周到春秋戰國時期，三晉文化區的墓制形制主要是流行豎穴土坑墓，橫穴土坑墓數量較少。大約在戰國晚期，出現了用空心磚砌築的墓室，之後成為西漢頗為流行的墓室形制。

4. 葬具和隨葬物品

（1）葬具

葬具是盛放死者遺體的用具，土葬所用稱為「棺」。根據《禮記·檀弓上》和〈喪大記〉所載，周代制度規定：天子之棺四重、諸公三重、諸侯再重、大夫一重、士不重。就是說，天子除了裝屍體的內棺外，外面還套著四重外棺，總共五層，以下按照身份等級減少，到士這一級就只有大棺，不用套棺了。除了棺數依尊卑等級有別外，棺木大小厚薄、裝飾花樣、用料等，也有區別，不可混亂〔註 32〕。套棺是一層一層緊靠在一起的，如果在棺或套棺之

〔註 30〕 見《晉都新田》，頁 33～43。

〔註 31〕 以上數據採自《二十世紀河南考古發現與研究》，頁 457～474 記載資料。

〔註 32〕 《禮記·檀弓上》曰：「天子之棺四重，水兕革棺被之，其厚三寸。杝棺一、梓棺二，四者皆周，棺束、縮二、衡三，衽每束一。柏槨以端長六尺。」（頁152）〈喪大記〉又曰：「君（諸侯）大棺八寸，屬六寸，椑四寸；上大夫大棺八寸，屬六寸；下大夫大棺六寸，屬四寸；士棺六寸。君裏棺用朱綠，用雜金鐕；大夫裏棺用玄綠，用牛骨鐕；士不綠。君蓋用漆，三衽三束；大夫蓋用漆，二衽二束；士蓋不用漆，二衽二束。」（頁 785～786）

外隔較大的空隙再加一層，就叫作「槨」，棺槨之間的空隙可用來置放隨葬物品。《荀子・禮論》曰：「天子棺槨七重、諸侯五重、大夫三重、士再重。」（頁239）參照《禮記》的記載，天子應當是五棺二槨，諸侯四棺一槨或三棺二槨，大夫爲二棺一槨，士爲一棺一槨。由目前考古發掘成果來看，晉君或晉大夫墓葬的棺槨，尚未見所謂「五重」或「三重」的實例，不過文獻所載的周朝棺槨制度在春秋戰國時期仍有一定程度的實行，至漢代以後才不見套棺外棺和槨的區別，一般把套棺的外棺直接叫「槨」了。

（2）隨葬物品

早在原始社會的墓葬中，就有隨葬物品的發現，不過最初的隨葬品都是死者生前使用過的武器、工具，以及少量陶製生活用品和裝飾品。隨著文明科技的進步與等級制度的鮮明，地位越高者越形成厚葬的風氣。至商周時期，青銅製器是貴族的專有物，貴族墓葬都以青銅禮器隨葬，而且品種、數量的多寡、形制的大小，都與死者的身份地位有密切的關係。當然，除了青銅禮器可以隨葬外，還有許多別的物品也在隨葬之列。《墨子・節葬下》云：「棺槨必重，埋葬必厚，衣裘必多，文琇必繁，丘壟必巨，⋯⋯諸侯死者，虛車府，然後金玉珠璣比乎身，綸組節約，車馬藏乎壙。又必多爲屋幕，鼎鼓几梴壺濫，戈劍羽旌齒革，寢而埋之。」（頁 156～157）《呂氏春秋・節喪》曰：「國彌大，家彌富，葬彌厚。含珠鱗施，夫玩好貨寶金中鼎壺濫輿馬衣被戈劍，不可勝數，諸養生之具，無不從者。」（頁 525）事實也正如此。楊寬先生在《戰國史》中將戰國墓葬大致分爲三大等級：第一等爲多重棺槨的銅器墓，陪葬品有成套的青銅禮器或同出成套仿銅的陶禮器，較大型的墓還有成套樂器、車馬器、兵器、工具、玉石佩飾；第二等是單棺、單槨的陶器墓，陪葬品有仿銅的陶禮器，每種陶禮器有一至二個，有玉石器和少量兵器；第三等是有棺無槨或是無棺無槨的小型土坑墓，基本上無陪葬品〔註33〕。三晉墓葬大體也符合這樣的分等。其中第一等墓葬的大型墓，還可因隨葬禮器之中的升鼎（盛牲用）數量分爲九鼎墓、七鼎墓、五鼎墓、三鼎或二鼎、一鼎墓的差別。據禮書記載，天子或諸侯用九鼎，各配編鐘四套、三套；卿用七鼎、大夫五鼎，配樂器二套；士用三鼎，配樂器一套。對照於晉國一級墓葬，如山西曲沃北趙村晉侯墓 M64（穆侯）有五鼎，M62、M63的侯夫人墓有三鼎；同樣在北趙村出土的春秋早期晉文侯墓（M93）也有五

〔註33〕《戰國史》，頁 269。

鼎，文侯夫人墓（M102）有三鼎；春秋中期河南輝縣琉璃閣出土的范氏墓地之范子墓（墓甲、M60）有九鼎，范子夫人（墓乙）有五鼎；山西太原春秋晚期的 M251 趙卿墓（趙荀子）也有九鼎；戰國早期河南山彪鎮 M1（可能是魏襄子）也是九鼎〔註 34〕。這些資料反應出墓葬用鼎制度和墓主身份的關聯，同時證明春秋戰國之際，晉國墓葬禮樂制度的大抵確立。

在眾多類型的陪葬品中，有兩種比較特殊的「器物」值得探討。第一種是「明器」。所謂「明器」，又可稱作「冥器」、「鬼器」，是專為隨葬制作，無實用價值的實物模型，材料多用陶、瓷、竹、木、石等，器形包含禮器、工具、兵器、車、船、倉、井、房屋、庭園等一切日用物品，甚至也可以作成人或家畜鳥獸形狀，這類的明器又稱「俑」。從新石器時代開始，歷代的墓葬都有明器出現，戰國時期第二等墓廣泛流行，以陶製明器陪葬，三晉地區也不例外。第二種特殊的陪葬品是指殺人殉葬。以人殉葬，在商墓中已大量發現，如殷墟侯家莊商王大墓中發現了一百六十四具殉葬者的屍骨，婦好墓有十六具。史書記載，春秋時秦穆公去世，還用子車奄息、子車仲行、子車鍼虎三兄弟等一百七十七人殉葬〔註 35〕。這種以活人陪葬的制度因過於殘忍，春秋以後，中原地區已逐漸減少，改以「俑」來代替。考察三晉地區墓葬的實際情況發現，戰國時期的魏韓墓葬殺殉情形已較罕見（河南山彪鎮 M1 魏墓仍見四人殉葬），但趙國墓葬的殉人現象，相較於它國明顯的普遍存在。光是1957 年至 1959 年在邯鄲百家村清理的四十九座趙墓，其中 M1、M3、M20、M25、M57 都有發現殉人，M3 與 M57 各三具，其餘各一具；趙王陵區的周楂一號墓也發現兩具兒童殉葬現象，這種殉人的高頻率，似乎是趙文化喪葬制度的顯著特點。〔註 36〕

（二）喪禮制度

《周禮‧大宗伯》曰：「以喪禮哀死亡。」（頁 275）喪禮的目的是悲悼死者的亡故，疏解親人的哀傷，它的內容包括殯殮死者、舉辦喪事、居喪祭奠

〔註 34〕 以上資料見北京大學考古學系等：〈天馬──曲村遺址北趙晉侯墓地第五次發掘〉，載於《文物》1995 年第七期；俞偉超：〈周代用鼎制度研究〉，見《先秦兩漢考古學論集》，北京：文物出版社，1985 年；高明：〈中原地區東周時代青銅禮器研究〉，載於《考古與文物》1981 年第二～四期。

〔註 35〕 《左傳‧文公六年》及《史記‧秦本記》皆載其事。

〔註 36〕 參見〈河北邯鄲百家村戰國墓〉一文，載於《考古》1962 年第十二期，及《趙都考古探所》，頁 135。

等種種儀式禮節。中國自古看重死喪之事，很早就形成了一套嚴格的喪禮制度，但因文獻不足，商代以前的喪禮制度已難稽考，而周代的喪禮制度經戰國、兩漢學者整理，大體還保存在儒家經典之中。《儀禮》的〈喪服〉、〈士喪禮〉、〈既夕禮〉、〈士虞禮〉四篇是專講喪禮的，《周禮》、《禮記》中也有若干記載。後代的喪禮制度即以此爲範本代相沿襲，影響深遠。

然而晉國、趙、魏、韓或其它先秦國家喪禮制度的詳細儀式，或制度上的差異，除了極少數的幾條文獻資料和墓葬出土的證明外（如飯含），都很難確切恢復各國可能的原貌，因此，以下僅能就禮書所載繁褥的儀節擇要概述，以備參考。

1. 初喪儀式

（1）初終

病危之人居於正寢、正室。將死之時，家人守於床邊，「屬纊以俟絕氣」（《禮記・喪大記》，頁 761），即放置新綿於彌留者口鼻上，驗其是否斷氣。如果確定斷氣了，諸子及兄弟、親戚、侍者皆哭。

（2）復

爲死者招魂的儀式。招魂者拿著死者的衣服，面向北方，呼喚死者之名，反覆多次，然後將衣服穿在死者身上。這一個儀式是表示挽留死者生命的最後一次努力。

（3）命赴和弔唁

派人向死者的上級、親屬、朋友報喪，叫「命赴」。《史記・趙世家》載：「主父死，乃發喪，赴諸侯。」（頁 1815）親友接到通知即來弔喪，安慰死者家屬，即稱「唁」。死者家屬哭屍於室，對前來弔唁的人跪拜答謝，弔唁者要攜帶贈送死者的衣被（即「致襚」）。

（4）沐浴

先在堂前西階西面的牆下掘坎坑爲灶，把洗米水燒熱爲死者潔身，還要梳髮、修剪指甲、趾甲，剪下的指甲和沐浴後的洗米水倒入坎中。

（5）飯含、襲、設冒

沐浴後「飯含」。「飯含」是把珠、玉、米、貝等物放在死者口中；然後爲死者穿上新衣（襲），還要用瑱塞耳，用瞑目覆面，穿戴屨冠，最後用衾覆蓋整個屍身，叫做「設冒」，再把屍床移到堂中。

（6）設重、設燎

「重」是一塊木牌，置於堂前庭中，暫代神主牌位，以象徵死者亡靈。晚上在庭中及堂前燃燎，叫「設燎」，設燎照明，以便死者亡靈享用供品。

以上各項儀式一般都在初終後一天內完成，所以歸爲「初喪儀式」。

2. 治喪儀式

（1）小斂、大斂

一般人在死亡後的第二天，正式穿著入棺的壽衣，稱作「小斂」。禮制規定，諸侯五日小斂、天子七日小斂。「小斂」後隔天舉行入棺儀式，即稱「大斂」。小斂、大斂的同時，死者近親必須擗踊（捶胸跳腳）痛哭，一面陳奠於堂，舉行祭奠。已經盛殮屍體之棺稱作「柩」，停柩稱「殯」，大斂禮完畢，叫作「既殯」。

（2）成服

「既殯」之後，死者家屬分別按血緣關係的遠近穿著不同等級的喪服，叫「成服」（喪服制度見後）。

（3）朝夕哭奠

「成服」後到下葬前，每天一早一晚要在殯所哭奠，稱「朝夕哭」、「朝夕奠」。遇賓客來吊唁致奠，主人（主喪者，一般是死者之子）要祭拜迎送、哭踊如儀。

（4）筮宅、卜日

請人占卦、選擇墓地葬所和下葬日期。

（5）既夕哭

下葬前兩天的晚上，在殯所對靈柩作葬前最後一次的哭奠，稱「既夕哭」。

（6）遷柩

下葬前一天，先把靈柩用靈車遷入祖廟停放。啓「殯」時，要把「重」一併載走。靈柩遷入祖廟後進行祭奠，叫做「祖奠」。

3. 出葬儀式

（1）發引

下葬之日柩車啓行前往墓地，稱作「發引」（後世稱作「出殯」）。親友出車馬束帛等助葬，叫「致賵」；如贈送錢、物則叫「致賻」。行前把各種隨葬

品一一陳列，對著靈柩誦讀清單，舉行奠儀。然後發引隊伍由喪主領頭，邊哭邊行，親友執紼（牽引靈柩之繩）隨行。

（2）下葬

在墓地上先掘好墓壙，或築成墓室。靈車到達墓地，抬下靈柩，又有祭奠。然後把靈柩放入墓壙，各種隨葬品放在棺木之旁，棺木和隨葬品之上用棺衣覆蓋（即「加見」），最後以土掩埋，築土成墳，拜奠如儀。

以上出葬儀式結束後，喪禮儀式並未結束，還有以下的葬後儀式。

4. 葬後儀式

（1）反哭

出葬後，喪主用靈車捧「重」而歸。回到殯所，升堂而哭，叫做「反哭」。一說「反哭」是在祖廟停柩之所舉行。

（2）虞祭

「反哭」後進行「虞祭」。「虞」是安的意思，死者形體已經入葬，但鬼魂無所依靠，彷徨失依，所以要設祭安之。諸侯七虞、大夫五虞、士三虞。虞祭的祭品比較豐盛，禮儀也相當隆重，此時並為死者正式設置神主，以桑木製作，上書死者官爵名諱。

（3）卒哭

「虞祭」之後有卒哭之祭，「卒哭」之意為止哭，喪主在祭後即「止無時之哭」。《禮記・雜記下》規定：「士三月而葬，是月也卒哭；大夫三月而葬，五月而卒哭；諸侯五月而葬，七月而卒哭。」（頁 749）

（4）祔

「卒哭」後隔天，把死者的神主敬奉於祖廟，依照昭穆次序安放在神座上，與祖先一起合祭，稱作「祔」。祭畢，再奉神主歸家。

喪禮的主要程序至此已進行完畢。但對居父母三年之喪的喪主而言，喪事並未結束。到滿一周年時還要舉行小祥之祭，以栗木重作神主代替桑木製作的虞主，稱為「吉主」。滿兩周年時，又有大祥之祭。大祥後神主正式遷入祖廟。大祥之祭在死者死亡後第二十五個月舉行，當月又舉行「禫祭」（一說是再隔一個月才舉行）。禫祭後除去喪服，停止居喪，恢復正常生活。所以三年之喪實際上是「二十五月畢。」（《禮記・三年問》，頁 961）父母去世的周年紀念日稱為忌日，除服以後，每逢忌日，禁止飲酒作樂，如《禮記・祭儀》

說：「君子有終身之喪，忘日之謂也。」（頁 808）即是。

（三）喪服制度

關於喪葬制度，尚須說明喪服之制。

人死後，其親屬要在一定的時間內改變通常的服飾，穿著喪服，這種禮俗起源應該很早，故「喪服」一詞在西周早期的文獻就已經正式出現。《尚書・康王之誥》提到成王去世，康王繼位，在即位大典結束後，「王釋冕，反喪服。」（頁 290）西周的喪服制度，可能是繼承夏商遺俗並進一步發展，特別在辨親疏、分嫡庶，強調等級層次方面，和宗法制度配合，形成一套嚴整的制度。春秋時期，雖然各國的情況不盡一致，但總體趨向是喪服制度更為細密完整，與宗法制度的關係更加密不可分。春秋文獻中，「喪服」之稱已屢見不鮮。《儀禮・喪服》是儒家據春秋戰國時期的喪服制度予以整理歸納、或加以理想化的呈現，是中國傳統倫理的重要表現形式，對中國社會的影響力，至今仍普遍存在。

《儀禮・喪服》所規定的喪服，由重到輕有五個等級，稱為「五服」，分別適用於與死者親疏遠近不等的各種親屬，每一種服制都有特定的居喪服飾、居喪時間和行為限制，以下大略說明之。

1. 斬衰

這是最重的喪服，適用於子（包括未嫁之女）為父，嫁後從父居之女為父、承重孫（已故長子之子）為祖父、妻妾為夫、父為長子。男子斬衰之服的全套喪服包括斬衰裳（斬，不縫邊；衰，摧也，麻質上衣；裳，下衣）、苴絰（用已結子的雌麻所做的麻帶子，包括腰絰、首絰）、杖（竹製）、絞帶（麻帶子）、冠繩纓（喪冠）、菅屨（草鞋）。女子斬衰絰、杖、絞帶、菅屨與男子同，但不用喪冠，而用「髽」（喪髻），還用粗布包住頭髮，叫做布總。斬衰裳用每幅（二尺二寸為一幅）三升或三升半（八十縷為一升），即最粗的生麻布製作，不縫邊，最簡陋、粗惡，表示哀痛之深。斬衰之服的喪期是三年（實際上為二十五個月或二十七個月）。在喪期間，日常飯食起居可能有一定的規範。如《禮記・間傳》說：「斬衰三日不食。」（頁 955）〈問喪〉：「親始死……水漿不入口，三日不舉火，故鄰里為之糜粥以飲食之。」（頁 946）也就是要絕食三天。「既殯」之後才可「食粥」，「朝一溢（一升的二十四分之一）米，莫一溢米。」百日「卒哭」後，可以「疏食水飲」；一年小祥後可以「食菜果」，兩年大祥以後，可以用醬醋調味；喪服期滿、禫祭以後才能飲酒食肉（以上

見〈間傳〉，見955）。在居處方面，規定在未葬以前，孝子要「居倚廬（臨時搭建的簡陋棚屋），寢苫（草墊）枕塊（土塊）」，「寢不脫絰帶」（頁955）；既葬之後，孝子所居「倚廬」的內壁才可塗泥擋風；百日「卒哭」以後，可稍加調整、鋪草蓆；一年小祥後可拆除倚廬，改建小屋，以白灰塗牆，稱為「堊室」舖蓆；兩年大祥才復居正寢，但仍不能用床；直到服喪完畢才一切如常。婦女居斬衰之喪則不必居倚廬、寢苫、枕塊。其他如不得婚娶、不得赴宴、不得聽音樂、不得遊戲笑謔，「思憶則哭」，都是理所當然的規定。

2.齊　衰

次於斬衰的第二等喪服為「齊衰」，本身又可分為四個等級：

（1）齊衰三年

適用於父已先卒，子及未嫁之女、嫁後復歸之女為母、母為長子所服喪禮。對繼母喪服與親生母親相同。其全套喪服為：疏衰裳（用每服四至六升的粗麻製作）、齊（衣縫邊）、牡麻絰（不結麻的雄麻織成的麻帶子，包括首絰、腰絰）、冠布纓、削杖（桐木製作）、布帶、疏屨。婦女無冠布纓，代以布總和惡笄、梳拯。齊衰三年喪期也是名義三年，實際上二十五個月（或二十七個月）。

（2）齊衰杖期

適用於父尚在，子、未嫁之女、已嫁復歸之女為其母，夫為妻所服。喪期一年。為父服斬衰、為母服杖期；夫為妻齊衰杖期，妻為夫斬衰三年，明顯地有男女輕重不等的事實。喪服與齊衰三年同。

（3）齊衰不杖期

適用於為祖父母、伯叔父母、兄弟、未嫁之姐妹、長子以外的眾子及兄弟之子。此外，祖父母為嫡孫、出嗣之子為其本身父母、已嫁之女為父母、隨母改嫁之子為同居繼父、兒媳婦為公婆、為夫之兄弟之子、妾為正妻等，也服齊衰不杖期。喪期也是一年，喪服和齊衰杖期有兩處不同，一是不用杖，二是改疏屨為麻布製成的麻屨。

（4）齊衰三月

適用於為曾祖父母、高祖父母。此外，一般宗族成員為宗子，也服齊衰三月。喪期僅三個月，喪服和齊衰不杖期大抵一樣，唯麻屨改為細麻繩編的繩屨。

　　齊衰之喪者，喪期內的飲食起居也有一定規範。飲食方面，齊衰三年也是重喪，要求和斬衰三年大致相同，只是改三日不食爲二日不食，以示稍輕；齊衰杖期、不杖期則是初喪三餐（一日）不食，然後疏食水飲、不食菜果；杖期者終喪不食肉、不飲酒；不杖期者三月既葬後可以食肉飲酒，但不能與人會飲共食。居處方面，除齊衰三年也有倚廬之制外，其餘一律居堊室，不杖期者三月之後可以復居正寢；齊衰三月與杖期、不杖期差別不大，但三月喪期過後，即可一切如常。

3.大　功

　　又次於齊衰一等。適用於從父兄弟（即堂兄弟）、已嫁之姑母、姐妹、女兒，未嫁之從父姐妹（堂姐妹）及孫女、嫡長孫以外之眾孫及眾孫女、嫡長子之妻。此外，已嫁之女爲兄弟及兄弟之子（侄），已嫁、未嫁之女爲伯叔父母、姑母、姊妹，妻爲夫之祖父母、伯叔父母和夫之兄弟之已嫁女，出嗣之子爲同父兄弟及未嫁姐妹，皆服大功之喪。喪期九個月，喪服是布衰裳（「布」指稍經鍛治的熟麻布，較齊衰用的生麻布細密）、牡麻絰、冠布纓、布帶、繩屨。婦女不梳髻，僅用布總。飲食起居方面，初喪者三餐不食，葬前居於堊室，疏食水飲、不食菜果；三月既葬，可食肉飲酒，復居正寢。

4.小　功

　　又次於大功一等。適用於爲從祖父母（父親的伯叔父母）、堂伯叔父母（父親的堂兄弟及其配偶）、從祖兄弟（父親的堂兄弟之子），已嫁之從父姊妹及孫女、長子外的諸子之妻、未嫁之從祖姑姊妹（父親的伯叔父之女及孫女）、外祖父母、從母（姨母），以及妻爲娣姒（妯娌）、夫之姑母、姊妹，出嗣之子爲已嫁之同父姐妹也服小功。喪期五個月，喪服是布衰裳（比大功更細的麻布）、澡麻帶（澡麻：經過洗滌較白的麻）、絰、冠布纓、吉屨無絢（「吉屨」是日常生活所穿的鞋，「絢」是鞋頭上的裝飾）。初喪時兩餐不食或一餐不食，喪期內不飲酒食肉，仍居正寢，可以用床。

5.總　麻

　　這是最輕的一等喪服。適用於爲族曾祖父母（祖父的伯叔父母）、族祖父母（祖父的堂兄弟及其配偶）、族父母（祖父的堂兄弟之子及其配偶）、族兄弟（祖父的堂兄弟之孫）、從祖兄弟之子，曾孫、玄孫、已嫁之從祖姑姊妹、長孫之外的諸孫之妻，姑祖母、姑表兄弟、舅表兄弟、姨表兄弟，岳父母、舅父、女婿、外甥、外孫，以及妻爲夫之曾祖父母、伯叔祖父母、從祖父母、

從父兄弟之妻，也都有緦麻之服。喪期僅三個月，以當時用來製作朝服最細的麻布（一幅十五升）抽去一半麻縷，即是「緦」。居喪者的飲食居處和小功規定大致相同。

上述《儀禮》及《禮記》等書喪服五等的相關規定，清楚地顯示父系、母系有別，親疏有別，男女有別，嫡庶有別的幾個特色，凡此完全符合宗法制度的原則。由於西周、春秋之時，君統和宗統往往是一致的，所以《儀禮·喪服》還規定了諸侯為天子，大夫、士、庶人為君（諸侯），公、士、大夫之眾臣為其君的不同喪服。雖然宗法制度在春秋中期以後漸次破壞，宗子之法不行，但自戰國至今，儒家經理想化、規範化制定出來的這套帶有濃厚宗法色彩的喪服制度，仍然維持下來，對中國各地喪俗產生程度不一的影響。

（五）晉國喪俗特例

最後補充說明一點，關於先秦諸國喪服制度的施行情況雖然大多已難察考，不過，《左傳》中還是保留下兩條有關晉國喪服變例的記載。《左傳·僖公三十二年》載：「冬，晉文公卒。庚辰，將殯於曲沃。出絳，柩有聲如牛。卜偃使大夫拜，曰：『君命大事，將有西師過軼我，擊之，必大捷焉。』」（頁287～288）。僖公三十三年：「（晉）遂發命，遽興姜戎。子（晉襄公）墨衰絰，梁弘御戎，萊駒為右。夏四月辛巳，敗秦師於殽，獲百里孟明視、西乞術、白乙丙以歸。遂墨以葬文公。晉於是始墨。」（頁 290）。「殯」者，停棺待葬也。喪禮制度，在出葬之前，治喪儀式最後有「遷柩」之制，即下葬前一天將靈柩（停屍於棺）遷入祖廟停放。因為晉國公室宗廟在曲沃，所以晉文公去世必須「殯於曲沃」，他的靈柩得從絳都遷到曲沃。晉國大臣卜偃利用這個「遷柩」的機會，導演一場「君命大事」（戎事）的戲碼，以便名正言順的出兵擊秦。按照喪禮，諸侯五月而葬，在晉文公未葬之前，喪主（晉襄公）正處於喪期中，最須表達哀毀，不宜從事他事的時期。但晉、秦之間不可避免的大戰一觸即發，所以襄公只好權宜行事，「墨衰絰」為戎服，將原來白色的喪服「衰絰」染黑，權充戎服（因為戎服本為黑色），親自率軍，與秦抗擊，兩軍在殽爆發激烈大戰，最後由晉國取得勝利。戰後襄公即以「墨衰絰」之服葬文公，從此，晉國喪服就以黑色衰絰為常制。如《左傳·襄公二十三年》載：「公有姻喪，王鮒使（范）宣子墨佽冒絰。」（頁 603）也是。故晉國自襄公以後，出現黑色喪服之制，這是晉國喪服之制異於他國之處。

三、祭祀與信仰習俗

春秋之時，劉康公曾說：「國之大事，在祀與戎。」（《左傳・成公十三年》，頁 460）將祭祀與戰爭擺在同樣重要的位置。祭祀就是以豐厚的祭品向神靈膜拜、致敬的一種儀式，是從原始社會自然崇拜、鬼神崇拜的信仰觀念派生而來，經過很長時間的演進發展，到周朝時形成一套固定的祭祀制度，作為維繫周代社會秩序和宗法家族體制的根本力量。典籍文獻記載中的祭祀名目繁多，許多祭祀的存在性尚待證實，以下僅就目前所見晉人祭祀、信仰風俗資料，舉其大略概述之。

（一）信仰與祭祀的對象

1. 土地（社稷）

《禮記・王制》曰：「天子祭天地，諸侯祭社稷，大夫祭五祀。」（頁 242）周禮規定，祭天是周天子的特權，祭天之禮「祭郊」是周王朝最盛大的祭禮，而一般諸侯國則以祭祀土地之神的「社祭」為最重要的祭禮〔註 37〕。土地是人類生存的場所，是農業社會中直接影響農業生產的重要因素，所以中國社會很早就對土地產生崇拜意識，並且將之神化而信仰。《禮記・郊特牲》說：「地載萬物，天垂象，取材於地，取法於天，是以尊天而親地也，故教民美報焉。」（頁 489）為報答土地對人民的貢獻，所以建「社」以祭之。「社」又常與「稷」連稱，本來「社」、「稷」是分開的，「社」是土神，「稷」是穀神，後來二者逐步合而為一，「社祭」的對象遂包括土神和穀神了。《左傳・昭公二十九年》載蔡墨回答魏獻子的話說：「共工氏有子曰句龍，為后土，……，后土為社；稷，田正也。有烈山氏之子曰柱為為稷，自夏以上祀之。周棄亦為稷，自商以來祀之。」（頁 925～926）則共工氏之子句龍為社神，周棄為稷神〔註 38〕。據《周禮・地官・小司徒》言：「凡建邦國，立其社稷。」（頁 173）〈春官・小宗伯〉也說：「建國之神位，右社稷，左宗廟。」（頁 290）社稷和宗廟都是建立邦國首先必須興建的建築物，可見其地位之重要。

從古文獻來看，「社」還有等級之分。《禮記・祭法》曰：「王為群姓立社，曰太社；王自立社，曰王社；諸侯為百姓立社，曰國社（邦社）；諸侯自為立

〔註 37〕 唯魯國因始祖周公的特殊功勳，享有特權，可在正月祭天祈年，作為郊祭。如《春秋・宣公三年》：「春，王正月，郊。」（《左傳》，頁 366）

〔註 38〕 《史記・夏本紀》載，大禹因治水之功，「天下皆宗禹之明度數聲樂，為山川神主。」（頁 82），亦以禹為土地之神。

社，曰侯社；大夫以下成群立社，曰置社。」（頁 801）太社和侯社是天子、諸侯專有的社壇，由官方組織隆重的祭祀活動，每逢出征、獻俘、田獵、巡狩，都要在此舉行儀式。民間祭社則在國社（或太社）中舉行，是重要的節慶禮儀，千家萬戶共同參與，「社」並成為青年男女社交場所，如《墨子・明鬼下》所言：「燕之有祖澤，當齊之社稷，宋之桑林，楚之雲夢也。此男女之所樂而觀也。」（頁 207）是也。

晉國祭社稷之禮雖然未見於文獻記載，但晉都新田在 1957 年以後陸續發掘出八處祭祀遺址，其中牛村古城南建築祭祀遺址，考古學家或以為是宗廟祭祀遺址〔註 39〕，或認為屬於社稷或侯社遺址〔註 40〕。由祭祀遺址的建築主體形制以及遺址周圍五十餘座祭祀坑埋牲的方式（皆為活埋）來看，此祭祀遺址極有可能是晉國晚期的社祭遺址，使用時代與晉都新田所在的牛村古城後期相當；由祭祀坑內存在「人犧」（以人為犧牲）祭坑推測，比較可能是侯社遺址。另一處西南張祭祀遺址，則被認為是晉國的國社遺址，可能還包含其他性質的祭祀活動。〔註 41〕

2. 山　川

山岳與河流都是大地的組成部份，它們蘊藏著豐富的資源，能提供人類生活的所需品。但是另一方面，山林險惡，大川氾濫的必然，又經常危害、侵襲人類的安危。在人類對它們又愛又怕的意識中，自然成為崇拜的對象，被逐漸神化，視為有神靈居住之所，而養成定期祭祀的信仰活動。《禮記・王制》曰：「天子祭天下名山大川，五嶽視三公，四瀆四河視諸侯。諸侯祭名山大川之在其地者。」（頁 242）意思是把五嶽四瀆之神視同三公、諸侯，而諸侯國君以其所在國家的名山大川為祭。如晉南北部有一座霍山，原有古霍國建此。晉獻公十六年伐霍，霍君出亡，不久，「晉大旱，卜之，曰『霍太山為祟。』」獻公只好趕快「使趙夙召霍君於齊，復之，以奉霍太山之祀，晉復穰。」（《史記・趙世家》，頁 1781）將乾旱之災歸於山神作祟而祭祀，是山川信仰

〔註 39〕山西省考古研究所侯馬工作站：〈山西侯馬牛村古城晉國祭祀建築遺址〉，載於《考古》1988 年第十期。

〔註 40〕順見王克林〈侯馬東周社稷遺跡的探討〉，載《山西文物》1983 年第一期；謝堯亭：〈關於晉文化與晉國史的幾點認識〉，載於《晉文化學術討論會論文》，1994 年。

〔註 41〕山西省考古研究所侯馬工作站：〈侯馬西南張祭祀遺址調查試掘簡報〉，《三晉考古》第一輯，山西人民出版社，1994 年。

的普遍觀點。《左傳・昭公元年》記載鄭國子產對晉國叔向言：「山川之神，則水旱癘疫之災，於是乎雩之。」（頁706）與此不謀而合。

有關晉國河神的相關記載更多，例如《左傳・昭公六年》子產言及「臺駘」爲晉國汾水之神（頁706）；《左傳・昭公十七年》記載晉國大夫荀吳帥師要渡過棘津，「使祭史先用牲于雒。」（頁838）意思是先用犧牲祭祀雒水。戰國時期，魏國民間有祭黃河之神、爲河伯娶婦的風俗。《史記・滑稽列傳》記載：

> 魏文侯時，西門豹爲鄴令。豹往到鄴，會長老，問之民所疾苦。長老曰：「苦爲河伯娶婦，以故貧。」豹問其故，對曰：『鄴三老、廷掾常歲賦斂百姓，收取其錢得數百萬，用其二三十萬爲河伯娶婦，與祝巫共分其餘錢持歸。當其時，巫行視小家女好者，云是當爲河伯婦，即聘取。……民人俗語曰『即不爲河伯娶婦，水來漂沒，溺其人民』云。」（頁3211）

後來西門豹計殺三老、廷掾等人，使鄴地吏民「從是以後，不敢復言爲河伯娶婦」，此事記載的眞實性尙待研究，不過黃河是中國大川，自古氾濫無常，有祭祀之禮是無可疑慮的；以人祭河的殘酷作法也不是魏國突然產生的迷信，在殷墟卜辭中已有這種記載，魏國之俗，可能是古來遺風〔註42〕。連毗鄰的秦國在戰國中期以後，可能受到魏國風俗的影響，而有「初以君主（公主）妻河」（《史記・六國年表》秦靈公八年，頁271）的事情發生。

3. 星　辰

《左傳・昭公元年》記載，晉平公生病，晉國卜人說是「實沉、臺駘爲祟。」子產解釋：「實沉，參神也。……明星辰之神，則雪霜風雨之不時，於是乎雩之。」（頁706）參神即參星之神，參星是代表晉國地望的分星〔註43〕，爲晉國天象中最重要的一顆星。對日月星辰產生崇拜信仰，以日月星辰之神聯繫霜雪風雨的自然天象，也是晉人自然信仰中的一環。

4. 鬼魂與祖先

原始社會中普遍存在著崇拜靈魂的觀念，相信人死以後靈魂不滅，轉化爲鬼。鬼有超人的能力，能對人的行爲進行監視及賞罰，影響以及干預人的

〔註42〕參見朱天順：《中國古代宗教初探》，台北：谷風出版社，1986年，頁80～81。

〔註43〕詳見第九章天文曆法。

生活。如《史記‧趙世家》記載：「居十五年，晉景公疾，卜之，大業之後不遂者爲祟。」（頁 698）「大業之後不遂者」指的是趙氏被滅族之事。由於趙氏被滅，故趙氏鬼魂無人祭祀，所以爲祟，使景公生病，這是古人以爲無所歸之鬼化爲「厲」的觀念。

《禮記‧祭法》亦曰：「天子七祀有泰厲，諸侯五祀有公厲，大夫三祀有族厲。」鄭注引《春秋傳》說：「鬼有所歸，乃不爲厲。」（頁 801～802）《左傳‧昭公七年》記子產之言：「匹夫匹婦強死，猶能憑依于人，以爲淫厲。」（頁 764）顯示古人恐懼鬼魂，害怕死後無人祭祀的想法。在鬼魂崇拜的基礎上，古人認爲祖先與自己有血緣上的關係，只要定期祭祀就能得到他們的庇祐，因此產生中國祭祀活動中極重要的宗廟祭祖儀式。

文獻中，周代完成的宗法制度對祭祖活動有嚴格的等級規定，所謂「庶子不祭祖者，明其宗也。」（《禮記‧喪服小記》，頁 592）嫡長子世世代代處於主祭地位，以確立其權威。祭祖在宗廟舉行，《禮記‧王制》規定：「天子七廟，三昭三穆，與太祖之廟而七；諸侯五廟，二昭二穆，與太祖之廟而五；大夫三廟，一昭一穆，與太祖之廟而三；士一廟，庶人祭於寢。」（頁 241，參見圖 6-1，以諸侯五廟爲例，餘者類推增減）。祭祀的對象除了在遠祖中尋找對本族有特殊功績的人物爲固定對象外，其次是只祭近幾代死去的祖先。如《禮記‧祭法》說：「夫聖王之制祀也，法施於民則祀之，以死勤事則祀之，以勞定國則祀之，能禦大菑則祀之，能捍大患則祀之。」（頁 802）《公羊傳‧文公二年》云：「大事者何？大祫也。大祫者何？合祭也。其合祭奈何？毀廟之主陳於大祖，未毀廟之主皆升，合食於大祖。五年而再毀廟。」（頁 165）意思是說原先單獨祭祀的祖先，隨著世系已遠，毀其廟，遷神主，將其神主藏於太祖廟，五年一次，出其神主合祭。

圖 6-1：諸侯五廟位置圖

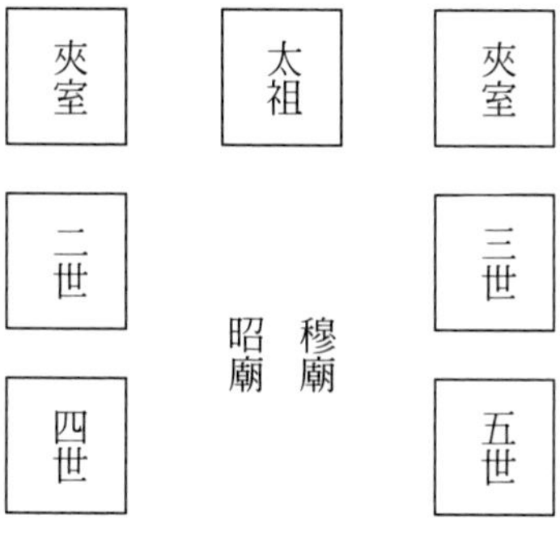

《禮記‧王制》又說:「天子諸侯宗廟之祭,春曰礿,夏曰禘,秋曰嘗,冬曰烝。」(頁 242)祭祀的時間分別在四季的孟月舉行,加上臘祭,每年五祭,以及按照時令節序,將當令的新鮮蔬果奉享於太廟的「薦新」之祭。祭祖活動對於家、社會、國的意義重大,是「治國之本」(《禮記‧祭統》,頁 838),因此周人把祭祀列為國家正式祭典,而不是個人私事。國君宗廟的存在,象徵一個國家的存亡,建國時就要先築「左宗廟、右社稷」。

此外,國君策命大典,代表國君宗族的繼承,也在宗廟舉行。《國語‧周語上‧內史興論晉文公必霸》記載:「(周)襄公使太宰文公及內史興賜晉文公命,上卿逆於境,晉侯郊勞,館諸宗廟,饋九牢,設廷燎。及期,命于武宮(曲沃武公之廟),設桑主(晉獻公神主),布几筵,太宰鑄之,晉侯端委(祭服)以入。太宰以王命令冕服,內史贊之,三命而後即冕服。」(頁 41～42)此為晉文公受命服之禮,在武公之廟舉行。

考古發掘晉國晚期都城新田遺址出土的祭祀遺址中,大致可以確定呈王路中段建築基址是屬於晉國宗廟遺址〔註 44〕,而圍繞在它東面、南面的百餘座祭祀坑所形成的祭祀帶,與建築基址合為一體系,附近還有盟誓遺址、省地質水文二隊祭祀坑與省建一公司機運站祭祀坑,幾乎是以半環形圍繞著呈王古城〔註 45〕,證實晉國宗廟祭祀活動的頻繁,也為晉國祭祖制度的內容提供了相當重要的資料。

(二)祭品的處理方式

從考古發掘的材料來看,最遲在舊石器時代晚期,中國就出現了祭祀活動,其後不斷發展,形成各種類別極其複雜的儀式。從根本上說:祭祀是為了和以無形力量控制著人類的各種靈魂溝通,達到驅惡迎善的目標。由於年代久遠,文獻記載片斷,上古許多祭祀儀式的細節至難詳考。這裏以祭祀出土物的實況配合典籍記錄,大致論述晉人祭祀儀式中對祭品採取的處理方式。

1.燔 祭

「燔祭」就是將祭品置於柴上焚燒,焚燒的煙氣會升騰直達高空,容易為天上神靈接受。所以「燔祭」是用來祭天、日、月、星辰或風雨雷電

〔註44〕 山西省考古研究所侯馬工作站:〈侯馬呈王路建築群遺址發掘簡報〉,《考古》
　　　　 1987 年十二期。
〔註45〕 《晉都新田‧侯馬晉國祭祀遺址發掘簡報》,頁 287。

一類的天神。《周禮‧春官‧大宗伯》曰：「以實柴祀日、月、星辰。」（頁270）晉俗崇拜參星，有參星之神實沉，祭參神時，當是採「燔祭」的方式。

2. 瘞　祭

「瘞」的意思是埋，「瘞祭」就是將祭祀用的玉石祭品以及牛、豬、羊、狗等犧牲埋入地中的方式，用於祭祀山神和土地神的祭禮。如《周禮‧大宗伯》曰：「以貍沉祭山林川澤。」（頁272）《禮記‧祭法》云：「瘞埋于泰折，祭地也。」（頁797）《儀禮‧覲禮》說：「祭地，瘞。」（頁325～332）《爾雅‧釋天》：「祭地曰瘞埋。」（頁99）等等。《山海經》中記載群山祭祀之禮，瘞祭也佔絕大多數。山西侯馬晉都已發掘的八座祭祀坑遺址（包括盟誓遺址），多數埋有動物牲體和玉石器，牲體種類有牛、羊、豬、狗、馬等，玉石器形狀有璜、琥、圭、璋、璜、瑗、瓏、環及玉片、石片等各種形制，皆採「瘞祭」的方式。特別的是，在牛村古城南祭祀遺址中還發現一座「人犧」祭祀坑（編號 H1158）。用人為祭祀犧牲的記錄，殷商卜辭中已見，春秋之時，《左傳》亦見其俗記載。例如僖公十九年：「宋公使邾文公用鄫子于次睢之社。」（頁239），昭公十年：「平子伐莒，取蚡，獻俘，始用人于亳社。」（頁783），哀公七年：「以邾子益來，獻于亳社。」（頁1010）這樣的習俗，當時就有人提出反對觀點，司馬子魚曾說：「古者六畜不相為用，小事不用大牲，而況敢用人乎？」（《左傳‧僖公十九年》，頁239）由實際出土物證明，晉國在春秋晚期還是有以人活埋的祭祀方式存在。

3. 血祭和衃

《周禮‧大宗伯》曰：「以血祭祭祀稷五祀。」注：「皆地之次，祀先薦血，以歆神也。」（頁272）所謂「血祭」，是不埋牲體，只以血灌地，以達於神的方式。如《左傳‧僖公十九年》經文記載：「邾人執鄫子用之。」（《左傳》，頁328）《公羊傳》解釋：「邾婁人執鄫子用之，惡乎用？用之社也。其用之社奈何？蓋叩其鼻以血社也。」（頁142）意思就是邾人用鄫子的鼻血來祭社，這就是血祭。還有一種「衃」的方式，可能是由血祭引申而來的。《左傳‧閔公二年》載：「帥師者，受命于廟，受衃于社。」（頁173）「衃」是祭祀用的肉，這是殺牲取部份牲肉，但不活埋牲體的祭祀方式。考古人員在山西侯馬省建一公司機運站祭祀遺址中發掘許多無牲坑，值得留意的是，多座坑底有土色呈黑褐或夾小白點的現象，與周圍土色不一致，可能與肉類腐朽

物有關〔註46〕。其他祭祀遺址群也有許多用途不明的無牲坑存在，它們或許和「垠」這種祭祀方式有所關聯。

4. 沉　祭

《周禮·大宗伯》謂：「以貍沉祭山川林澤。」鄭注：「祭山林曰埋，川澤曰沉。」（頁272）《儀禮·覲禮》也說：「祭川，沉。」（頁331）換言之，祭水神的方式，應當採取將祭品沉於水中的方式。魏國「河伯娶婦」的傳說，就是採取沉祭。

（三）卜筮和徵兆迷信

1. 卜　筮

卜筮是中國古代決疑問難，求助上帝、神靈的方式之一。卜筮是占卜和占筮的合稱。《詩經·衛風·氓》詩：「爾卜爾筮」，毛傳曰：「龜曰卜，蓍曰筮。」（頁135）龜指龜甲，蓍指蓍草，卜、筮是因媒介體使用的材料不同而有區別。占卜的起源很早，到商代形成以牛肩胛骨和龜甲占卜的方法已十分複雜，周人持續占卜活動，各國多設有專職占卜的卜官，遇到國君決策國事之前，進行占卜，據兆以斷吉凶。占筮和占卜可能有同樣古老的歷史，到周代發展成為《周易》這般複雜幽玄的筮占方法，對中國文化產生難以估量的影響。

由文獻看來，春秋時代的卜筮是相輔而行。使用的方式或先卜後筮，或先筮後卜。若卜筮所占吉凶不同時，從卜、從筮，隨個人意識而定。如《左傳·僖公四年》記載：「晉獻公欲以驪姬為夫人，卜之，不吉；筮之，吉，公曰從筮。」（頁203）晉國設有卜人，也有筮史之官，負責卜筮，晉君可以個人意願取決卜或筮的相反結果。到了戰國，宮廷卜筮之風較為衰退，朝廷大事基本上也不再求助於占卜。不過，趙國所設太卜之官影響力仍不小，故鄭朝能利用趙太卜之占，使趙君歸還「周之祭地」（《戰國策·東周·趙取周之祭地》，頁32）。

2. 徵　兆

卜筮其實是利用龜甲、獸骨裂紋、蓍草不同組合的徵兆來窺探將來之事、預料吉凶結果的一種方法。在卜筮方法形成體系以前，利用自然界及人類自身出現的某些現象來預測吉凶，即所謂「前兆迷信」早已存在，卜筮體系就

〔註46〕參見《晉都新田》，頁267。

是在「前兆迷信」的基礎上發展建立的。這種前兆信仰，在春秋戰國時期仍很盛行，任何人事作爲都可以解釋成天意徵兆。如《國語・晉語四》載：「（重耳）乃行，過五鹿，乞食于野人，野人舉塊以與之，公子怒，將鞭之。子犯曰：『天賜也。民以土服，又何求焉？天事必象，十有二年，必獲此土。』」（頁121）野人給土塊的行爲，子犯將其視爲重耳將得國土的「天象」預兆，可見這種「前兆」信念影響之深。

據《左傳》、《國語》記載，春秋時人，包括晉人，對「前兆」的信仰是相當普及的。而「前兆」的信息來源以天文現象、夢境最多。以天文知識結合前兆迷信，發展成一種占術──星占（占星術），而夢兆的解讀，就是夢占。

（1）星占

根據天空星象活動（包括日、月、五大行星以及流星彗星等）的現象，來判斷或預測人間社會各種事務變化之因果關係的術數體系，就是「星占」，即「占星術」。它其實又是中國古代天文學的一體兩面。深信星象顯現的「徵兆」是對地上人事變化的預告，這是前兆迷信的一種信仰。《左傳・昭公七年》載：

> 夏四月甲辰，朔，日有食之。晉侯問於士文伯曰：「誰將當日食？」
> 對曰：「魯，衛惡之。衛大魯小。」公曰：「何故？」對曰：「去衛地
> 如魯地。於是有災，魯實受之。其大咎其衛君乎？魯將上卿。」公
> 曰：「詩所謂『彼日而食，于何不臧』者，何也？」對曰：「不善政
> 之謂也。國無政，不用善，則自取謫于日月之災。」（頁761）

此段記載是士文伯就日食而預測魯國上卿、衛國國君將有災難的話。這是將日、月現象附會人事的觀點，且士文伯之語還透露人事善惡上感於天，即天人合一思想的端倪。

《左傳・僖公五年》又有：「晉侯圍上陽，問於卜偃，曰：『吾其濟乎？』對曰：『克之。』公曰：『何時？』對曰：『童謠云：丙之晨，龍尾伏辰，均服振振，取虢之旂，鶉之賁賁，天策焞焞，火中成軍，虢公其奔。其九月十月之交乎？丙子旦，日在尾，月在策，鶉火中，必是時也。』」（頁208）卜偃以好幾個星體的現象解釋攻虢日期，其實是利用前兆決疑的占術。同樣的記載也見於《國語・晉語二・獻公問卜偃攻虢何月》中（頁105）。《國語・晉語四・秦伯納重耳於晉》又有：「董因迎公於河。公問焉，曰：『吾其濟乎？』對曰：

『歲在大梁，將集天行。元年始受實沉之星也。實沉之墟，晉人是居，所以興也。今君當之，無不濟矣。』」（頁131）董因以為歲星在大梁的位置是吉兆，是晉國將興，重耳將為晉君的前兆顯現。這些類似的例子或觀點，在《左傳》、《國語》記載中屢見不鮮，各國皆然，星占之術可說是春秋戰國時人結合前兆信仰與卜筮之術的高度體現。

（2）夢占

作夢是多數人類共有的生理現象，但夢境內容的複雜性與神秘性，對古人而言，卻是難以理解的現象。古人將做過的夢和以後發生的事聯繫起來，經過總結，以為做什麼夢是吉兆、什麼夢是凶兆，因而形成一套判定夢境吉凶的理論，就是「夢占」。《周禮·春官》記載太卜所掌，就有「三夢之法」，又有「占夢」之官，「掌其歲時，觀天地之會，辨陰陽之氣，以日月星辰占六夢之吉凶：一曰正夢，二曰噩夢，三曰思夢，四曰寢夢，五曰喜夢，六曰懼夢。季冬聘王夢，獻吉夢于王，王拜而受之；乃舍萌于四方，以贈惡夢。遂令始難歐疫（癘鬼）。」（頁381～382）顯然周人建立的夢兆分析理論，已經加入歲時、天氣、陰陽等複雜的因素，不只是單純地從夢的內容來判斷吉凶而已。

《詩經·小雅·斯干》詩有：「下莞上簟，乃安斯寢，乃寢乃興，乃占我夢，吉夢維何？維熊維羆，維虺維蛇。大人占之，維熊維羆，男子之祥。維虺維蛇，女子之祥。」（頁386～387）此詩夢的內容和徵兆的內容都很具體，人們相信夢見熊羆是生男的徵兆，夢見虺蛇是生女的徵兆。《左傳》中也有豐富的夢占事例，以晉國而言，如僖公二十八年記載晉、楚交戰前：「晉侯夢與楚子搏，楚子伏己而盬（食用）其腦，是以懼。子犯曰：『吉。我得天，楚伏其罪，吾且柔之矣。』」（頁272）子犯將惡夢解釋成吉兆，後來晉國果然敗楚。成公十年亦載，晉國某一個小臣，「晨夢負公以登天。及日中，負晉侯出諸廁，遂以為殉。」（頁450）卻是好夢為凶兆之例。春秋以後，夢占的發展越來越複雜，如《左傳·昭公三十一年》載：「十二月辛亥，朔，日有食之，是夜也，趙簡子夢童子臝而轉以歌。且，占諸史墨曰：『吾夢如是，今而日食，何也？』對曰：『六年及此月也，吳其入郢乎？終亦弗克。入郢必已庚辰，日月在辰尾。庚午之日，日始有謫，火勝金，故弗克。』」（頁930～931）這則記載中，晉國史墨圓夢之兆是結合日食之兆、夢兆、星辰運行、五行相成相克的理論基礎而推測，思想相當複雜，已非原始單純的占夢。因為夢兆的判斷加入許多

人爲附加的成份，夢兆吉凶便無法再依慣例判定，而必須依靠占者或擅長圓夢的人才能判明吉凶，所以夢兆信仰之俗，自然轉化成夢占之術，變成少數專業占夢者壟斷的事業。〔註47〕

四、養士風尚

「士」原是貴族的最低階層，享有一定的食田，受過六藝的教育，具文武兼備的修養，戰時充任下級軍官，是國家軍隊的重要主力，平時則可任卿大夫的家臣。到春秋戰國之際，由於經濟和政治的變革，文化學術相應地產生變化，得到進一步發展，「士」這個階層順時嶄露頭角地活躍起來。同時，因各國國君紛紛謀求變法改革，推行新的任官制度，禮賢下士，士的需求急增，於是在平民中也湧現一批新的「士」，以游說或從師之徑入仕爲官，「士」於是成爲知識分子的通稱，不再是貴族階層身份的專稱。

除了國君以延攬人才爲急務外，在戰國中期以後，各國掌有權勢的貴公子或封君大臣，爲求自保與保國，也興起一股招賢納士、收絡各種人才爲食客的「養士」之風。例如齊的孟嘗君田文，趙的平原君趙勝，魏的信陵君魏無忌，楚的春申君黃歇，以及秦的文信侯呂不韋等人，所養食客皆達三千人〔註48〕，前四人還被合稱爲「戰國四公子」。他們所養的食客或來自於各種學派的士，或者只要具備一技之長就被羅致。其中著名者如孟嘗君的食客馮諼，平原君的食客毛遂，信陵君的食客侯嬴、朱亥等人。這些食客往往爲其主人出謀畫策，奔走游說，或經辦某項事務，甚至代主人著書立說。例如馮諼爲孟嘗君到封邑薛城催債收稅，因焚燒債券，爲孟嘗君贏得薛地民心；毛遂自我推薦參加平原君赴楚求救的游說團，促成楚王同意出兵解救趙國邯鄲之圍；侯嬴爲信陵君謀畫奪晉鄙兵符之計，朱亥則出手擊殺晉鄙，協助信陵君順利統兵以解救趙國邯鄲之圍；至於文信侯呂不韋的食客，則共同編著完成了《呂氏春秋》一書。養士之風是戰國中後期社會的特殊現象，當時的鉅公大臣散財養士，形成奇智游俠、剽悍勇敢、崇義忠主、偵防敵情、互

〔註47〕「星占」與「夢占」之說，可參見高壽仙：《中國宗教禮俗》，台北：百觀出版社，1994 年，頁 58；及劉韶軍：《中華占星術》，台北：文津出版社，1995年，頁 21。

〔註48〕以上人物，順見《史記》卷七十五〈孟嘗君列傳〉、卷七十六〈平原君列傳〉、卷七十七〈魏公子列傳〉、卷七十八〈春申君列傳〉、卷八十五〈呂不韋列傳〉。

助互救、直言平等的集團組織，對於國際政治局勢有舉足輕重的影響力，而這些養士者本身也成爲各國國君忌憚的對象，這種現象隨著秦國統一才宣告終止。

五、民風與民性

一個地方的風俗習氣，即一個地方的民風民性，這是長時期文化累積的沉澱，是一個地方難以搖撼的文化基因。《山西通志》說：「夫風氣剛柔，繫乎水土，民俗醇漓，本乎政教。去古日遠，變遷既多，郡縣有更革，人民有移徙。陳晉故者，必例以唐虞三代之舊，固非通論，要其耕鑿相安而務爲勤儉，歷之千年而莫之改，又未嘗非地氣使之然也。」〔註49〕就是說民風民性與地氣因「繫乎水土」，因而「歷千年而莫之或改」。

從先秦以來，有不少文獻試圖從不同角度來解釋三晉地區的文化特徵。這些解釋互有差異，其實都反應了三晉的民俗、民風部份眞實的面貌，據文獻所載，三晉之俗，至少有下列四種不同取向：

（一）尚　儉

《左傳‧襄公二十九年》載季札聞〈魏風〉曰：「美哉！沨沨乎！大而婉，險（儉）而易行，以德輔此，則明主也。」（頁 669）古魏國已在晉獻公時被滅，歸爲晉地。魏地民俗尙儉，便成爲晉俗的一項特色。《左傳‧僖公二十三年》又載重耳去國流亡至楚，楚王對重耳及跟從者的觀察結論是：「晉公子廣而儉，文而有禮。其從者肅而寬，忠而能力。」（頁 252）顯然晉文公的儉樸作風極受楚王讚賞。晉國這種上自公族，下及庶民「尙儉」的習性，可能與當地特殊的地理環境相關。朱熹《詩集傳‧唐風》云：「土瘠民貧，勤儉直僕。」（頁 68）土地貧瘠似乎是晉民勤儉的主因。先秦時期的三晉地區形成勤儉風氣後，即沿襲不衰，先秦以後的史籍、方志、筆記，凡述及三晉地方風氣、每稱其民爲「儉」〔註50〕，不勝枚舉。

〔註49〕清‧光緒年間王軒等纂修版，北京：中華書局，頁 7029。

〔註50〕以《山西通志》（頁 7049～7063）爲例，山西各州縣方志中，以「勤儉」稱其地者如：「祁縣，俗尚勤儉。」「徐溝，用度勤儉。」「交城，俗尚儉嗇。」「永濟，好尚節儉。」「榮河，勤稼穡，弗敢奢侈，惟務節儉。」「平陸，重農事，勤紡績，醇樸儉約。」「稷山，后稷播種之地，崇尚節儉。」「絳縣，民勤生業，尚義好儉。」「長治，俗亦簡樸。」「長子，節儉而尚禮。」「陽城，民尚節儉。」「臨汾，其民甘粗糲，力稼穡，儉而不奢。」「翼城，有先王光儉之風，故其織嗇。」……幾乎涵蓋整個山西地區。

（二）憂思深遠

《左傳・襄公二十九年》季札觀〈唐風〉曰：「思深哉，其有陶唐氏之遺民乎！不然，何其憂之遠也？非令德之後，誰能若是？」（頁670）《漢書・地理志》亦云：「成王滅唐，而封唐虞。……其民有先王遺教，君子深思，小人儉陋。故〈唐詩・蟋蟀〉、〈山樞〉、〈葛生〉之篇，……皆思奢儉之中，念生死之慮。」（頁 428）憂思深遠，為唐地民風思想的特色。晉國立國於故唐地望，故〈唐風〉即晉國的民歌民風。晉國歷史自昭侯分封曲沃後，公室與曲沃便展開長期的爭戰。國內政局的動蕩，導致人民生活的不安定，因此〈唐風〉自然呈現消極頹廢、失望惆悵的色彩。如〈蟋蟀〉、〈山有樞〉、〈杕杜〉、〈鴇羽〉、〈葛生〉、〈采苓〉諸篇，格調皆為低沉。〈毛詩序〉曰：「（唐風）憂深思遠，有堯之遺風。」（《詩經》，頁 215）《詩集傳》云：「憂思深遠，有堯之遺風焉。」（頁 67）大概如是。

（三）剛悍尚武

《史記・孫子吳起列傳》載孫子謂田忌曰：「彼三晉之兵，素悍勇而輕齊。」（頁 2146）三晉之兵在戰國時期尚稱「悍勇」，其實是來自於晉國尚武風氣的養成。晉國地處「戎狄之民實環之」的環境，本來就不以崇文尚禮為立國之本，戎狄尚武之風恐怕才深深影響著晉國的民風民性。春秋時期，晉國靠著武力四處爭戰並拓土甚廣，軍隊不斷擴編，晉卿以軍功為賞的措施，都足以說明晉國風俗「尚武」成份的存在。三家分晉以後，這股「尚武」的風氣，似乎以趙國承襲最多，這和趙國所處環境有關。《漢書・地理志》說：

> 邯鄲北通燕、涿，南有鄭、衛、漳、河之間一都會也。其土廣俗雜，大率精急，高氣勢，輕為姦。太原、上黨又多晉公族子弟，以詐力相傾，矜夸功名，報仇過直，嫁娶送死奢靡。漢興，號為難治，常擇嚴猛之將，或任殺伐為威？父兄被誅，子弟怒憤，至告慑刺史二千石，或報殺其親屬。鍾、代、石、北，迫近胡寇，民俗慬忮，好氣為姦，不事農商。自全晉時，已患其剽悍，而至武靈王又益屬。故冀州之部，盜賊常為它州劇。（頁 428）

〈地理志〉是據《史記・貨殖列傳》稍有增益。大體可以看出因邊地近於胡寇，所以趙風剽悍，慷慨好氣。這股剛悍好武的風氣，即使到了後代仍未稍減。《隋書・地理志》曰：「河東、絳郡、文城、臨汾、龍泉、西河……，其俗剛強，亦風氣然乎？太原……俗與上黨頗同，人性勁悍，習于戎馬。離石、

雁門、馬邑、樓煩皆連邊郡，習尚與太原同俗，故自古言勇俠者，皆推幽并云。」〔註51〕《資治通鑑》卷二八四云：「河東山川險固，民俗尚武，多戰馬，靜則勤稼穡，動則習軍旅，此霸王之資也。」（頁9275）則唐宋之時，三晉剛悍尚武之風依然成習。

（四）重利尚實

「重利」的風氣也是三晉地區極明顯的民性，同時伴隨著「重利」風氣而起的還有「輕名尚實」的思想和講求現實的態度。

「重利」風氣可能來自於商人地位的提高。自春秋以來，列國諸侯開始重視「通商」問題，晉國也不例外。《國語・晉語四》載晉文公為振興晉國而制訂的政策中，就有使通商無阻，實施方便商旅的「輕關易道，通商寬農」（頁133）政策。大概是因為這種「通商」政策的緣故，到了春秋晚期，晉國富商的地位大大提高，如《國語・晉語八》載：「夫絳之富商，……能金玉其車，文錯其服，能行諸侯之賄，而無尋尺之祿。」（頁171）晉商雖無爵祿，卻能「行諸侯之賄」，與貴者溝通，足見商人的社會地位大幅提昇。隨著商人地位的提昇，社會上「重利」風氣自然而起。《管子・水地》所言：「晉之水，枯旱而運，土於滯而菂（雜），故其民諂諛葆詐，巧佞而好利。」（頁238）意思是說，晉俗巧佞好利，與其水土民性有直接關係。其實，這是進一步指出晉人重商好利的背景和晉地地理環境之間的密切關係。三家分晉後，趙國更以重商賈、奔富厚聞於列國，如《史記・貨殖列傳》曰：「齊、趙設智巧，仰機利。」（頁3270）。韓國之風，大抵也好商賈，故《漢書・地理志》謂：「穎川、韓都。……民以貪遴（吝）爭訟生分為失。……南陽好商賈，召父富以本業；穎川好爭訟分異。」（頁428）即使是「好農而重民」（《史記・貨殖列傳》，頁3270）的魏國，還是不能免除逐富好商之風，故順勢興起溫、軹一類的大都市。

「重利」的民俗崇尚實際，不以沽名為念，不尚浪漫幻想，流風所及，三晉地區人物輩出，尤以講求實際利害關係的法家人物最為顯耀。其次是近於法家，亦稱「刑名之家」的名家，以及趨利尚尚濃厚的縱橫家者最為活躍。戰國法家、名家、縱橫家重要代表人物大抵為三晉之人〔註52〕，或許正是孕

〔註51〕二十五史刊行委員會，《二十五史》，台北：開明書局，1962年初版，頁2438。以下見引，皆據此本。

〔註52〕《史記・張儀列傳》曰：「三晉多權變之士。夫言縱橫彊秦者，大抵皆三晉之人也。」（頁2304）關於三晉各派思想人物，詳見第八章內容。

育自三晉地區「崇尚實際」的民風。〔註53〕

第三節　社會生活

　　廣義的社會生活，指人的一切活動。狹義的社會生活，指人的政治、經濟、軍事活動以外的飲食、服飾、居住、交通、教育、娛樂等生活習慣。本節就據現有的文獻及出土文物，略述三晉地區人民可能存在的社會生活習慣。

一、飲　食

　　張亮采先生在《中國風俗史》中對周代飲食概括的說：「常食用穀類、蔬菜等物，多烝而食，蔬菜多用羹，又食肉之風亦盛行，魚鳥牛豚羊稱五鼎之食，當時人民最嗜好焉。又馬鹿熊狼之類亦多捕食之。其製作配合之法，觀《禮記・內則》一篇可得大概矣。飲物有酒醴漿恄等。酒系夏后時儀狄之發明，周時有杜康者，更改良其製造法，大流行於世間，爲燕饗之必須品，朝廷設酒正掌之。醴者，甘酒也。漿晃爲食物之附屬品。此外，猶有種種飲料，而茶其最著者也。茶發明於殷商時，周人用之者多。齊晏嬰甚愛賞之。又夏月用冰。《詩》曰：『「二之日鑿冰瘲瘲，三日之納於凌陰』，凌陰即冰室。《周禮》有凌人掌冰正，是也。」（頁18）這段描述大抵說明西周初期及中葉周朝貴族在食料、烹調、飲物、保鮮等飲食內容的梗概，但春秋戰國以來，三晉地區與其他諸國的飲食變化，尚有待補充。

（一）飲食原料

　　巧婦難爲無米之炊，飲食原料是膳饌酒漿的基礎，一個民族的飲食生活貧乏或豐富，首先取決於飲食原料種類的多寡。但隨著不同的歷史時期，人們對自然界動、植物的認識或利用會產生變化，加上先秦諸書並無飲食專著，因此我們僅能從一些反映古代社會生活的書籍中，得到有關晉人飲食原料與其他飲食文化的片斷。

1. 穀　類

　　在先秦經典中，《詩經》、《周禮》、《儀禮》諸書反應商周的飲食原料最多，總計約有一百四十多種〔註54〕。大體而言，當時的居民是以糧食作物爲

〔註53〕　參考林天人：《先秦三晉區域文化研究》第五章第三節，台北：台灣師範大學歷史研究所博士論文，1998年。

〔註54〕　詳見王子輝・王明德：《中國古代飲食》，台北：博遠出版有限公司，1989年，

主要的飲食原料，如「五穀」、「六穀」、「九穀」之類。「五穀」指麻、黍、稷、麥、豆或稻、黍、稷、麥、菽（豆類總稱）〔註55〕；「六穀」為稌、黍、稷、粱、麥、苽〔註56〕；「九穀」是黍、稷、稌、稻、麻、大麥、小麥、大豆、小豆〔註57〕。春秋戰國以前，中國已有的穀類不出這些種類範圍。《詩經》中屬晉國統治範圍的〈魏風〉、〈唐風〉，至少可見黍、麥（〈魏風・碩鼠〉）、稷、稻、粱（〈唐風・鴇羽〉）等穀類的種植。這些糧食作物既是人們食用的主食——飯或粥，同時也是釀酒的原料，以及各種肉類加工品（醢）的輔助原料。

2. 肉　類

肉類包括陸地的飛禽走獸與河海中的魚類。在《詩經》、《周禮》、《儀禮》等書提及的野禽、野獸類，如鶉、鵲、梟、鴻、鶉、兔、鹿、狟、狼……等數十餘種，水族動物如鱣、鮪、椒、鯉、鱒、鱮、鱉、龜、蛤……等也有數十種。這些肉類的獲得以狩獵、捕撈為主，此外，人工飼養在此時也是重要來源之一。《周禮・天官・膳夫》曰：「凡王之饋，……膳用六牲。」注云「六牲」就是馬、牛、羊、豬、犬、雞（頁57）。這一類家禽、家畜，在殷商之時已有馴養的證據〔註58〕，飼養已更普遍。不過食用肉類還是士大夫以上貴族的專利，一般庶民百姓是很少食用的。《禮記・王制》規定：「諸侯無故不殺牛，大夫無故不殺羊，士無故不殺犬、豬，庶人無故不食珍。」（頁245）連諸侯、大夫食肉都有限制，說明當時禽畜肉類還不充足。《詩經・魏風・伐檀》曰：「不狩不獵，胡瞻爾庭有縣狟（愃）兮？彼君子兮，不素餐兮！」「不狩不獵，胡瞻爾庭有縣特（雉）兮？彼君子兮，不素食兮！」「不狩不獵，胡瞻爾庭有縣鶉兮？彼君子兮，不素飧兮！」（頁210～211）即是諷刺「君子」（魏國貴族）尸位素餐，不必狩獵，直接從百姓手中得到狟、特、鶉等野味。《戰國策・韓策一・張儀為秦連橫說韓王》曰：「民之所食，大抵豆飯藿羹。」（頁

頁15。
〔註55〕順見《周禮・天官・疾醫》鄭玄注（頁73），《孟子・滕文公上》趙歧注（頁98）。
〔註56〕《周禮・天官・膳夫》鄭玄注（頁57）。
〔註57〕《周禮・大宰》鄭眾注。鄭玄一說為黍、稷、稻、麻、小麥、大豆、小豆、粱、菰米（頁29）。
〔註58〕甲骨文中有牛、羊、豬等圈養或放牧的反映。婦好墓中出現馬、牛、羊、狗、兔、龜、鵝、鴨等動物玉雕，顯示這些家禽、家畜在當時的馴養。見林乃燊：《中國飲食文化》，上海人民出版社，1989年，頁25～27。

934）這應是當時庶民生活的寫照。

3. 蔬菜水果

人工培植蔬菜在中國歷史上至少可以溯及新石器時代，如半坡遺址陶罐中發現儲存的芥菜、白菜籽。商、周以後還不斷發展，《詩經》詩篇中已反映春秋晉地存在固定的菜田、果園，如〈魏風・園有桃〉詩：「園有桃，其實之餚。」「園有棘（棗子），其實之食。」（頁208～209）果園種植桃和棗，是為了食用的；又如〈豳風・七月〉：「九月築場圃，十月納禾稼。」（頁285）意思是說春夏之際用來種菜的園地，到九月秋收時即用為打穀場。不過，據《詩經》、《周禮》看來，野菜、野果在人們的飲食原料中仍佔有很大的比例，如〈魏風〉中出現的野菜、野果，有莫、桑、葍（〈汾沮洳〉），〈唐風〉有苓、苦、葑（〈采苓〉），其他詩篇則有荇菜、蘩、蘋、蕨、薇、荼、芑、菲、葝、藋、薑、筍、茆、栗、榛……等數十種。這些野菜、野果並不只是一般庶民的主食，大部份也是士大夫以上貴族日常生活及宴賓、祭祀時的菜餚原料，或菜餚烹製時的植物性調味品。通常諸侯、卿大夫宴會上講究陳列數十個盛醢、菹、齏的豆，其中菹（酢菜、醃菜）、齏（切細的醃菜）大多即是用野菜製作的。

（二）廚具和食器

商周以來，象徵貴族身份地位的青銅用器，在製造工藝和器形發展上皆達成熟階段，其出土數量甚多，亦為世界之冠。就目前出土的青銅器而論，其中以飲食器佔多數，烹煮器有鼎、敦、鬲、甗、鑊、釜等；切割器有刀、俎、案（可為俎，又可為食桌）；取食器有匕、箸、勺；盛食器有簋、簠、籩、豆、盤等；飲酒器有爵、角、斝、盉（四器亦可作溫酒器）、觚、觶、兕、觥；盛酒器有尊、廉、方彝、壺、罍等。這些廚具和餐器，可說應有盡有。不過青銅製造的用器，是上層貴族的享用品，庶民或下層貴族使用的炊煮器、盛儲器，材料多為陶製品。

（三）食物保鮮和儲藏

《周禮・天官・凌人》中有「凌人」（頁81）之職，「凌人」就是王室專管冰窖的職官。《詩經・豳風・七月》所謂「凌陰」，就是王室冰窖。《左傳・昭公四年》曰：「食肉之祿，冰皆與焉。」（頁729）說明周室王宮有冰窖設備，並且會頒冰給下屬。冰窖除了冷藏多冰，亦可儲存食品。至於諸國食物保鮮

的方式，一般也會採取窖穴冷藏的方法。如晉都新田牛村古城所發現一百七十餘個窖穴，一般深度是 3～6 公尺，面積 1.5×2.5 平方公尺，大多是貯存糧食的窖穴，清理時穴內還有黃豆、棗、杏核、甜瓜子……等蔬果糧食的痕跡可以爲證。〔註59〕

1983 年發現，韓國新鄭故都宮殿區西北有一處地下建築，是從地面向下挖成長方豎井形，南北長 8.9 公尺，東西寬 2.9 公尺，深 3.4 公尺，洞口四周的地面上有一些圓形柱洞，說明當時地面上建有屋頂。室內東南角有一個十三級台階的走道。室內四壁牆腳和地面西部鋪有方磚，東部地面有南北成行的五眼井，井中和地下建築內出土許多陶器和動物骨骼。這可能是韓國用於宮廷祭祀和日常生活需要的一處肉類儲藏室。〔註60〕

（四）烹調技藝

先秦時期晉人食用的菜餚究竟有多少品類，烹調技藝如何，由於資料缺乏，已說不清楚。我們大體從春秋戰國時期，各地流行的六大類主要菜餚，一窺時人烹調技藝的發展。

1. 炙　品

把生肉放在火上燒熟的方式叫「炙」。炙品在烹飪史上的資格最老，從舊石器時代人類懂得用火開始就已出現。隨著炙肉方法的改進，它仍在先秦菜餚中佔有重要地位。如《詩·小雅·瓠葉》：「有兔斯首，炰之燔之。」（頁 522）「炰」是將肉用泥巴包起來，放到火裏去燒；「燔」是直接放到火裏燒，都是「炙」肉的方法之一。此時還會加上調味品的運用，不論是先浸泡再炙，或邊炙邊調味汁，都能使炙品更加美味。

2. 羹　畫

這是將肉、菜煮成濃汁狀態的手法。「畫」原來專指用肉類爲原料煮成的濃汁，「羹」則是肉和蔬菜合煮成，或純用蔬菜熬的濃汁。《禮記·內則》鄭玄注曰：「羹食，食之主也。自諸侯以下至庶人無等。」（頁 529）不過一般庶人食用多以野菜之類烹製的藜藿之羹，而貴族食羹就比較高級講究，不同肉類搭配不同的蔬菜作羹，並加上調味料食用。

〔註59〕 山西省文管會侯馬工作站：〈1959 年侯馬“牛村古城”南東周遺址發掘簡報〉，載於《文物》1960 年第八～九期。

〔註60〕 馬世之：〈略論韓都新鄭的地下建築及冷藏井〉，載於《考古與文物》1983 年第一期。

3. 膾　品

「膾」是切得很細很薄，調入調味料而食的生肉。做「膾」的生肉以魚類較多，故又寫作「鱠」。其它動物肉類，只要新鮮細嫩，當然也可以做膾。「膾」產生的先決條件是要有鋒利的廚刀，所以它出現的時代較晚，但最遲也在春秋之時。《論語・鄉黨》載孔子「食不厭精，膾不厭細。」（頁 89）證明春秋時人已很講究膾品的製作和食用。《禮記・內則》規定不同的膾品要搭配不同的醬料，應是春秋戰國飲時實況，否則孔子不會「不得其醬不食」了（《論語・鄉黨》，頁 89）。

4. 脯　脩

這是鹹乾肉的通稱，是人們加工保存吃不完肉類的方法。據《禮記・內則》鄭玄注，「脯，所謂析乾牛羊肉也。」是指不加香料曬乾的肉，「腶脩，捶脯施薑桂也。」凡經捶打加上薑、桂晒乾的肉叫「腶脩」（頁 523）。脯和脩一般可作烹製羹畫的原料，也可直接切碎蘸上調味汁食用，是春秋戰國時期貴族祭祀和宴會不可或缺的供應品類。

5. 菹　齏

「菹」是醃菜，「齏」是切得很細的醃菜。春秋戰國時期烹食蔬菜的方法除了直接煮食或作羹之外，主要途逕是醃製成「菹」。《周禮・天官・冢宰》有「醢人」，為王室宴會供應「五齊十菹」即是。

6. 醢

這是以肉類為主製成的肉醬，最遲在夏代問世。「醢」的製法大概是先把肉曬乾，然後捶切很碎，拌入粱麴，加鹽、酒，裝入甕中，釀製百日可成，製作手續相當繁瑣講究。《周禮・天官》所屬「醢人」即是為王室提供各類醢品的官員。

除了炙、羹、膾、脯、菹、醢等各類烹調方式，調味品和發酵品的使用，也顯示烹調技藝的進步。首先，《詩經・唐風・椒聊》詩中提到的「椒聊」（花椒），是一種香辣料，能增加菜餚美味、刺激味覺，促進食慾。其次，鹽的使用是維持人體酸鹼平衡的主要來源，《史記・貨殖列傳》曰：「山東食海鹽，山西食鹽鹵。」（頁 3269）指出晉人因河東有鹽池而食池鹽之俗，異於山東半島濱海居民食海鹽之俗。第三，糖也是調味的重要角色，《禮記・內則》謂：「棗、栗、飴、蜜以甘之。」（頁 523）棗、栗之果含糖率頗高，飴是麥牙糖，蜜是蜂蜜，四味皆是甜味的配料。其中飴糖是以麥芽或澱粉發酵加溫製成，

代表古代食品製造業的發展。第四，利用良性菌種使糖類發酵釀酒、製醋、泡茶，也是此時相當發達的飲食技術。酒除了飲用，又可藉以醃肉、烹調、殺菌防腐、增加美味；以醋調味能夠解膩，還可以輔助胃酸分解蛋白質；而泡茶則是時人飲食中必備的佳餚。最後是以黃豆為主料的製醬技巧，更是中國飲食技藝中一項特殊的成就。《周禮‧膳夫》記載王室「醬用百有二十甕。」（頁 57）可見當時醬品的豐富。醬製品不但是優越的調味品，能促進食慾，又含有大量酵素，可幫助維持人體的新陳代謝，是兼顧美味和營養的一項調味發明。〔註61〕

二、服 飾

　　衣冠服飾最初具有保暖、美觀、遮羞的作用，到了周代，也被納入尊卑貴賤各有差等的禮制之中。文獻記載，周禮服制規定，相應於不同的禮節場合，不同身份階層的人各有不同的服飾。祭祀有祭祀之服，朝會有朝會之服，從戎有軍服，婚嫁有婚服，服喪有喪服，燕居也有日常之服，這些服制在後代史書雖有相關記載，但內容皆輾轉沿襲，未必實用；而且史籍記載多限於朝服官服，並不全面。若舉其大要，在服裝款式的形式上，西周到春秋時期，主要是採上衣下裳制；春秋戰國之際，出現一種將上衣下裳併成一件式的「深衣」新款式，由於用途廣泛，可以為文，可以為武，可為禮服，可為常服，因此普遍流行。不過，各國仍因人文背景、生活方式的差異，在衣冠服飾上會有一些明顯的不同。《淮南子‧覽冥篇》曰：「晚近之世，七國異族，諸侯制法，各殊其俗。」（卷六，頁 9）《墨子‧公孟篇》云：「昔者齊桓公，高冠博帶，金劍木盾，以治其國，其國治。昔者晉文公，大布之衣，牂羊之裘，韋以帶劍，以治其國，其國治。昔者楚莊王，鮮冠組纓，縫衣博袍，以治其國，其國治。昔者越王勾踐，剪髮文身，以治其國，其國治。」（頁 414～415）說的就是列國風俗，從髮式到冠帽，從服裝到配飾，都有自己國家的特色。近年來春秋戰國時期新出土的實物服飾圖像漸多，可藉以印證及充實文獻不足之處。以下舉三晉地域出土，較具代表性的數件人形實像為例，大致反映三晉地區服飾文化的梗概。

（一）山西侯馬牛村出土男子陶範

　　在晉都新田牛村古城青銅陶冶遺址出土了男子陶範。原物是製造青銅器

〔註61〕參見林乃燊：《中國飲食文化》，頁 38～43。

物承座用的，故作雙手上舉，如有所承托之形（圖 6-2）。人形穿齊膝直裾短衣，衣帶明確用絲織物編成，作蝴蝶結式，不用帶鉤。這種服飾顯然是方便勞動的衣服款式。相近的出土物還有山西長冶分水嶺出土的戰國佩劍青銅武士（圖 6-3），以及河南洛陽金村韓墓出土的銀人（圖 6-4），它們的時代比趙武靈王採用「胡服騎射」的時代（西元前 307 年）要早，說明這種小短袖衣原是中原所有，至少從商代（婦好墓玉石人形已見）到春秋戰國已沿用千餘年，社會中下階層始終還在穿用。

（二）山西襄汾大張墓地出土采桑——競射紋銅壺

1994 年春，山西襄汾縣南賈鎮大張墓地 M2 出土一件有采桑——競射紋的銅壺（圖 6-5）。此壺紋飾和侯馬鑄銅遺址出土的部份陶範紋飾一致，可以肯定它是侯馬鑄銅遺址所生產，也使用類似活版印字的印版方法。經考證此器為戰國早期之物〔註 62〕。其紋飾表現士大夫貴族在春天與妙齡少女會於桑

圖 6-2：山西侯馬牛村出土男子陶範　　　　圖 6-3：戰國佩劍青銅武士

（採自《中國古代服飾研究》，頁 39，圖 23 上）　　（採自《中國古代服飾研究》，頁 39，圖 23 下右）

〔註62〕 山西省考古研究所侯馬工作站：〈三件戰國文物介紹〉，《文物季刊》1996 年第三期。

圖 6-4：河南洛陽金村韓墓出土銀人

（採自《中國古代服飾研究》，頁 41，插圖 10）

圖 6-5：山西襄汾縣大張銅壺

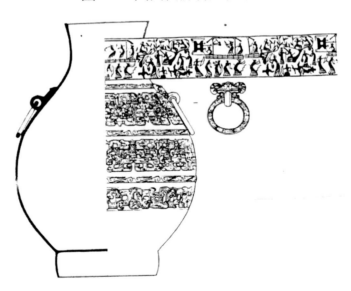

（採自〈三件戰國文物介紹〉，《文物季刊》1996 年第三期）

林，以及貴族布「侯」競射之景。紋飾中人物雖然僅具輪廓，但仍具參考價
值。整個採桑──競射紋中，女子留長髮辮，男子戴長舌帽，不論男女，皆
著窄袖斜裙寬擺之衣，以大帶束腰，和成都百花潭出土銅壺一致〔註 63〕。這

〔註 63〕四川省博物館：〈成都百花潭中學十號墓發掘記〉，《文物》1976 年第三期。

種「深衣」服式流行的普遍性可見一般。

（三）傳洛陽金村戰國韓墓出土玉雕舞女、青銅弄雀女孩

　　圖 6-6 玉雕舞女和圖 6-7 青銅弄雀女孩，相傳皆是洛陽金村戰國韓墓出土。圖 6-6 的舞女衣著袖長而小，袖頭另附裝飾和後世戲衣的「水袖」。領、袖、下腳均有寬沿，斜裙繞襟，裙而不裳，用大帶束腰。額髮平齊，兩鬢卷曲，商代玉雕女人已有相同的處理。圖右方是一個單獨的舞女（圖為正、背兩面），頭頂覆蓋帽箍，和商代人形或時代較晚的楚俑都有相似的形象，可見是當時婦女應用裝束的共通性。髮式前後有一部份剪平，後垂髮辮則作分段束縛，這種樣式在西漢陶俑中尚見。戰國以來，商業發達，聲色娛樂的歌舞業並興。當時從事歌舞伎樂的婦女社會地位或者不高，但衣著必已十分講究，色彩鮮明，質料柔軟輕盈，活動於上層社會。《史記‧貨殖列傳》稱：「趙女鄭姬，設形容，拑鳴琴，揄長袂，躡利屣……。」（頁 3271）與其形象頗合。

圖 6-6：洛陽金村戰國韓墓出土玉雕舞女

（採自《中國古代服飾研究》，頁 59，圖 28）

　　圖 6-7 的青銅弄雀女孩，手中持二雀，恐為後人偽造，原來應當是裝置燈盤的燈柱。女孩梳雙辮，衣長及膝，腰帶繫雜佩，衣下小裙作襞積，也是勞動服式。〔註64〕

〔註64〕參見沈從文：《中國古代服飾研究》（增訂版），上海書店出版社，1997 年，頁
　　　　60～62。

圖 6-7：洛陽金村戰國韓墓青銅弄雀女孩

（採自《中國古代服飾研究》，頁 61，圖 29 上）

（四）傳洛陽金村古墓出土戰國鶡尾冠被練甲騎士

《史記・趙世家》載，西元前 307 年，趙武靈王為強國強兵而進行一次中原有史以來最大的軍制、服制變革，即「胡服騎射」。所謂「胡服」，是指西北地區少數民族的服裝，他們的服裝和春秋戰國中原地區傳統的寬衣博帶式服裝有較大的差異，一般多穿短衣、長褲和革靴，衣身緊窄，便於活動。《戰國策・趙二・王立周紹為傳》曰：「（趙武靈王）賜周紹胡服衣冠，具帶黃金師比，以傅王子也。」（頁 670）說明趙國服制的改變是不分文、武，一律改著胡服。但當時的「胡服」形式究竟如何，卻無實物形象可證。時代較晚的漢代匈奴族青銅飾物和漢代石刻上反映的形象，都是小袖、衣長齊膝的服式，這種式樣直到唐代突厥、回鶻族衣著仍很相近。上文提及山西侯馬出土的男子陶範、山西長治分水嶺出土的青銅武士，甚至是洛陽金村出土的青銅弄雀女孩，他們的服飾也都是短衣小袖制，而且他們的時代都早於武靈王，可以說，這種短衣小袖，在中原地區本來就存在於社會中下階層或武士身上。相對而言，當時的上層社會因不事生產，以寬衣博帶之服為尊貴象徵。趙武靈王改革胡服的阻力，也許還有一層就是來自於穿著類近於中下階層服式的「胡服」會破壞服制階等的意涵。至於戰士胡服的最大變化，從相傳出自洛陽金村古墓錯金銀刺虎鎧上「鶡尾冠、練甲、執短劍」的騎士形象大概可見（圖

6-8）。此騎士身穿手臂可以活動、用犀革加彩繪作成的練甲（或組甲），手執短劍，頭戴頭盔，頭盔上插二鳥羽，可能就是史誌上傳說趙武靈王引進的胡冠——鶡冠。《後漢書・輿服志下》：「武冠，俗謂之大冠，環纓無蕤，以青繫為緄，加雙鶡尾，豎左右為鶡冠云。……鶡者，勇雉也，其鬥對一死乃止，故趙武靈王以武士。」（頁718）其形如是。

圖6-8：錯金銀刺虎鎧上的胡服騎士

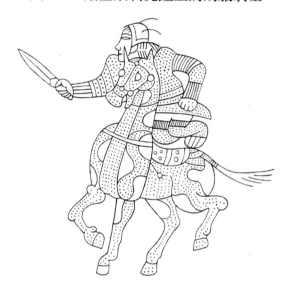

（採自《中國古代服飾研究》，頁74，圖32）

（五）河南山彪鎮出土水陸攻戰紋銅鑑

河南汲縣山彪鎮M1大墓出土的水陸攻戰紋銅鑑（參見圖5-1），刻劃了戰國時期軍隊進攻防禦的種種情形，類似的圖案還見於1995年《文物季刊》第一期所刊的〈水陸攻戰紋銅方壺〉。但此器出土地點已不得而知。在銅鑑和銅方壺上的戰士衣著，皆僅具輪廓，約有三式。古代戰士著甲衣，文獻所載甲的製法和原料有數種，其一是用犀和野牛皮作成，上塗丹漆彩繪花紋的「犀兕之甲」；二是用鯊魚皮作的「水犀甲」；第三種是以絲繩編組而成的「組甲」；還有用縑帛中夾厚綿納成的「練甲」（被練之甲）。戰國以後，除了彩繪皮甲，也發現有以銅鐵片聯綴而成的殘片遺留。《考工記》敘述古代甲制和製造過程曰：「函人為甲，犀甲七屬，兕甲六屬，合甲五屬。犀甲壽百年，兕甲壽二百年，合甲壽三百年。凡為甲必先為容（甲範），然後製革，權其上旅，與其下

旅，而重若一。以其長爲之圖。凡甲，鍛不摯則不堅，已弊則橈。」（《周禮》，頁 620）甲服有上旅、下旅，指腰部以上部份和腰部以下部份，與衣服有上衣下裳的形式相同。戰國魏墓出土的水陸攻戰紋銅鑑和不知出土地點的銅方壺戰士，其中有一種著衣長不及膝、下腳多開張的服式，可能就是以厚帛納成的「練甲」；有一種緊裹全身，似以登梯衝敵爲要的服式，難以得知名目；以及第三種穿著曳地長裙、舀酒爲觚，持之奉飲者的服式。這三種服式的差別是身份的區別、兵種的區別，還是當時工匠的設想，目前尚缺乏更明確的證據來斷定。

三、居　住

從考古資料可知，大約六、七千年前，中國就出現因應各地氣候、地理、材料等不同條件而營建的不同居室建築，如長江流域多水地帶常見的干闌式建築，以及黃河流域的木骨泥牆房屋。孕育三晉文化的古河東大地即位在黃河流域上。此地域有廣闊而豐富的黃土層，便於挖作洞穴，因此從原始社會晚期開始，穴居原是這個地區最廣泛採用的一種居住方式。隨著營建經驗的累積和技術的提高，到了仰韶文化和龍山文化時期，穴居方式逐漸被地面建築取代，其牆體、屋頂皆以樹枝紮結爲骨架，表面塗抹光潔堅硬的白灰面層；至西元前兩千年左右，即傳說中的夏代，又出現以夯土技術建築的城市遺址（山西夏縣），不過此時的夯築技術尚較原始。而近年來陸續發現的商城遺址，如河南偃師二里頭西亳宮殿遺址、鄭州商城、湖北盤龍城，都出現木架夯台的宮殿建築模式，建築技術已大幅提升〔註 65〕。商代之後，進入西周時期，宗法禮制的施行規定城市建築的規模須遵照等級建造；至春秋中期以後，宗法制度明顯崩落，因而等級建城制度也被打破，新建的都城不再符合文獻所載的舊制；到了戰國時期，各國新興都城的建築規模日益雄偉，裝飾競相奢華，瓦、磚、金屬建材的使用，更爲中國建築歷史開創空前的進步。

目前考古挖掘出土，具代表性的三晉都城遺址，如晉都新田、趙都邯鄲、魏都安邑、鄭韓故城等名城，詳細的建築形制將於第六章專文介紹，因此本單元不克贅述，僅約略概述整體社會生活中居住條件的普遍情形。整體而論，三晉居民的屋室也因屋主的社會地位、身份尊卑而有差別。一般小康之家以

〔註65〕參見梁思成：《中國建築史新編》，台北：明文書局，1988 年，頁 1〜6。

上的宮室建築〔註66〕，主體建築的內部空間至少有堂、室、房。前部分爲堂，通常是行吉凶大禮之處，不住人；堂的後面爲室（寢），住人；室的兩側是東房、西房。整棟房子是建築在一個高出地面的夯土台基上，因此堂前會有階梯。台上建築是木架構建築，屋頂鋪瓦。但今日出土遺址所見皆僅餘殘屋瓦堆，不見任何木架結構遺存。當然，國君、上層貴族與戰國時期的富商豪貴，其宮室建築會更複雜壯觀，居室數量增多，有浴室、迴廊、倉庫、地窖、台榭等附屬建築，並且雕樑畫棟，裝飾華麗。相對而言，貧窮人家可能住不起有夯土台基的地面建築，因此，穴居、半穴居以及窯洞式居室，在三晉都城遺址中普遍存在，眞實反映了這種居住層級的社會面貌。

四、交　通

　　周朝的主要交通工具是車，多以馬駕車，所以通常是車馬連言。相傳黃帝之時已知用車，但古史渺茫，無從查證。目前爲止所見最早的車體實物乃河南安陽殷墟出土的十八輛馬車，經過復原，可以看出商代的車子都是獨輈（轅），輻條多爲十八根，車廂平面爲長方形〔註67〕。通常可立乘二至三人，多由兩馬駕轅，至商末周初始見四馬駕車。實物資料顯示，商人的造車技術已相當成熟，商代的這種獨輈車形式基本上具備了中國漢代以前主要車體結構的大致輪廓。繼商車之後，考古人員又陸續在中國各地發現西周、春秋、戰國的車體實物，重要者如陝西長安張家坡、北京房山琉璃河、甘肅靈台白草坡的西周車，河南陝縣上村嶺虢國墓地出土的春秋車，河南洛陽中州路、輝縣琉璃閣（M131，魏墓）、河北平山中山國墓葬的戰國車等。三晉地區的大型墓葬雖見車馬坑，但多僅存馬車金屬裝飾物或構件，木材實體概因腐朽不全或不見。綜合各地出土的資料來看，周代車制在形制上與商車基本相同，但結構上有所改進。如直轅變曲輈，直衡改曲衡，輻數增多，輿上安裝車蓋，增加銅轂、銅軸、銅釭等零件，變木轄爲銅轄，軛上包銅飾等。駕車的馬並由商車的二匹（駢），增加到三匹（驂）、四匹（駟），甚至六匹（六騑），但以四匹爲常。總言之，獨輈車的形制在周代已臻於成熟而且完善。製造一輛

〔註66〕 宮、室是同文詞。分開來說，「宮」是總名，指整所房子，外面還有圍牆；「室」
　　　　 只是其中一個居住單位。先秦時期曰「宮」，泛指一般的房屋住宅，無賤貴之
　　　　 分，秦漢以後才變成王者居室的專稱。參見王力：《古代漢語》，台北：藍燈
　　　　 文化公司，1989 年，頁 984～985。
〔註67〕 楊寶成：〈殷代車子的發現與復原〉，載於《考古》1984 年第六期。

車子，須經大小幾十道工序，多人合作才能完成。《考工記》載，造車的工匠爲「車人」，「車人」還有分工，製造車輪和車蓋的叫「輪人」，負責車廂的是「輿人」，專製曲輈的叫「輈人」，製作各種縛紮車件革帶的叫「鞄人」，還有鑄造各式銅飾件的「攻金之工」，以及負責繪畫紋飾、髹塗油漆的「設色之工」。一車之成，經過木工、金工、皮革工、漆工等精細分工、集體合作而得。如此耗工費時、精巧製造的車子，自然也是王公顯貴才能擁有的交通工具。馬車的用途除了提供貴族作爲代步工具之外，也是戰爭中重要的「攻守之具」，尤其是西周、春秋以車戰爲主的時代，擁有戰車數量的多寡，成爲衡量一個國家強弱的標誌。戰國時期更因各國軍備大肆擴充，動輒車乘六、七百輛，習以爲常，造車技術必然精進。直至戰國晚期，爲因應戰爭需求，由趙武靈王揭開設立騎兵部隊新制後，很快在中原地區形成一股單騎之風，加上步兵取代車兵的歷史發展，戰車的盛況不再，逐漸在戰場上失去份量，漢代以後，曾經盛極一時的戰車終於被淘汰了。

　　文獻記載，除了車馬之外，還有牛車，但牛車之制尙無實物佐證。此外，陸地上的交通工具還有輿轎。1978 年河南固始侯古堆一號墓陪葬坑中發掘出三乘木質輿轎，經復原後大致可以看出它是由底座、邊框、立柱、欄杆、頂蓋、轎杆和抬杠等部份組成的面貌（圖 6-9）〔註68〕。這是一種由人抬行的交通工具，可用於陡峭險峻的山路。

圖 6-9：輿轎

（採自《中國古代文化史（一）》，頁 364）

　　至於水上的交通工具則有船，春秋時期，晉、秦之間有輸粟之例，當時是運用黃河與汾、澮二水的水利來運載龐大重量的糧食，可見船體不會太小。1974～1978 年在河北平山戰國時期中山國一號墓的南側發現一座大型葬船

〔註68〕〈河南固始侯古堆一號墓發掘簡報〉，載於《文物》1981 年第一期。

坑，出土三條大船，兩條小船和若干隻木槳〔註69〕；以及和河南山彪鎮水陸攻戰紋銅鑑上的「樓船」圖案，證實戰國時人已具備成熟的造船技術。

五、教 育

（一）西 周

據古籍文獻記載，西周時期諸侯王國的教育制度只有官學，可分國學和鄉學。國學設於國都，又分小學、大學兩級；鄉學則設於都城以外的「鄉」，又有庠、序、校、塾之別。

1.國 學

國學是貴族子弟學校，按學生的年齡和程度分設小學和大學。一般說來，太子八歲入小學，十五歲入大學；卿大夫之嫡子十三歲入小學，二十歲入大學；其餘眾子則是十五歲才入小學，故周朝貴族子弟入學年齡須依身份不同而有差別〔註70〕。學校的位置，據《禮記・王制》曰：「小學在公宮南之左，大學在郊。天子曰辟癰，諸侯曰頖（泮）宮。」（頁236）小學設在王宮附近，是為了貴族子弟上學方便。大學設在郊區，王室的稱作「辟癰」，諸侯的叫「泮宮」。「辟癰」是四面環水，「泮宮」僅半面臨水；學堂皆位在中間的高地上，附近還有廣大的園林，可以進行習射、駕車、漁獵、行禮、舞樂等訓練活動。國學的教育課程，由《周禮》、《禮記》的相關記載看來〔註71〕，教育的內容主要是強調德行教育，培養學子社會生活知識技能，尤其這些貴族子弟將來都是國

〔註69〕〈河北省平山縣戰國時期中山國墓葬發掘簡報〉，載於《文物》1980年第五期。

〔註70〕《公羊傳・僖公十年》注：「禮，諸侯之子八歲受之少傅，教之以小學，業小道焉，履小節焉。」（頁135）《尚書大傳・金縢傳》云：「古之王者必立大學小學。……十又五年始入小學，見小節焉，踐小義焉；二十始入大學，見大節焉，踐大義焉。」（漢・伏勝撰、鄭玄註，清・孫之騄輯，《景印文淵閣四庫全書》第六十八冊，台北：臺灣商務印書館，1965年，頁408～409）《大戴禮記・保傅》注云：「又曰十五入小學，十八入大學者，謂諸子姓既成者，至十五入小學，其早成者，十八入大學。」（頁16）

〔註71〕如《周禮・地官》曰：「師氏掌以媺詔王，以三德教國子，一曰至德，以為道本；二曰敏德，以為行本；三曰孝德，以知逆惡。教三行，一曰孝行，以親父母；二曰友行，以尊賢良；三曰順行，以事師長。」「保氏掌諫王惡，而養國子以道，乃教之六藝：一曰五禮，二曰六樂，三曰五射，四曰五馭，五曰六書，六曰九數。乃教之六儀，一曰祭祀之容，二曰賓客之容，三曰朝廷之容，四曰喪紀之容，五曰軍旅之容，六曰車馬之容。」（頁211～212）《禮記・內則》云：「十年出就外傅，居宿於外，學書計，……朝夕學幼儀，請肄簡諒。十有三年，學樂誦詩舞勺。成童，舞象，學射御。」（頁538）

家實際的統治者，因此六藝教育的目的在養成文武並重、智能兼備的下一代。

2. 鄉　學

鄉學是地方教育體系，鄉名的名稱依行政區域的大小而有不同。《禮記・學記》曰：「古之教者，家有塾，黨有序，術有序，國有學。」（頁 649）《周禮》又說：「公有庠，州有序，黨有校，閭有塾。」大致說來，在鄉（一萬兩千五百家）有「庠」，在州（兩千五百家）有「序」，在黨（五百家）有「校」，在閭（二十五家）有「塾」〔註72〕。「鄉」是接近國都的近郊，居鄉者爲國人，有從軍、舉賢、議政、受教育的權利和義務；鄉之外還有「遂」，居遂者是野人，野人不享有國人所享的權利義務，但《禮記》所言：「術有序」之「術」，鄭玄注以爲「術」爲「遂」之誤，故而引起遂有「序」、野人有受教育之權的爭議。有學者據西周教育「學在官府」的特點比較鄉官與遂官之職，清楚的發現鄉官確有教職，但遂官則以農事爲務，證明鄭玄六遂設學立教之說缺乏根據〔註73〕。鄉黨的教育程度相當於小學。鄉學的教育課程，據《周禮・地官》所言有三種，一是知、仁、聖、義、忠、和「六德」，二是孝、友、睦、婣、任、恤「六行」，三是禮、樂、射、御、書、數「六藝」，和國學重德行、技藝、禮儀大體相同。

西周教育，不論國學或鄉學，基本上都是「學在官府」，以官爲師的形式。國學與鄉學教師皆由士以上現職官員和退休官員擔任，官師合一。此時教育體系與行政體系並未明顯劃分，教育機構又是行政機關。如《詩經・魯頌・泮水》之詩記述了春秋時期魯君在國學泮宮舉行飲酒敬老、審問戰俘、武臣獻囚的情景，反映了諸侯國學制的狀況。鄉學所在之庠、序、校，也是舉行鄉飲酒禮、鄉射禮、養志尊賢、士人議政之所。故簡要而論，「學在官府」應是西周時期周王朝與諸侯國教育制度上的重要特點，晉國可能也是如此。

（二）春秋戰國

1. 官學衰落

西周官學的教育體系，至春秋時期開始產生變化，政治、經濟、社會組織的改變，促使官學衰落。《左傳》中有數則記載春秋中期各國官學教育的情

〔註72〕《周禮・大司徒》曰：「五家爲比，五比爲閭，四閭爲族，五族爲黨，五黨爲州，五州爲鄉。」（頁159）據此推算，二十五家爲閭，五百家爲黨，二千五百家爲州，萬二千五百家爲鄉。

〔註73〕毛禮銳、沈灌群：《中國教育通史》，濟南：山東教育出版社，1985年一版，1995年二刷，頁74～75。

況，如衛文公「敬教勸學」（〈閔公二年〉，頁 194）、晉文公「始入而教其民」
（〈僖公二十七年〉，頁 267），鄭國子產「不毀鄉校」（〈襄公三十一年〉，頁
688）等。《左傳》所以特別記載這些事件，表明了此時官學教育的情況已經
是不普遍的特例，所以要載書以稱頌。昭公十七年又有《傳》文記載孔子之
言曰：「吾聞之天子失官，學在四夷，猶信。」（頁 838）所謂「失官」，就是
官府失守學術，所以不能世代相傳，於是禮學流於四夷（四野）。孔子的話更
進一步證實春秋晚期官學荒廢的真實情況。

　　雖然春秋之時王室和各國官學衰落的情形普遍，但各國對貴族子弟的教
育並未忽略。以晉國而言，教育太子有專職的「傅」，教育公族子弟另設「公
族大夫」。《國語‧晉語四》有一段大夫胥臣對晉文公闡釋教育效力的話：「質
將善而賢良贊之，則濟可儇；若有違質，教將不入，其何善之為！……胡為
文，益其質。故人生而學，非學不入。……夫教者，因體能質而利之者也。
若川然有原，以印（御）浦而後大。」（頁 138～139）教育對一個人個性發展
的重要作用，晉國大夫胥臣很早就有認知。戰國時期官學的教育史跡已不見
任何記載，似乎官學在此時已由衰落而至廢止。貴族教育方面，則由原先的
貴族子弟教育轉化成宮廷教育，太子設「太傅」為師，其他貴族子弟唯自行
求學從師。

　　2. 私學繁興

　　官學的衰弱，繼之而起的是私學繁興。中國私學始於何年，創於何人，
至今難以確考，一般以為創辦私學，影響深遠的人是孔子。孔子以六藝招徒
講學，門人號稱「三千」。孔子死後，他的弟子多數繼續從事私學傳授。《史
記‧儒林傳》曰：「自孔子死後，七十子之徒散遊諸侯，大者為師傅卿相，小
者為教士大夫，或隱而不見。故子路居衛，子張居張，澹台子羽居楚，子夏
居西河，子貢終於齊，如田子方、段干木、吳起、禽滑釐之屬，皆受業於子
夏之倫，為王者師。」（頁 3116）由於子夏居魏講學，所以對三晉私學教育有
很大的影響。私學發展至戰國已經學派林立，比春秋時期更為昌盛。儒、
墨、道、法、名、農諸家都有私學，「從師」成為一時風尚。私學至此時鞏固
而勃興，意味中國教育制度從政治活動中分離出來，教育制度獨立化；學校
從宮廷、官府移到民間，教師以私人身份隨處講學，學生可以自由擇師，既
促進學術思想的發展，又培養出大匹人才，這對中國後代的教育事業產生莫
大影響。

六、娛　樂

（一）俳　優

《國語‧晉語一》有「公之優曰施，通於驪姬。」（頁94）的記載。優姬並教驪姬如何在獻公面前譖太子申生。所謂「優」，是善於唱歌跳舞，尤其善於談笑，以提供國君娛樂的藝人。《史記‧孔子世家》中提到齊、魯夾谷之會時，齊國以「優倡侏儒為戲而前」（頁1915）此優、倡、侏儒，都是提供國君宮廷娛樂的藝人。不過，「優」可能也是當時社會上一般人民可以觀看的娛樂演出節目之一。如《左傳‧襄公二十八年》載：「（齊）陳氏、鮑氏之圉人為優。慶氏之馬善驚，士皆釋用束馬。而飲酒，且觀優，至於魚里。」（頁655）齊國優人於國都的魚里表演，武士特別去觀看。侏儒是身材矮小且滑稽的人，在笑劇中擔任小丑的角色。戰國時期的宮廷，大抵也供養一匹表演藝人，在宴樂場合表演說笑話、演笑劇的節目，所以《韓非子‧難三》說：「俳優、侏儒、固人主之所與燕也。」（頁849）

俳優一類的藝人因為可以接近國君，善於說笑，所以能在談笑中對國君進行諷諫，如《史記‧滑稽列傳》所載，齊國淳于治、楚國優孟、秦國優骼（侏儒）等人皆是。當然，經常進出宮廷表演的「優」，若立身不正，也會產生像晉國優施那樣，不但私通君夫人，還參與策劃亂政之謀，其影響也不可謂不大。韓非所以將「優笑侏儒」連同「左右近習」列為「八奸」之一（《韓非子‧八奸》，頁151），並非無的放矢。

（二）戲（角力）

《國語‧晉語九》載：「少室周為趙簡子之右，聞牛談有力，請與之戲，弗勝，致右焉。」（頁177）少室周原是趙簡子之戎右，聽說牛談是大力士，要求「與之戲」，「戲」就是角力。因為角力結果少室周輸了，就把戎右的職位讓給牛談。《韓非子‧外儲說左下》有類似的記載，則用「角力」之名（頁682）。角力是一種比賽體力、講究技巧的武藝競技，除了競技的目的外，「戲」的過程通常也帶有娛樂性質。

（三）投　壺

《左傳‧昭公十二年》記載西元前530年，各國君主到晉國祝賀新繼位的晉昭公。昭公設宴招待，宴會中並與齊景公等人一起投壺。昭公投壺之前，晉國大臣中行穆子就唸：「有酒如淮，有肉如坻。寡君中此，為諸侯

師。」結果昭公果然投中了。接著齊景公也不甘示弱，回敬說：「有酒如澠，有肉如陵。寡人中此，與君代興。」（頁 790）結果也投中了。昭公和景公都一投中壺，可見是投壺遊戲的老手，藉著這次的宴會遊戲，兩人還以政治前景互鬥一番。由這件事也可看出，春秋晚期，貴族投壺已相當熱絡，投壺是貴族宴會上助酒興的比賽遊戲。比賽時，主、賓分成兩組，從遠處將矢投入壺口，由「司射」（裁判）統計投壺次數，分別勝負，不勝者罰飲酒。到了戰國，投壺遊戲普遍流行於社會上，男女雜坐進行，成爲一種民間娛樂（《史記·滑稽列傳》，頁 3199），如《禮記·投壺》、〈少儀〉篇中就記錄了當時貴族訓練投壺遊戲應當遵守的禮節。

（四）其　他

除了上述三種見載於晉國貴族活動的娛樂項目外，還有其他片斷的資料顯示，春秋戰國以來，三晉地區的宮廷或民間可能曾流行過走犬、六博、歌舞等遊戲。《戰國策·秦三·范雎至秦》范雎曰：「以秦卒之勇，車騎之多，以當諸侯，譬若馳韓盧而逐蹇兔也。」（頁 189）「韓盧」是獵狗品種，也稱「韓氏之盧」，《說苑·善說》載賓客對孟嘗君說：「臣聞周氏之䝙，韓氏之盧，天下疾狗也。」（卷十，頁 5）韓氏之盧當是韓氏培養出來的名犬品種，但不知此韓氏究竟何人。「六博」是一種擲采下棋的比賽。棋盤中間放六粒骰子，叫「博」，骰子上刻有「五」、「白」、「黑」、「塞」等「采」，以擲得「五」、「白」兩采爲貴。兩人對著時，先用骰子擲采，根據所擲之采行棋；行棋時，「梟」可以吃掉對方的「散」，最後以殺「梟」爲勝。這種遊戲在戰國到漢代，一度相當流行。《史記·魏世家》載蘇代對魏安釐王說：「王獨不見夫博之所以貴梟者，便則食，不便則止。」（頁 1854）《韓非子·外儲說左下》載匡倩對齊宣王說：「博者貴梟，勝者必殺梟，殺梟是殺所貴也。」（頁 692）可見博戲在各國應當普遍流行，才能以爲譬喻之例。至於歌舞表演是普遍的娛樂之一，而且歷久不衰。如趙烈侯「好音」，甚至想賞歌手萬畝田（《史記·趙世家》，頁 1797）；洛陽金村韓墓出土的玉雕舞女，形象鮮明，這些都是當時社會生活的重要面貌之一。不論宮廷或民間，在戰國社會經濟條件達到一定水平的前提下，娛樂活動自然興盛。

第七章　天文曆法

　　人類最初直觀的天象大概是日出日入、月圓月缺的規律變化，因而建立起日、月的概念。又由於自然界春草秋枯、寒往暑來等物候的循環，發現「年」的定律，並由此進入以物候定農時的時代。不過，以物候定農時只是一種粗略的定法，並不十分準確，隨著古中國農業經營的擴大與農業生產的提高，製訂更精確的農用曆法有其必要；相對地，天象的觀察就成為有特定目的而且重要的治國方針之一。也因此，在以農立國的古中國，天文曆法學很早就發達起來。透過目前最早的信史——殷商甲骨文的內容來看，這個時期的中國天文學體系已形成基本雛型；至周代，對星空的觀察比前代更為廣泛深入，天文曆法學有了長足進步；尤其在春秋戰國時期，中國的天文曆法學開始步入成熟發展的階段。

　　由現有的史料及出土文物顯示，三晉文化區域的天文曆法學專著並無實物保留下來。不過，據現代學者的研究，我們還是可以掌握一些足供參考的相關資料。在典籍方面，例如《春秋》、《左傳》、《國語》等先秦書籍，記錄或追述某些晉人與春秋戰國時人的天文曆法常識，不可輕忽其參考價值；晉人與三晉國家皆行夏曆，故《夏小正》是研究曆法重要的依據之一；《史記‧天官書》、《漢書‧天文志》、《大唐開元占經》等書，載錄不少戰國魏人石申的研究結果，乃三晉文化中科技成就的重要代表；《周禮》、《逸周書》、《呂氏春秋》、《禮記‧月令》、《淮南子》……等涉及先秦天文曆法記錄者，皆可作旁證。至於出土文物方面，除了三晉地區的出土物外，1978 年湖北隨縣出土屬於戰國早期的曾侯乙墓漆箱天文圖，和石申學說的二十八宿系統大體一致，可提供作為三晉文化天文發展軌跡的印證；1973 年湖南長沙馬王堆三號

漢墓出土的《五星占》帛書，約八千字的占文裏，除了保存石申與甘德（齊人）天文著作的部份內容，並涵攝中國早期占星術的原貌，這也是三晉天文曆法中不可遺漏的一環。

第一節　對日月星辰的認識

　　古人對天象的觀察，最早是集中在日、月、星辰的觀測上。經過長時期累積的知識，它們的運行規律逐漸被知曉、記錄，甚至被預測、驗證。接著人們學會將記錄下的星象規則進行推算，因此逐步制定了配合農事安排與社會生活的曆法。同時中國的先民很早就留意到，天空中的日、月、星辰也會出現異常變化，在科技尚未進步與歷史條件的限制下，以帶有宗教神秘色彩的觀念來解釋這些現象，將天災異象附會於人事吉凶，其實是可以理解的。不過，無論在星象的變化上如何不科學的比附人事，先決條件還是要有科學的觀察結果當作依據。這些歷經長時期眾人辛勤努力的天文成果，正是後代子孫值得驕傲的文化遺產。

一、日　月

　　太陽和月亮是天象中最顯耀、最引人注目的焦點，遠古的人類很早就對太陽的出沒、月亮的盈虧進行觀察。在鄭州大河村的仰韶文化遺址，發現了彩陶上繪有太陽紋、月亮紋的圖案；山東大汶口遺址中，也出土刻有「ǎ」和「ǎ」圖案的陶壺、陶缸，這反映出古人對太陽、雲彩和山崗的觀察〔註1〕，還是新石器時代中國人類對太陽、月亮直觀的證據。

　　隨著經驗累積，對日、月的認識更進一步，便把晝夜交替的周期稱爲一「日」，月相圓缺變化的周期稱爲一「月」，因此日和月不再單指實體的天象，也成爲人們創造的時間單位。在商代甲骨文中，計時單位的「日」、「月」配合序數（如二月、三月），已被大量使用。

　　另一方面，日、月變化的異常現象，特別是日、月、地連成一線或接近一線時所發生的日食、月食現象，格外受到關注。中國的日食、月食記錄，在殷商卜辭中也已經出現〔註2〕。到了周代，天文學家對日食、月食的觀測更

〔註 1〕　徐傳武：《中國古代天文曆法》，濟南：山東教育出版社，1990 年，頁 4～5。
〔註 2〕　卜辭中月食的記錄有八條，薄樹人以爲實際只有一條，見《中國天文學史》，台北：文津出版社，1996 年，頁 24～29。

為詳細準確，光是《春秋》就記載了三十七次日食。不過，就日食與月食的情況相較，古人更看重日食。《詩經・小雅・十月之交》說：「十月之交，朔日辛卯。日有食之，亦孔之醜。」又說：「彼月而食，則維其常。此日而食，于何不臧！」（頁 405）詩句內容顯示：周人不僅注意到日食發生於朔日前後（月食則發生於望日前後），還知道月食發生機率較頻繁，日食較少，因此特別忌諱日食的現象。還有，可能成書於戰國時期的《周髀算經》曾對月光的成因作了較科學的解釋，所謂：「日兆（照）月，月光乃出。」〔註3〕認識到月面並不發光，這是日月食發生的先決條件之一。

值得留意的另一項資料是《呂氏春秋・明理篇》：「其日……有倍僪，有暈珥……，有眾日並出……。其月……有暉珥……，有四月並出，有二月並見，有小月承大月，有大月承小月。」（頁 358）這些異象都是指日暈、月暈而言。暈是日、月光線通過卷雲層時，受冰晶的折射或反射造成的彩色光圈。雖然《呂氏春秋》所記只有部份名稱，又無解說，不似《周禮・春官・眡祲》分析日暈結構為十種那樣詳盡清楚，但這是出現在戰國時人著作中的記載，其實是十分難得的珍貴資料。歐洲直至十七世紀始對日暈詳加觀測、分析，比中國遲了近兩千年。〔註4〕

二、五大行星與歲星

天上的星辰主要包括恆星和行星（另外還有流星、彗星）。太陽系有九大行星，距離地球最遠的三顆——天王星、海王星、冥王星，都是近代才發現的，其它五星的存在（另一顆行星為地球），中國天文學家很早就開始觀測。

在殷商甲骨文中，已出現「大（太）歲」之名，它很可能就是五大行星中的「歲星」（即木星）。金星則因光色銀白，亮度又強，在《詩經》中被稱為「明星」〔註5〕；周人也發現它黎明時刻見於東方，黃昏時見於西方，所以〈小雅・大東〉說：「東有啓明，西有長庚。」（頁 440）指的都是金星。不過，對五星

〔註3〕漢・趙君卿注：《周髀算經》，《景印文淵閣四庫全書》子部七八六冊，台北：臺灣商務印書館，1983 年，頁 41。

〔註4〕莊師雅州：〈呂氏春秋之氣候〉，《國立中正大學學報》第一卷第一期人文分冊，1990 年 9 月。

〔註5〕如〈鄭風・女曰雞鳴〉：「子興視夜，明星有爛。」〈陳風・東門之楊〉：「昏以為期，明星煌煌。」（順見頁 169、253）

真正加以研究和認識應是春秋戰國時期的事，當時的認識水平也反應在命名上。例如：火星呈紅色，順行和逆行的交替又特別複雜，令人迷惑，所以叫「熒惑」；金星呈青白色，又很亮，所以稱之「太白」；水星最靠近太陽，不易觀察，名辰（晨）星；土星古名填（鎮）星，在於古人以為它二十八年運行一周天（實際是 29.46 年），每年會「坐鎮」一個星宿﹝註 6﹞。屬於秦漢之際星相家作品的《五星占》，上承甘德、石申《星經》餘脈，出現第一次全面使用五大行星木星、金星、火星、土星、水星等名稱。末尾列出從秦始皇元年（西元前 246 年）至漢文帝三年（西元前 177 年）七十年間，木星、土星、金星運行的觀測記錄。它記錄的金星會合周期是 584.4 日，比今測值大 0.48 日；土星的會合周期為 377 日，比今測值小 1.09 日；木星會合周期為 395.44 日，比今測值小 3.44 日；而土星繞太陽運行一周為三十年，比今測值只大 0.56 年﹝註 7﹞。距今兩千一百多年前，能對行星作如此精確的觀測，是世界罕見的。當時的測量推算既如此細密，我們當可肯定已有精確度很高的儀器。

　　五大行星之中，對木星的觀測與應用，是先秦天文曆法最重要的一環。木星原稱「歲星」，戰國時人採用的「歲星紀年法」，就是在木星觀測的成果上建立起來的。因為古人發現歲星在天體的眾恆星間移動，繞行天空一周差不多十二年，如此周而復始，若將星空劃分為十二等份，每一份稱一「次」，歲星會由西向東每年通過一個星次，所以可以利用它這樣的運行規律來紀年。﹝註 8﹞

三、二十八宿與四象

　　中國將日、月和五大行星運行路線附近的恆星分為二十八個單元，稱之為「二十八宿」。這個恆星區劃體系的建立，可能在周代確定下來，而且它的確立對中國天文學和曆法學的發展具有重大意義。其實，二十八宿並非中國獨有，古代的印度、埃及、伊朗等國也有。國際天文學界公認，中國和印度的二十八宿體系出現較早，而且可能是由中國傳向印度的。﹝註 9﹞

﹝註 6﹞ 先秦古籍中所謂的「水」或「火」，並不是指行星中的水星、火星，而是分別指恆星二十八宿中的定星（即營室，又稱室宿，主要是飛馬座的 α β 星）、大火（心宿二，即天蠍座 α 星）。參見王力：《古代漢語》，台北：藍燈文化，1989 年，頁 827～828。

﹝註 7﹞ 同註 1，頁 39。

﹝註 8﹞ 「歲星紀年法」詳見下節「曆法」單元的說明。

﹝註 9﹞ 許倬雲：〈西周的物理天文與工藝〉，《歷史語言研究所集刊》四十四集之四。

　　二十八宿名爲：角、亢、氐、房、心、尾、箕、斗、牛、女、虛、危、室、壁、奎、婁、胃、昴、畢、觜、參、井、鬼、柳、星、張、翼、軫〔註10〕，每一座星宿各包含數量不等的幾顆星。古人以爲恆星之間有永久不變的位置，因此以二十八宿爲坐標，藉以表示日、月、五星的運行位置，而做爲制定曆法所需的昏旦中星觀測，也離不開二十八宿。

　　最遲在春秋時期，晉人對於二十八星宿體系已有普遍的認識，而且此時可能已發展出將二十八宿區分爲四區的概念。《左傳》記載，魯僖公五年，即晉獻公二十二年（西元前 655 年），晉國將要攻打虢國，晉侯問卜偃，何時才是適當時機？卜偃回答：「童謠云：『丙之晨，龍尾伏辰，均服振振，取虢之旂。……』」（頁 208）意思是說：丙日的早晨，「日月交會」（辰）於東方青龍的尾宿，尾宿會藏伏不見；全國軍隊穿著統一的戰袍，軍容整齊威武，去奪取虢國的軍旗。尾宿即是二十八星宿之一，東方青龍則爲後來所謂的「四象」之一。

　　「四象」是將二十八星宿區分爲四組：東方青龍、南方朱雀、西方白虎、北方玄武，每組有七宿，各以龍、鳥、虎、龜（或龜蛇）的圖象來表現它們的特點，這是古人長期觀察天象並發揮高度想像力的結果。春秋時期，我們無法確知晉人是否已有系統成套的二十八宿概念，不過最遲到了戰國早期，二十八宿體系與四象的觀念已確立成熟。1978 年湖北隨縣出土的曾侯乙墓，文物中有一個漆箱，箱蓋上畫著天文圖象，有完整的二十八宿名寫成一圈，中有北斗七星，左右繪青龍白虎圖〔註11〕。如此完整的體系不該突然出現，應當是古人經由長時期天象觀測後累積的智慧結晶。許倬雲先生曾依據多位學者的研究推斷：二十八宿的觀念，應在殷商以前就已出現〔註12〕。現今所見各項資料，雖不能確定晉人是否已有系統的二十八宿概念，但如果將曾侯乙墓漆箱上的二十八星宿名，對照於《漢書・天文志》所引魏國天文學家石申的二十八宿，可知兩者出入極少。顯然，也是姬姓國的曾國和三晉文化系

〔註10〕二十八宿可能因爲時代先後有過調整。此處所引，最早見於《呂氏春秋・有始覽》，對照於《漢書・天文志》所記之《甘氏》二十八宿和《石氏》二十八宿，發現與前者有所出入，與後者則無一不合，可見《呂氏》所記爲《石氏》系統。

〔註11〕湖北省博物館：《曾侯乙墓文物藝術》，武漢：湖北美術出版社，1996 年，頁 178。

〔註12〕同註 9，頁 744。

統的魏國，所使用的二十八宿名是屬於同一體系，但與南方楚國的二十八宿則差異較大〔註13〕。由此我們可以大膽的推測：春秋時期的晉國人，應該已能掌握二十八宿的大要體系；進入戰國，三晉與其他國家的天文占星家，可能發展出互有差異的二十八宿體系。

四、辰與分野分星

（一）辰

古人經過長期觀察注意到：在不同的季節，天空所出現的星群是不相同的。每晚在同一時刻觀察這些星群的方位發現，隨著季節的更替，它們在不斷地向西推移，並且有週期性的變化。古人因此慢慢明白，季節的變化與星象的出沒有關；並且進一步認識，以星象的出沒來定季節，比用物候或太陽更為準確可靠。最初，中國就把這種用來確定農事季節的天象稱作「辰」。

然而，不同的民族用來定季節的星象是不相同的。例如古埃及，是以天狼星和太陽一起晨升的時候，預示尼羅河將要氾濫。而中國的夏、商、周民族，主要的觀測標誌也各自不同，所以三代對「辰」的解釋也不同。從〈夏小正〉來看，夏民族主要觀測的是參星，另以觀測大火（心宿二）、北斗為副〔註14〕；商民族以觀測大火為主〔註15〕；而周民族在興盛時，可能以觀測北斗為主〔註16〕，所以《公羊傳》才說：「大火為大辰，伐（參星）為大辰，北辰（北極星）亦為大辰。」（頁 291）周初晉人「啟于夏政」，沿用「夏正」，可能也曾以參星為「辰」。不過隨著周人天文學知識的增加，在廣泛深入觀察天體星辰的運行，產生以日月合朔時刻作為一月開始的觀念後，每年十二個日月交會點也稱之為「辰」。例如，春秋時代，晉平公問伯瑕：「多語寡人辰，而莫同，何謂辰？」伯瑕答曰：「日月之交是謂辰，故以配日。」杜預注：「一歲日月十二會，所會謂之辰。」（《左傳・昭公七年》，頁 766）

周人又特別重視北斗的地位。北斗是由天樞、天璇、天璣、天權、玉衡、

〔註13〕 參見張正明：《楚文化史》，上海：上海人民出版社，1987 年，頁 226～227。

〔註14〕 〈夏小正〉文：「（一月）初昏參中，蓋紀時也。斗柄懸於下，言斗柄者，所以著參之中也。」「三月，參則伏」「五月，參則見。……初昏，大火中。大火者，心也。心中，種黍菽糜時也。」（順見《大戴禮記》，頁 9、10、10～11）

〔註15〕 《左傳・襄公九年》：「陶唐氏之火正閼伯，居商丘，祀大火，而火紀時焉。相土（商之始祖）因之，故商主大火。商人閱其禍敗之釁，必始於火，是以日知其有天道也。」（頁 525）

〔註16〕 劉君燦：《中國天文學史新探》，台北：明文書局，1988 年，頁 161。

開陽、搖光七星組成。古人將七星聯繫起來，想像成盛酒的「斗」形；又因為它所在的位置是較現在更靠近於北極的北天區，故稱之為「北斗」。

夏代以來，中國就相當重視北斗星的勘測。〈夏小正〉中有許多關於北斗斗柄方向的記載，甲骨文中也看得到祭祀「斗」的卜辭記錄〔註 17〕。重視北斗的主要原因在於它可以辨方向、定季節，甚至還可利用它推測隱藏於地平線下其他星宿的位置。太史公說：「杓攜龍角，衡殷南斗，魁枕參首。」（《史記·天官書》，頁 1291）意思是說北斗的玉衡、開陽、搖光三星組成的斗柄（杓），正指向角宿；北斗的玉衡引出一直線，正對著斗宿；北斗的第一至第四顆星組成的「魁」，枕於參宿之首。以北斗為尋求其他星宿的指標，曾侯乙墓的漆箱天文圖象就是有力的證據。在這個圖案中，北斗七星被置於二十八星宿的正中，還被特意延長的四條線分別指向二十八宿的四個中心宿：心、危、觜、張，這不但補充說明《史記·天官書》中遺漏的北斗和南宮張宿的關係，從實際天象考慮，斗魁的天璇、天樞二星，確是直指南宮張宿。因此只要掌握了北斗與二十八宿中幾個關鍵星宿的相對位置，就可以通過位在恆顯圈內的北斗，來推定二十八宿中沉入地平線下的星宿位置。這樣的天文認知，古人最晚在戰國早期已經形成。

北斗星又可以定方向。四、五千年前，北斗星的位置比現今所見更近於北極，無論什麼季節，終夜會出現在地平線上。它的形狀、亮度都使人易於尋找，因此成為星空中最顯眼的觀測對象。在今日，只要將天璇、天樞連成直線，並延長約五倍的距離，就可以輕易找到北極星。在古代，透過北斗七星尋找當時的北極星應該也不是難事〔註 18〕。如此一來，人們白天可利用太陽來定方向，夜晚也可透過北斗找到位於北方的北極星。而且北斗的斗柄指向有一定規律，也可做為判斷季節時令的指標。每天初昏時刻，「斗柄東指，天下皆春；斗柄南指，天下皆夏；斗柄西指，天下皆秋；斗柄北指，天下皆冬。」〔註 19〕斗柄指向不僅可以判斷四季，古人甚至還以它來計算月份和節

〔註17〕董作賓：《小屯·殷虛文字乙編》174「庚午卜夕辛未祂斗」，117「丙辰卜夕丁祂斗」。台北：中研院史語所，1995 年（影印再版）。

〔註18〕不同時代所看到的北極星是不相同的。如周朝時期的北極星是指帝星（小熊星座 β 星），明清迄今的北極星則指勾陳一（小熊星座 α 星），一萬兩千年後織女星（天琴星座 α 星）將成為那時的北極星。

〔註19〕見宋·陸佃：《鶡冠子·環流》，台北：臺灣商務印書館，1968 年初版，頁 21。此書約成於戰國時期。

氣。雖然北斗不屬於二十八宿，但它的功能與重要性，卻比二十八宿更早顯現。《史記・天官書》說：「斗為帝車，運于中央，臨制四鄉。分陰陽，建四時，均五行，移節度，定諸紀，皆繫於斗。」（頁 498）可見北斗星在中國古天文曆法上的重要地位。

（二）分野分星

「分野」一詞最早見於《國語・周語下》：「昔武王伐殷，歲在鶉火。……歲之所在，則我有周之分野也。」（頁 47）意即：歲星所在的鶉火星次，就是我們周人的分野。《周禮・春官》也說：「封域皆有分星」（頁 406），就是說每個封國上自有相應的星宿。這種分野分星的觀念，應在歲星紀年與十二次的體系完成後出現。約在春秋戰國，人們以某星可以主宰某國，所以它就是某國的「分星」，某國就是它的「分野」，藉此串連地上人事與天上星宿的關係；占星家也透過天上星宿的變化，進行解釋或預測的工作。

晉國的分野與分星，說法較無異議。據《左傳・昭公元年》載鄭國子產之言曰：

> 昔高辛氏有二子，伯曰閼伯，季曰實沈。居于曠林，不相能也。日尋干戈，以相征討。后帝不臧，遷閼伯于商丘，主辰，商人是因，故辰為商星。遷實沈于大夏，主參，唐人是因，以服事夏商。其季世曰唐叔虞。當武王邑姜，方震大叔，夢帝謂己：「余命而子曰虞，將與之唐，屬諸參而蕃育其子孫。」及生，有文在其手曰虞，遂以命之。及成王滅唐而封大叔焉，故參為晉星。由是觀之，則實沈，參神也。（頁 705）

這段話說明商族主管大火（辰），所以大火成為商星；實沈被派到大夏（今山西太原），主管參星，唐人、晉人繼承，故參星是夏人、唐人、晉人的標誌星，大夏、唐地（星次為實沈）就是晉人的分野。

建立星宿分野的目的，主要是為了觀察天象，以占卜地上所配州國的吉凶。例如《國語・晉語四・秦伯納重耳於晉》曰：

> 董因迎公（晉文公）於河，公問焉，曰：「吾其濟乎？」對曰：「歲在大梁，將集天行。元年始受，實沈之星也。實沈之墟，晉人是居，所以興也。今君當之，無不濟也。君之行也，歲在大火。大火，閼伯之星也，是謂大辰，辰以成善，后稷是相，唐叔以封。瞽史記曰：『嗣續其祖，如穀之滋，必有晉國。』臣筮之，得《泰》之八，曰：

　　是謂天地配亨，小往大來。今及之矣，何不濟之有？且以辰出而參
　　入，皆晉祥也。而天之大紀也。濟且秉成，必霸諸侯。子孫賴之，
　　君無懼矣。」（頁131）

這段記載也反覆指出，晉人以實沈之墟（即大夏）為其分野，每當歲星走到
實沈的星次，也就是以參星為主的星次時，表示晉國會有大事發生，所以參
星對晉國而言是「命運星」。類似的記載見於《左傳》也很多〔註20〕。對古人
而言，毫無疑議的是：欲知晉事，可觀參星。當參宿出現凶兆，晉人有災；
參宿出現吉兆，晉人則有福。

　　天上星宿和地上州國相對應的方法有很多種，有按照列國或州域來分
配，也有以星次配予列國的方式。目前尚未見到戰國時人保留下完整的分配
資料，僅能從漢人文獻中推測東周時可能的概況（如表7-1）。

表7-1：東周諸國星野對照表

《淮南子·天文篇》		《史記·天官書》		《周禮·保章氏》鄭玄注	
宿	國	宿	州	次	國
角亢	鄭	角亢氐	兗州	星紀	吳越
氐房心	宋	房心	豫州	玄枵	齊
尾箕	燕	尾箕	幽州	娵訾	衛
斗牛	越	斗	江湖	降婁	魯
女	吳	牛女	揚州	大梁	趙
虛危	齊	虛危	青州	實沈	晉
室壁	衛	室壁	并州	鶉首	秦
奎婁	魯	奎婁胃	徐州	鶉火	周
胃昴畢	魏	昴畢	冀州	鶉尾	楚
觜參	趙	觜參	益州	壽星	鄭
井鬼	秦	井鬼	雍州	大火	宋
柳星張	周	柳星張	三河	析木	燕
翼軫	楚	翼軫	荊州		

〔註20〕如《左傳·襄公九年》晉侯與士弱對答之語，〈襄公二十八年〉魯大夫梓慎之
　　　言，〈昭公八年〉晉侯與史趙對答。（順見頁524、650～651、770）

　　恆星分野的觀念，有學者以為是起源於該民族的圖騰崇拜。不過有的民族會經常遷移，所以研究其分星分野的起源與本義時，不能侷限在地理方位上，而應從民族圖騰崇拜的地域分布以及遷移來考慮。〔註21〕

第二節　曆　法

　　中國古代曆法的發展歷經原始物候、觀象授時和科學步算的三階段。人類使用最早的一種曆法應該是物候曆，它是以物候變化及生物活動的規律來識別農時的一種自然曆。隨著農耕的進步與農業生產力的提高，人們對曆法精確度的要求也越來越大，物候曆便逐漸被天文曆取代。早期的天文曆採用觀象授時的方法，觀測北斗斗柄或某些恆星的出沒、南中來決定時令季節，所以曆日安排需要觀測的結果才能確定，曆法仍是被動的。大概在西周到春秋的這段時間裏，中國曆法由觀象授時轉向科學推步的條件逐漸成熟。春秋中期，人們已能掌握比較準確的回歸年長度和置閏的方法，這使得曆法擺脫了觀象授時的被動性，進入以科學規律排曆的推步階段。但是，各諸侯國並沒有統一使用一種曆法，所以典籍史料據以記時的曆日制度就存在差異，顯得龐雜混亂。例如《春秋》和《孟子》多用周曆，《楚辭》和《呂氏春秋》用夏曆，《詩經》則須看具體詩篇，有的是用夏曆，有的用周曆〔註22〕；《左傳》也是周曆、夏曆混記。閱讀這些資料時，首要審慎查核它們採用的曆法，才能了解記事異載的原因。

一、三晉行夏曆

　　先秦時期曾較流行的曆法有「三正」：夏曆、殷曆、周曆。這三種曆法都

〔註21〕陳久金以為：東夷民族以龍為圖騰，祀蒼龍星座，如商族乃東夷一族，以心宿大火為族星，而心為龍心。西羌民族以虎為圖騰，祀白虎星座，黃帝出自西羌，故黃帝后裔的晉人屬西羌系統，以參星為族星，而參為虎軀。見《陳久金集》，哈爾濱：黑龍江教育出版社，1993年，頁124～129。

〔註22〕舊說〈豳風‧七月〉一詩，凡出現「月」字的月份（四月～十月）是採用夏曆，出現「一之日」至「四之日」的描述，則是採用周曆。如此，一詩出現兩種曆法。陳久金不贊成此說，並提出夏曆是十月太陽曆的新見解。他以為夏曆一年只有十個月，每個月三十六日，一年三百六十日，其餘的五至六日放在歲終。〈七月〉詩中的「一之日」、「二之日」便是餘日，所以〈七月〉詩全詩採用夏曆，並無雜用周曆。陳氏此說經詳細考證，頗值得注意。見《陳久金集》，頁3～30：「論《夏小正》是十月太陽曆」。

是四分曆〔註23〕，最大差異在於歲首的月份不同。周曆以冬至日所在之月（子月，即夏曆十一月）爲歲首，一年之始；殷曆以冬至月的下一個月（丑月，即夏曆十二月）爲歲首；夏曆則以冬至月的下下個月爲歲首（寅月）。由於三正歲首不同，四季也隨之變化（見表 7-2）。

表 7-2：三正表

月建	子	丑	寅	卯	辰	巳	午	未	申	酉	戌	亥
周曆	正月	2月	3月	4月	5月	6月	7月	8月	9月	10月	11月	12月
	春			夏			秋			冬		
殷曆	12月	正月	2月	3月	4月	5月	6月	7月	8月	9月	10月	11月
	冬		春			夏			秋			冬
夏曆	11月	12月	正月	2月	3月	4月	5月	6月	7月	8月	9月	10月
	冬			春			夏			秋		冬

周初至春秋時期，晉國因「啓于夏墟」、「行夏政」，一直是採行夏人曆法，即「夏正」。除了晉、越之外，其他各國普遍是行周曆〔註24〕。到了戰國，各國曆法差異較大。趙、魏、韓三國仍傳用晉的夏曆〔註25〕，魯國行周曆，秦國由周曆改爲顓頊曆，楚人則用一套異於秦國的顓頊曆〔註26〕。不過，因爲

〔註23〕據現有資料研判，各諸侯國定出的一年長度基本上都是三百六十五又四分之一日，因爲日的奇零部份爲四分之一，所以這種曆法統稱爲「四分曆」。它比真正的回歸年長度（365.2422 日）只長了十一分鐘，可謂相當精確。羅馬人於公元前 43 年採用的「儒略曆」，也是這種曆法，但比中國晚了四、五百年。參見徐傳武：《中國古代天文曆法》，頁 32。

〔註24〕陳夢家：〈東周盟誓與出土載書〉，見《考古》1966 年第五期，頁 276。

〔註25〕《古本竹書紀年》中所記魏事即用夏曆；《秦簡》〈爲吏之道〉所附〈魏戶律〉、〈魏奔命律〉所記魏王事皆合夏曆；《史記·趙世家》稱：「三月丙戌三國反滅知氏」（頁 1795）知氏滅於周定王十六年，此年夏曆三月丁丑朔，丙戌爲初十。可以確知趙、魏、韓用夏曆。

〔註26〕據《史記·秦本紀》與《秦簡編年記》所載日月干支參證，可知秦國原用周曆，從秦昭王四十二年（西元前 265 年）起才改用顓頊曆。顓頊曆的測定年代約在西元前 360 年，建亥（夏曆十月）爲歲首，以十月初一爲元旦。其歲實爲三百六十五又四分之一日，十九年七閏，置閏於九月之後，是當時世界上最精準的曆法之一。到了秦昭王四十九年起，又恢復以正月爲歲首，但仍用顓頊曆。至秦始皇二十六年，才再改以十月爲歲首。楚國在春秋時期原行周曆，到了戰國以後，改以夏曆的十月爲歲首（一月），也屬於顓頊曆，但其月份與秦昭王四十九後的曆法不同。詳參《戰國史》，頁 560。

夏曆是最符合四季氣候轉變,最便利於農業生產的一種曆法,所以即使春秋戰國時代,除了晉與趙、魏、韓行夏曆外,其他各諸侯,也很有可能在重視農業生產的前提下,會以本國曆法配合夏曆施行,所以孔子才說:「行夏之時」(《論語・衛靈公》,頁 138)。後來秦國曆法雖然建亥為歲首(夏曆十月),卻仍使用與夏曆相同的月份。這證明,三晉文化系統採行的夏曆,並非獨用,而是先秦農業社會中普遍必須具備的常識。時至今日,民間通用的農曆,還是夏曆的傳承,可見夏曆影響中國文化之深遠。

二、紀年與置閏

中國自古採用陰陽合曆,並通過置閏的方法調整陰陽曆的歲差。《尚書・堯典》曰:「汝羲暨和,期三百有六旬有六日,以閏月定四時成歲。」(頁 21)所謂「三百有六旬有六日」,即是陽曆年,以三百六十六日為一年;所謂「以閏月定四時成歲」,就是陰曆年。因為陰曆比陽曆少十一天左右,故須設置閏月來加以調整,這就是陰陽合曆。西周時期各國的曆法概況史料已難細考;而春秋戰國時期,各諸侯國採行的曆法雖有差異,卻都是四分曆,回歸年都是三百六十五又四分之一日。置閏的方式也出現十九年七閏的精確程序,這是曆法上科學推算的時代。

(一)紀年——歲星紀年、太歲紀年

西周共和元年,即公元前 841 年,晉靖侯以下,晉國才有確切紀年的開始。其他諸侯國也是從此紀年。不過,由此時起,各國的紀年方式都是以自己國君的登位年及在位年排列計算,彼此相異,沒有統一,對照換算時相當麻煩。大約到了戰國時期,天文曆法學家發現可利用歲星運行的規律來紀年,因此出現了各國通用而統一的「歲星紀年法」[註27]。「歲星」就是木星,「歲星紀年法」的出現,表示周人對木星的觀察已取得完整的資料,故能根據它運行的規則性來紀年。日、月、五星的運行軌道是由西向東移動(右旋),其中木星以十二年為一個循環[註28],將它行經的天空劃分為十二份,稱為十

〔註27〕 據日本學者新城新藏研究,《左傳》、《國語》等書中的紀年,應是戰國時代依據當時歲星所在的「次」往上回推而記錄的。推算年代大約在西元前365年左右。見《東洋天文學史研究》第九編第五章,上海:中華學藝社,1933 年。

〔註28〕 事實上,歲星並不是十二年繞天一周,而是 11.8622 年繞天一周,每年移動的範圍比一個星次多一些,故累積至八十六年便多走一個星次。這種現象古書叫「超辰」。參見《古代漢語》,頁 844。

二星次，則木星每一年會行經一個星次，古人遂將這些星次作爲「年」的命名，包括：星紀、玄枵、娵訾、降婁、大梁、實沈、鶉首、鶉火、鶉尾、壽星、大火與析木（由西向東排列），因此《左傳》、《國語》等書的紀年就有「歲在鶉火」、「歲在壽星及鶉尾」、「歲在大火」、「歲在大梁」等記法〔註 29〕。又因以歲星紀年的緣故，一年也可稱爲一「歲」。

至於天空中的其他眾恆星卻都是由東向西移動（左旋），所以古人又把這些星辰運行附近的天空，由東向西劃分成十二等份，再配以子、丑、寅、卯等十二支，稱之爲「十二辰」。十二辰的方向正好和十二次相反。實際生活中的人們，可能覺得由西向東排列的十二星次與歲星紀年很不方便，所以天文學家又進一步根據天文現象，創造了一個假歲星叫「太歲」，讓它和眞歲星背道而馳，如此就與十二辰的方向順序一致，並用它來紀年。這十二個太歲年名，包括：攝提格、單閼、執徐、大荒落、敦牂、協洽、涒灘、作噩、閹茂、大淵獻、困敦、赤奮若〔註 30〕。歲星所在、太歲所在與太歲年名對應，如表7-3 所示。

表 7-3：歲星、太歲對應表

歲星所在（由西向東）	太歲所在（由東向西）	太　歲　年　名
星紀（丑）	寅（析木）	攝提格
玄枵（子）	卯（大火）	單　閼
娵訾（亥）	辰（壽星）	執　徐
降婁（戌）	巳（鶉尾）	大荒落
大梁（酉）	午（鶉火）	敦　牂
實沈（申）	未（鶉首）	協　洽
鶉首（未）	申（實沈）	涒　灘
鶉火（午）	酉（大梁）	作　噩
鶉尾（巳）	戌（降婁）	閹　茂
壽星（辰）	亥（娵訾）	大淵獻
大火（卯）	子（玄枵）	困　敦
析木（寅）	丑（星紀）	赤奮若

〔註 29〕順見《左傳·昭公八年》，頁 770；《國語·晉語四·重耳自狄適齊》，頁 121；〈晉語四·齊姜勸重耳勿懷安〉，頁 123；及〈晉語四·秦伯納重耳於晉〉，頁 131。

〔註 30〕此十二太歲名據《爾雅·釋天》所記，頁 95～96。

（二）置　閏

置閏對於古代曆法與民生的重要，如《左傳・文公六年》所說：「閏以正時，時以作事，事以厚生，生民之道於是乎在矣。」（頁 316）中國曆法自殷商時期開始，就已經置閏。由甲骨文來看，當時有年終置閏，也有年中置閏。年終置閏的話，閏月名就用「十三月」，甚至還出現過「十四月」（再閏）；而年中置閏的閏月名稱是重複前月的月名，例如「多五月」、「多六月」、「多八月」等名。〔註31〕

根據現有資料得知，春秋時代已無再閏的情形出現。不過，晉人行夏曆的實際閏法已無可考了。由《左傳・文公元年》：「先王之正時也，履端於始，舉正于中，歸餘於終。」（頁298）之語知道，周曆可能採用置閏於終的方法，閏月多置於十二月。《左傳》內文從僖公五年正月辛亥至昭公二十年二月己丑期間，出現兩次「日南至」的記錄，先後一百三十三年間有四十九個閏月，平均十九年七閏。不過失閏的記錄也確實存在，例如〈襄公二十七年〉：「司曆過也，再閏失矣。」（頁650）〈哀公十二年〉十二月「火猶西流」（頁1027）又失一閏。這說明此時尚未完全掌握十九年七閏的原則。推測晉人與三晉人士所行曆法，其置閏方式，可能隨著曆算的進步與時人大致相同，多行年終置閏、十九年七閏的辦法。

三、紀月與紀日

（一）紀　月

古人觀察到月亮盈虧的變化是有規則性的，因此將月相變化的周期叫做一「月」（即朔望月）。紀月的方式以序數為主，稱作一月、二月、三月、四月……至十二月，做為歲首的月份也稱「正月」。但是各國因曆法不同，歲首的月份也不盡相同。夏曆的正月已是周曆的三月，因此對季節的實際感受，以夏曆較符合於農事的需求。春秋戰國時期還有一種「月建」的觀念，就是把子、丑、寅、卯……等十二支和十二月份相配，以夏曆的十一月為子月，十二月為丑月，如此類推，夏曆的正月為寅月，周曆的正月為子月，殷曆的正月為丑月，顓頊曆的正月為亥月（即夏曆十月）。又為了調整太陽年與太陰年的不同長度，所以置閏月來平衡。閏月的設置是太陰曆的一項重大改革，

〔註31〕 「多」，即「終」，「後」的意思。參見薄樹人：《中國天文學史》，台北：文津出版社，1996年，頁32～38。

有了閏月，太陰曆轉化爲陰陽合曆，才能大體和依據太陽周年視運動而定的回歸年一致。

（二）紀　日

1. 干支紀日

「干」是天干，即甲、乙、丙、丁、戊、己、庚、辛、壬、癸；「支」是地支，即子、丑、寅、卯、辰、巳、午、未、申、酉、戌、亥。十干和十二支依次組合，爲六十個單位，每個單位代表一天，就是「干支紀日法」。甲骨文顯示殷人已開始使用干支紀日法，而且建立了完整的六十干支表。這不僅是系統的紀日法，也表示累積連續不斷的日期記錄，將是推算朔望月（以月相變化周期爲一「月」）與回歸年的基礎。

大量材料表明，周人、晉人、戰國時人都繼承此法。不過晉人使用干支紀日並不限於祝宗卜史的史料記載，一般下層社會也普遍採用此法。《左傳‧襄公三十年》所記絳縣老人之語：「臣小人，不知紀年。臣生之歲，正月甲子朔，四百又四十五甲子矣。其季於今三之一也。」師曠說：「魯叔仲惠伯會郤成子于承匡之歲也。是歲也，狄伐魯，叔孫莊叔於是乎敗狄于鹹，獲長狄僑如，及虺也、豹也，而皆以名其子。七十三年矣。」士文伯接著也說：「然則二萬六千六百有六旬也。」（頁 680）絳縣老人出生於某年的正月甲子日，這一天剛好月相是「朔」。至今又過四百四十五個甲子又三分之一甲子的日子，所以他總共應該是 444×60 日＋60 日×1/3＝26660 日，正是「二萬六千六百又六旬」個日子，雖不足七十三年，按年紀則算七十三歲。這種近乎猜謎式的答語，充份說明晉人運用干支紀日法的熟練程度。

2. 月相紀日

晉人除了以干支紀日，有時也會用月相紀日。《侯馬盟書‧宗盟類一、16.3》：「十又一月甲寅朏，乙丑，敢用一元□顯皇君晉公。」「朏」在甲骨文中就已出現，是一鉤新月的會意字，以月亮的盈虧表示每月開始的專有名詞，爲朔望月的初二或初三。據考證，此篇載書作於西元前 495 年〔註32〕，說明春秋之時，晉人尚有以「朏」表示月初的習慣。

「朔」字也是月相專名。每月初一，月球運行到地球和太陽之間，地球上就看不到月光，這就是「朔」。「朔」字在殷卜辭與西周金文中未見，應有

〔註32〕《侯馬盟書叢考‧曆朔考》，北京：文物出版社，1976 年 12 月第一版。

其他詞表示。《詩經・十月之交》一詩是目前文獻最早有「朔」字者。河南溫縣盟書許多盟辭首句說：「十五年十二月乙未朔」〔註33〕，證明春秋時期，晉人也用月相「朔」來紀日。

3. 其他紀日法

（1）旬

十日為「旬」，一個月有上、中、下三旬。「旬」的概念，可能源於以十進位的天干紀日產生的。上文所引，《左傳・襄公三十年》士文伯計算絳縣老人的年紀時，解出「二萬六千六百又六旬」的紀日單位。可證，以「旬」紀日的用法，相當普遍。

（2）初吉

1992 年山西曲沃縣北趙村出土了「晉侯斷簋」和「晉侯斷壺」，兩物皆有銘文，內容僅有一字之差。以「晉侯斷簋」為例，其銘曰：「隹（唯）九月初吉庚午，晉侯乍（作）圂殷，用享于文祖皇考，其萬億永寶用。」晉侯斷，有學者以為是晉文侯仇，有學者以為是晉靖侯宜臼，到底何君，尚待進一步考證。但此器為西周時器無誤〔註34〕。銘文中紀日所用「初吉」究竟何意？王國維曾據西周鐘鼎彝器銘文作〈生霸死霸考〉一文〔註35〕。他提出周人行一月四分法，即初吉、既生霸、既望、既死霸的看法。許多學者已舉證說明其中謬誤，推翻這個論點。除了「初吉」一詞外，其他的記載方式在春秋之後都已不用。清儒王引之對「初吉」所下的定義是：「上旬凡十日，其善者皆謂之初吉。」〔註36〕以「初吉」為上旬這段時間內的吉日，可能是正確的。黃盛璋先生認同此說，並在其〈釋初吉〉一文中詳細舉證。〔註37〕

四、紀　時

根據史料記載可以斷定：兩周時期，晉人尚未使用十二支的紀時法。十

〔註33〕河南省文物研究所：〈河南溫縣東周盟誓遺址一號坎發掘簡報〉，載於《文物》1983 年第三期。

〔註34〕張希舜主編：《山西文物館藏珍品——青銅器》收錄編號 78、79，銘文見頁129，太原：山西人民出版社，1992 年。

〔註35〕楊家駱主編：中國學術名著《觀堂集林》第一卷，台北：世界書局，1975年。

〔註36〕楊家駱主編：中國學術名著《經義述聞》卷三十一，台北：世界書局，1975年二版，頁739。

〔註37〕〈釋初吉〉一文，見《歷史研究》，1958 年 4 月。

二支紀時法最早見於《南齊書・天文志》。由先秦典籍的資料來看，春秋戰國時期流行的紀時方法，主要是以觀察太陽、月亮的運行位置與變化來命名。例如《左傳・宣公十二年》記晉、楚邲之戰：「右廣初駕數，及日中，左則受之，以至于昏。」（頁 393）所謂日中、昏，就是當時的紀時方式。《詩經・鄭風・女曰雞鳴》：「女曰雞鳴，士曰昧旦。」（頁 169）雞鳴和昧旦應是天亮之前的兩個時段。

戰國時期，每日的記時大概流行過十六時制。不過，它們的名稱是否統一，各國是否通行，目前尚難確定。見於甘肅天水縣放馬灘秦墓出土的《秦簡・日書》，其十六時制爲：平旦、晨、日出、夙食、日中、日西中、日西下、日來入、日入、昏、莫食、夜莫、夜未中、夜中、夜過中、雞鳴〔註38〕。另外雲夢睡虎地《秦簡・日書》、湖北荊門包山二號楚墓、馬王堆帛書《陰陽五行》殘本等出土資料可參補互證。這種紀時方式雖然沒有一定規則，卻是配合古人生活的節奏來命名，因爲「名實相符」，故而沿用許久，直到魏晉以後才被十二辰紀時法取代。

五、四季與節氣

（一）四　季

現今以一年爲四季春、夏、秋、冬，這樣的分別並非一開始就設定，而是逐步區隔的。根據卜辭的研究，殷曆只有二時，即春季和冬季。殷人以北斗和東方七宿的天象來確定春、冬的到來。黎明之前，蒼龍七宿盡見於東方，斗杓南指，冬季便開始；當日落之後，蒼龍七宿重見於東方，斗杓又南指，春季則已到來。

至於四時的形成，學者多主張在西周晚期至東周時期才劃分出來。從文字學角度來看，西周晚期與東周金文中已有「夏」字，只是未見用於季節名稱；「秋」字則晚至戰國才出現〔註39〕，可見夏、秋兩季應是後來才分別出來的。

（二）節　氣

中國古代曆法的制定與農事有密切的關係。爲了準確地反映四季的變化，更有效地指導農時，於是最切合太陽周年視運動的「二十四節氣」因此

〔註38〕見何雙全：〈天水放馬灘秦簡甲種《日書》考述〉，甘肅省文物考古研究所編：《秦漢簡牘文集》，甘肅人民出版社，1989 年，頁 27。
〔註39〕薄樹人：《中國天文學史》，頁 48～49。

產生。但二十四節氣並非一開始就很完備，它是經過長期創造與修正才確立的。後代所謂的二十四節氣包括：立春、雨水、驚蟄、春分、清明、穀雨、立夏、小滿、芒種、夏至、小暑、大暑、立秋、處暑、白露、秋分、寒露、霜降、立冬、小雪、大雪、冬至、小寒、大寒。一年十二個月，每個月各有兩個節氣〔註40〕。節氣的命名可分四類：以季節變化來表示的（如立春、春分），以氣溫表示的（如小暑、小寒），以降水或水氣凝結現象表示的（如雨水、寒露、霜降），以及以物候現象和農事活動表示的（如驚蟄、清明、小滿、芒種）。從名稱來看，就能清楚地反映一年四季中各種氣象條件的變化與農事的進行。

古人最早掌握的節氣可能是二分二至。《尚書・堯典》把春分叫「日中」，秋分叫「宵中」，夏至叫「日永」，冬至叫「日短」（頁21）；《左傳》把冬至稱為「日南至」（頁205）。《左傳・僖公五年》又有記載：「凡分、至、啓、閉，必書雲物，爲備故也。」杜預注：「分，春、秋分也；至，冬、夏至也；啓，立春、立夏；閉，立秋、立冬。」（頁205）整句的意思是說：凡是春分、秋分、夏至、冬至、立春、立夏、立秋、立冬，一定要記載當天的天象變化與物候特徵，以備後世考察。這八個節氣的記錄，算是中國古書中最早出現的節氣資料。《呂氏春秋・十二月紀》和《禮記・月令》也都記載了這八氣。《周髀算經》一書中則有「八節二十四氣」之語，《逸周書・時訓解》出現齊全的二十四節氣。到了西漢《淮南子・天文篇》，就有和後世完全相同順序的二十四節氣名稱。就現有的資料推測：春秋之時，是否已有完整的二十四節氣觀念，不得而知；晉人是否已按照節氣來安排農事，也沒有資料證明。不過，最遲在戰國，二十四節氣體系逐漸醞釀成熟，應是沒有疑問的。

第三節　天文占星家

據《史記・天官書》記載，戰國時期出現專門觀測星辰運行的著名天文學家有四位：「在齊，甘公；楚，唐眛；趙，尹皋；魏，石申。」〔註41〕太史公還說，各家的天文學都有占星術的內容，其著作能看到當時戰亂相尋的形勢，並記錄著爲政治事件占驗的各式各樣的說法。四家之中，三晉人士佔了一半，顯

〔註40〕《淮南子・天文訓》卷三，頁6。「驚蟄」古名「啓蟄」，漢代避景帝諱而改名。
〔註41〕《史記》卷二十七〈天官書〉，頁1343。

見三晉文化中天文曆法學的興盛與卓越。對於趙人尹皋的研究情況，今已無跡可尋；而石申在天文學方面的貢獻，尚能由後代的文獻資料窺探一二。

石申的著作，據《史記正義》引南朝梁阮孝緒的《七錄》說：「石申，魏人，戰國時作《天文》八卷也。」（頁1344）可惜此書早已亡佚。不過我們確信他的著作曾在戰國、秦漢時代產生很大的影響。西漢以後，稱他的著作為《石氏星經》；漢魏以後，後學繼有著述，也常冠以「石氏」之名，如《石氏星經簿贊》（《隋書·經籍志》著錄）；三國時代，吳太史令陳卓總合石氏、甘氏、巫咸（殷商時代的天文學家）三家星官作星圖，構成283官、1464顆星的星座體系；到了宋代，還有託名甘德、石申著作的《甘石星經》出現〔註42〕。石申的天文研究成果，普遍得到後世天文學家的認同。

甘德、石申同是戰國時期最著名的星家，經過比對，學者發現兩人的二十八宿體系並不一樣。曾侯乙墓天文圖、《呂氏春秋》、《史記·天官書》等書，都是以石氏系統的二十八宿體系為主。

目前從《漢書·天文志》之中，引述石申著作的零星片斷，可以稍見他在天文學和占星學兩方面的研究內容。「歲星贏而東南，《石氏》：『見彗星』……；贏東北，《石氏》：『見覺星』……；縮西南，《石氏》：『見檻雲，如牛』……；縮西北，《石氏》：『見槍雲，如馬』……。《石氏》：『槍、檻、被、彗異狀，其殃一也。必有破國亂君、伏死其辜，餘殃不盡，為旱、凶、饑、暴疾。』」（頁400）對於五大行星的認識，石申和甘德已測知火星、金星的逆行現象〔註43〕。行星在天空星座的背景上自西往東走，叫順行；反之，叫逆行。由於五星順行的時間多，逆行的時間少，若非作長期系統的觀測，是難以發現這種現象的。可見石、甘二人對於星象觀測花費的心血，其結果已較前人推進了一步。

唐代《開元占經》中，保存了石氏研究的部份內容。其中最重要的是標有「石氏曰」的一百二十顆恆星（121或115），精密地記錄下它們的赤道坐標（距度、入宿度和去極度）〔註44〕，這是目前世界上最古的恆星表。據鄭樵

〔註42〕宋·晁公武《郡齋讀書志》著錄，台北：廣文書局，1990年再版。
〔註43〕《史記·天官書》：「故甘石歷五星法，唯獨熒惑有反逆行。」（頁1349）《漢書·天文志》：「古歷五星之推，亡逆行者。至甘氏、石氏，以熒惑、太白為有逆行。」（頁400～403）熒惑、太白，即是火星、金星。它們順行與逆行的交替較為明顯，而水星、土星、木星雖也有逆行現象，但較不易觀測出來。
〔註44〕唐·瞿曇悉達撰：《唐開元占經》，《四庫全書珍本》六六○～六九七冊，台北：

《通志‧天文略》所言，石申所測恆星一百三十八座，共八百一十顆星〔註45〕。現代天文學家根據不同時代的天象，加以計算驗證，發現石氏對於二十八宿所記載的星距，很有可能正是戰國中期的眞實情況。

　　雖然目前三晉文化中所能掌握的天文曆法及天文科技發展資料都是瑣碎、片斷的記載，我們很難據以建立系統完整的三晉天文史。不過透過這些文獻或出土文物的吉光片羽，仍可窺測到三晉人士在天文領域的發展腳步，絕不遜於同時期任何其他地區的天文成就。甚至可以說，能孕育、產生出如石申這樣影響深遠的天文家，顯示三晉地區天文科技的發展必然發達。隨著現代考古工作的進展，將來可能還會有更新的天文參考資料出現，爲歷史文獻的闕如提供較具體的實證。

　　　臺灣商務印書館，1971 年。
〔註45〕宋‧鄭樵：《通志》，《景印文淵閣四庫全書》三七四冊，台北：臺灣商務印書館，1983 年。

第八章　三晉文字

　　晉國爲西周王朝所封之重要同姓諸侯國，使用的語言與文字，自然也是周王朝通行的語言文字系統──漢語與漢字。

　　漢字起源於何時？古籍記載，相傳是黃帝的史官倉頡創造，他的時代大約在西元前 2500 多年，距今有 4500 餘年。但這個傳說的憑證不足，以文字出於一時一人之手，令人難以信服。在清末民初之際，中國境內陸續發現了大批的殷商甲骨文，之後，有不少文字研究者以爲，甲骨文就是中國最早的文字，一時蔚爲風潮。不過甲骨文實際上已經是「相當成熟的文字系統」，「決不是中國最早的文字」〔註 1〕，昭然可辨。三〇年代以後，隨著考古工作的進行，又發掘出一種比甲骨文年代更早、與漢字起源可能有關的新材料，即新石器時代陶器上的刻劃符號。例如在陝西西安半坡、陝西臨潼姜寨、青海樂都柳灣、山東章丘城子崖等地，都發現有陶器刻符的存在；時代稍晚，大約和倉頡傳說時代相當的山東大汶口文化遺址，也在出土的陶尊與殘陶片上發現了十八個刻符圖像，這些圖像與甲骨文、早期金文的象形文字非常接近（圖 8-1）〔註 2〕。因此，有些學者肯定這些陶器刻符是一種文字，是中國文字的起源〔註 3〕。雖然截至目前爲止，多數陶器刻符的意義未能確知，它們與殷商甲骨文間的演進關係也尚未得到普遍論證，但據現有資料來看，書寫系統已有嚴密規律、六書兼備的甲骨文，必然是經過一段漫長歲月的發展才逐漸定型。是故，中國文字的產生，極有可能在距今五、六千年前的新石器時代就開始萌芽了。

〔註 1〕 李學勤：《古文字學初階》，北京：中華書局，1985 年，頁 16。
〔註 2〕 何九盈等編：《中國漢字文化大觀》，北京：北京大學出版社，1995 年，頁 5～6。
〔註 3〕 例如郭沫若：〈古代文字之辯證的發展〉，載於《考古》1972 年第三期。于省吾：〈關於古文字研究的若干問題〉，載於《文物》1973 年第二期。

圖 8-1：山東大汶口文化陶器刻符與甲骨文、早期金文比較

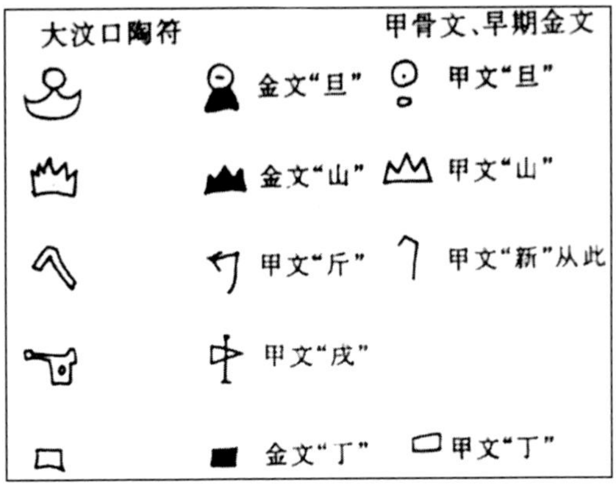

（採自《中國漢字文化大觀》，頁 6）

　　西周以來，由於中國文明逐步進入青銅文化的鼎盛期，工藝技術日益精巧，因此約自西周初年起至春秋時期數百年間，主要能保留下文字的書寫材料就是青銅器，而鑄刻於其上的文字即稱「金文」（又稱「鐘鼎文」或「吉金文字」）。這樣的情況，大抵在周王朝及諸侯國皆然，當然包括晉國在內。「金文」不論在文字形體、結構法則上，都可看出與甲骨文是一脈相承發展的文字系統。春秋之後，在金屬器物上鑄刻銘文的現象仍然保留發展，不過，漸漸地，它卻不再佔有一枝獨秀的地位了。約從春秋末年開始，原來的文字形體與書寫材料產生劇烈的變化，迨及戰國，至秦始皇統一文字的這段時間，各國文字的使用，實際上是陷入空前混亂的情勢。不僅在書寫材料上又出現了貨幣、古璽、封泥、陶器、玉石、木簡、縑帛等多樣化的面貌，同時，又因社會快速變動、諸國分治的結果，終至形成數個區域文字系統各自發展的局面，包括北方及中原流行的晉系文字，東方的齊系文字、燕系文字，南方的楚系文字等地域性濃厚的「六國古文」，與西方的秦系文字並行〔註 4〕。對於這個「言語異聲，文字異形」的時代，以往由於出土實物的缺乏，總有霧裏看花之感，並且造成甲骨文、金文、秦隸演進法則上的斷層問題，如今隨著考古工作陸續出現的戰國文字資料，終於可將空白的部份彌補起來，重新整合出甲骨文、金文、秦篆與六國古文、隸書的演進歷史，並一步一步地解決了許多以往懸而未決的疑問。

_____

〔註 4〕此戰國文字之分系，乃據何琳儀：《戰國文字通論》之說，北京：中華書局，
　　　　1989 年。

第一節　書寫材料

　　研究文字，首先要能掌握確切的原始材料。今日可見的晉系文字，在西周至春秋期間，主要是保存於青銅器上的鑄刻銘文，數量並不多；春秋晚期開始，經戰國到秦始皇統一中國文字期間，文字書寫的材料增多，不僅見於青銅器，其他材質如玉石、璽印、貨幣、陶器、竹簡、縑帛等等，數量也很驚人。在分析晉系文字的字形特色之前，我們首先必須要了解研究晉系文字的重要材料。底下依其書寫材料的不同，分為青銅、玉石、貨幣、璽印及其他五個單元分述。由於玉石器材中，三晉地區出土了大批的盟書，尤其是侯馬盟書的數量與重要性，是目前研究晉國文字的主要依據之一，故在第二節特別獨立介紹，本節僅約略概述而已。

一、青銅器

　　現今所見鑄刻銘文的青銅器，以禮器與兵器為大宗。其中除了少數是傳世重器外，多數器物的由來，是晚清與民國以後才出土的。銅器上鑄刻的銘文，除了是文字研究的重要資料外，內容還可作為古代歷史、文化片斷的補充，自古即受有心人士留意。然銅器銘文研究的長足發展，應自清代乾嘉時期算起。拜當時「樸學」風氣興盛的影響，「小學」的附庸「金石學」，也因而受到重視。內府編纂《西清古鑑》、阮元編纂《積古齋鐘鼎款識》，就是當時重要的標誌。這股研究風氣持續到晚清，金石著作更加豐富，包括吳式芬《攈古錄金文》、吳大澂《客齋集古錄》、方濬益《綴遺齋彝器款識》、劉心源《奇觚室吉金文述》、端方《陶齋吉金錄》等等。降及民國，出土器銘大量增加，羅振玉的《三代吉金文存》和郭沫若的《兩周金文辭大系圖錄考釋》〔註5〕，是集大成的金文總集，成為文字學者研究的主要資料來源。現在隨著大陸考古挖掘工作的積極推動，陸續出土的有銘銅器更多，而且還在不斷地增加。就目前可見的資料而論，屬於三晉文化系統的有銘銅器，按其造器鑄刻的時代可分成兩個階段：

（一）第一個階段：西周至春秋晚期的晉國銅器

　　據《兩周金文辭大系》斷為晉器的銅器只有七件，包括晉姜鼎、伯甄父鼎、晉公盦、邵鐘、鱸氏鐘、鱸羌鐘與嗣子壺；1993 年由蔡鴻江先生撰寫的

〔註 5〕　《三代吉金文存》，台北：文華出版社，1970 年。

碩士論文:《晉國文獻及銘文研究》〔註6〕,參照其他金石著作及新出土的考古資料,經詳細比對,又補充了晉左軍戈、欒左軍戈、晉陽戈、晉公車器、欒書缶、趙孟介壺、智君子鑑、邵大叔斧、邵大叔之子斧、吉日劍、𣄰鼎、長子 臣簠、趙簡子戈十三器,故斷爲晉器者共二十件。另外,1992 年在山西曲沃縣北趙村,又出土三件西周晚期的有銘銅器,包括晉侯蘇鼎、晉侯斷簋及晉侯斷壺。晉侯蘇即晉獻侯,晉侯斷可能是晉文侯或晉靖侯〔註7〕,三器皆爲晉器無疑。合此三器,則目前可知的晉器至少有二十三件。

(一)第二個階段:戰國時期的三晉銅器

近代因爲出土的有銘銅器實在太多,文字學者的研究方向逐趨於橫向分國、縱向斷代的專精領域。李學勤先生的〈戰國題銘概述〉〔註8〕是第一篇探討戰國文字的綜述文章,文中按地域把戰國文字區分爲齊國題銘、燕國題銘、三晉題銘、楚國題銘與秦國題銘五個範疇,並結合文字資料與歷史、考古研究,指出若干地域的特點,開創一股新的研究方向與潮流。其後,特別針對三晉銅器進行研究、成果卓著的是黃盛璋先生。他的〈試論三晉兵器的年代及其相關問題〉一文〔註9〕,收錄了九十餘件兵器銘文,分別歸屬於韓、趙、魏三國,是不可多得的長文;又先後發表〈新發現之三晉兵器及其相關的問題〉及〈三晉銅器的國別年代與相關制度問題〉〔註10〕,都是研究三晉文字不可或缺的參考資料。1996 年,吳雅芝在前輩學者的研究基礎上,完成了《戰國三晉銅器研究》碩士論文〔註11〕,共收錄韓器六十七件、趙器六十四件、魏器四十九件,以及國屬未定、確爲三晉造器的二十一件,合計爲二百零一件銅器;種類有禮器、量器以及兵器,尤其兵器數量最多(共一五六件),可能是受當時戰爭頻繁、風氣尚武的影響。這是目前收錄三晉銅器較完備的參考論文。

二、玉 石

保存在玉片或石片上的文字可統稱爲「石器文字」,這類文字除了東周的

〔註6〕 周虎林教授指導,高雄師範大學國文研究所碩士論文。
〔註7〕 張希舜主編:《山西文物館藏珍品》(青銅器),太原:山西人民出版社,頁 128 ～129。
〔註8〕 載於《文物》1959 年第七～九期。
〔註9〕 載於《考古學報》1974 年第一期。
〔註10〕 分別見載於《文博》1987 年第二期、《古文字研究》第十七輯。
〔註11〕 許錟輝教授指導,台灣師範大學國文研究所碩士論文。

盟書外，出土的並不多。目前以晉都新田發掘的侯馬盟書和河南溫縣出土的溫縣盟書為代表，內容多為盟誓之辭。

　　侯馬盟書較早發現，也引起學者廣泛的研究，如郭沫若、張頷、陳夢家、高明、陶正剛、王克林、唐蘭、朱德熙、裘錫圭、李裕民、黃盛璋、謝堯亭等人，皆有專文考證〔註12〕。山西省文物工作委員會編纂、1976 年由文物出版社出版的《侯馬盟書》，除了載錄盟書照片、摹本外，還附有釋文、綜論、字表等，便於閱讀和研究，是極具價值的參考資料。至於侯馬盟書的出土概況、盟誓內容、參盟人物、年代、文字特色等相關議題，將於下節詳細討論，故此從略。

　　1980 年至 1982 年間，河南省文物研究所在河南省溫縣西發掘了一百二十四個豎坑，其中十六個豎坑中出現了與侯馬盟書性質相同的玉石盟書，共四千五百八十八片，除了石簡、石璋外，絕大部份是石圭。盟書文字是用毛筆書寫，出自多人手筆，字體風格迥異。許多盟辭首句有「十五年十二月乙未朔，辛酉」的紀年，這對於推定溫縣盟書的年代和性質有十分重要的作用。1983 年整理部份盟書材料而發表的簡報推論，一號坎可能是晉定公十五年十二月二十七日（西元前 497 年 1 月 16 日），由晉國卿大夫韓簡子主盟的一次盟誓活動遺跡〔註13〕。在此之前，約四〇年代初期，也曾在河南發現過墨書盟書十一片，傳說是出自沁陽〔註14〕。經學者考證，當即為溫縣所出而流散的，其原件藏在中國社會科學院考古研究所。雖然目前河南溫縣盟書的資料尚未全部刊出，但僅從一號坎出土的數量來看，已遠遠超過侯馬盟書。有學者初步研究的結果發現，從參盟人名、打擊對象、盟書辭句各方面比較，侯

〔註12〕郭沫若：〈侯馬盟書試探〉，《文物》1966 年第二期；〈出土文物二三事〉，《文物》1972 年第三期。張頷：〈侯馬東周遺址發現晉國朱書文字〉，《文物》1966 年第二期；〈侯馬盟書叢考續〉，《古文字研究》第一輯。陳夢家：〈東周盟誓與出土載書〉，《考古》1966 年第五期。高明：〈侯馬載書盟書主考〉，《古文字研究》第一輯。陶正剛、王克林：〈侯馬東周盟誓遺址〉，《文物》1972 年第四期。唐蘭：〈侯馬出土晉國趙嘉之盟書新證〉，《文物》1972 年第八期。朱德熙、裘錫圭：〈關於侯馬盟書的幾點補釋〉，《文物》1972 年第八期。李裕民：〈我對侯馬盟書的看法〉，《考古》1973 年第三期；〈侯馬盟書疑難字考〉，《古文字研究》第五輯。黃盛璋：〈關於侯馬盟書的主要問題〉，《中原文物》1981 年第二期。謝堯亭：〈侯馬盟書試析〉，《山西省考古學會論文集二》，太原：山西人民出版社，1994 年。
〔註13〕〈河南溫縣東周盟誓遺址一號坎發掘簡報〉，《文物》1983 年第三期。
〔註14〕見陳夢家：〈東周盟誓與出土載書〉，《考古》1966 年第五期。

馬盟書和溫縣盟書顯現出一定的聯系，年代又相當接近，二者很可能分別代表一個事件而舉行盟誓的敵對雙方〔註15〕。此說尚待驗證。嗣將來新材料更完整刊布，學者可據以更進一步的研究之後，或能得出肯定而科學的結論。

三、貨　幣

金屬貨幣上所鑄造的文字統稱爲「貨幣文字」。由於面積限制，每枚貨幣上的字數通常不多。文字內容以鑄造地名及幣值的記量單位爲主。

有銘貨幣在春秋時期已經出現，晉國侯馬遺址曾發現少數鑄有一、二字銘文的空首布布幣，但多數仍爲素面無文。到了春秋末、戰國初，晉國布幣形制開始產生重大變革。除了原來的空首布轉化爲平首布、大型轉爲小型的統一趨勢外，戰國時期的趙、魏、韓三國又各自發展出多種多樣的布幣型制，以及少量圓錢和刀幣流通，幣制顯得異常混亂。

目前已見出土的戰國貨幣中，以三晉地區的鑄銘貨幣數量最豐富，字形亦相當獨特；加上趙、魏、韓三國各自鑄造與流通的貨幣存在相當程度的區域性，因此三晉的貨幣文字大致具備了分國和斷代的條件，可作爲文字研究的參考指標之一。

民國之後，大量戰國貨幣的出土，引發了許多學者研究的興趣而撰寫不少專門考釋貨幣文字的論文〔註16〕，可供參研。1938 年，丁福保編纂《古錢大辭典》〔註17〕，幾乎全部收入當時見於著錄的古錢品種，還附有釋文及諸家研究成果，便於檢索。近來朱華先生所著《三晉貨幣》一書，特別整理山西地區出土的先秦貨幣，除了選出七百七十枚有銘標本、捶拓九百六十三張拓片外，還附有布幣地名表、布幣字形表，以便檢閱，是研究三晉貨幣文字極爲方便的參考書。〔註18〕

四、陶　器

陶器可能是書寫文字最原始的物質材料，如西安半坡、山東大汶口文化遺址，皆曾發現陶器刻符。殷周也有少量陶文，不過傳世的陶文多爲晚周時

〔註15〕馮時：〈侯馬盟書與溫縣盟書〉，《考古與文物》1987 年第二期。
〔註16〕例如裘錫圭：〈戰國貨幣考〉，《北京大學學報》1978 年第二期。曾庸：〈若干戰國布幣地名的辨識〉，《考古》1980 年第一期。李家浩：〈戰國貨幣文字中的幣和比〉，《中國語文》1980 年第五期。
〔註17〕丁福保：《古錢大辭典》，台北：世界書局，1974 年出版，1993 年三版二刷。
〔註18〕朱華：《三晉貨幣》，太原：山西人民出版社，1994 年。

期的齊、燕遺物。民國以來，在三晉與楚、秦各國舊地也相繼發現陶文。這些戰國陶文用璽印印成者居多，故多具邊框。陶文內容以製造者姓名、使用陶器的單位，或載時記事較多。

有關陶文的考釋，多散見於各家研究其他品類戰國文字的論文中，專門考釋陶文者較少〔註 19〕。需要留意的是，考古工作者對陶文的研究頗值得重視。例如李先登的〈河南登封陽城遺址出土陶文簡釋〉一文、牛濟普的〈鄭州滎陽兩地新出戰國陶文介紹〉一文，以及〈晉豫鄂三省考古調查簡報〉中發表的河南溫縣北平皋遺址陶文資料等〔註 20〕，都是屬於三晉文化區域的陶文。另外還有鄭超所著的〈戰國秦漢陶文研究概述〉一文〔註 21〕，比較系統地介紹了百年來的陶文研究狀況，可作爲參研的導引。

五、其　他

三晉文字的書寫材料，除了目前所見數量較多的銅器、玉石、貨幣、陶器之外，其實還有其他材質。首先是竹簡和木牘。簡牘取材於竹、木，既方便又經濟，遠勝於金石，所以簡牘文字應是戰國時期最主要的書寫形式。可能因爲竹木易朽，難以保存，至今只有在南方發現了楚國和秦國的簡牘。不過歷史上，中原地區確實曾發現過齊魯系竹簡的壁中書，和三晉系竹簡的汲冢書。孔子壁中書在西漢景、武之際發現，轟動一時，還造成後來經學上的今古文之爭；汲冢書則是在西晉武帝咸寧五年（西元 279 年）〔註 22〕，由河南汲縣縣民不準盜掘戰國魏王古墓所得。凡竹簡七十五篇，包括《周易》、《紀年》、《穆天子傳》等十六種書，約十萬餘言。這批書一發現，就受到朝廷高度重視，詔令學者整理，寫出「隸古定」釋文，把戰國古文寫成今隸。今日尚能看見的《古本竹書紀年》佚文和《穆天子傳》，即是這批竹書的部分結晶。雖然二書已是隸字本，但仍保存下許多古文，尤其是《穆天子傳》涉及的人

〔註 19〕如李學勤：〈戰國題銘概述〉，《文物》1959 年第七～九期；朱德熙：〈戰國陶文和璽印文字中的者字〉，《古文字研究》第一輯；裘錫圭：〈戰國文字中的市〉，《考古學報》1980 年第三期。

〔註 20〕李先登之文，載於《古文字研究》第七輯；牛濟普之文，載於《中原文物》1981 年第一期；〈晉豫鄂三省考古調查簡報〉，載於《文物》1982 年第七期，頁 7。

〔註 21〕載於《古文字研究》第十四輯。

〔註 22〕《晉書》卷三〈武帝紀〉載：「（咸寧五年）汲郡人不準掘魏襄王冢，得竹簡小篆古書十餘萬言。」（頁 1083）

名、地名、草木魚蟲、珍寶異器等內容文字，有許多隸定古文〔註 23〕，值得重視。我們也期待，隨著考古事業的發展，三晉簡牘能再度出現，提供更直接的研究證據。

其次，有一部分文字材料使用的種類很多，舉凡銅、銀、玉、石、骨、土、木等皆可，因此不適合以其書寫材質區分，而應按其用途歸爲「璽印」較恰當。璽印形制變化較多，刻印內容有官璽、姓名私璽、成語璽、單字璽等區別，都具有文字研究的價值。璽印文字歷代都有發現，至明代才出現印譜，清人則開始作比較系統的搜輯整理。同治年間，陳介祺薈萃各家印譜，編輯《十鐘山房印舉》，其中古璽材料十分豐富；光緒年間，吳大澂輯《說文古籀補》，雖以收錄金文爲主，但兼收古璽五百七十餘字，釋讀亦頗精審。民國以後，陸續又出現許多古璽印譜，尤以 1930 年羅福頤的《古璽文字徵》最重要，收錄可識璽文六百二十九字，爲第一部古璽字書；1981 年，羅氏再度編纂《古璽彙編》、《古璽文編》出版，二書互爲表裏，收錄更多璽文，堪稱集古璽大成的雙璧，是研究古璽印文必備的參考書。而學者研究古璽或考釋璽文的專論不少〔註 24〕，也不可忽略。

綜論三晉文字書寫材料的概況，由西周至春秋這段時期，是以金屬銅器爲主；春秋末年至戰國結束，書寫材料的種類則相當繁雜，包括銅器、玉石器、貨幣、陶器、竹、木，以及金、銀、鐵等金屬類，或陶泥、漆器、縑帛等材料，即使有的書寫材料在三晉地區還沒有發現，也未必是不曾使用，不過當前三晉地區的文字書寫材料，是以銅器和玉石、貨幣類發現較多。研究先秦三晉文字，目前可資利用的第一手原始資料，最重要的來源是民國以來大陸考古工作隊在三晉地域所挖掘的地下出土物；其次，有部份刻銘傳世器物，經器物學專家鑑定，可確信爲三晉造物者，也是原始資料的一部份；另外，先秦以後，文字學家所撰寫的字書、傳鈔古文或隸定的古書，例如《說文》、《穆天子傳》、《古本竹書紀年》等，其中確實保留部份先秦三晉「古文」，雖然因爲經過傳鈔，難免有所謬誤或僞變，只能視爲第二手參考資料，但作

〔註 23〕 晉・郭璞註：《穆天子傳》，台北：臺灣商務印書館，1965 年初版。例如「時」作「旹」（卷一，頁 4）、「其」作「亓」（卷四，頁 11）、「乘」作「椉」（卷六，頁 15）等，均是戰國文字的寫法。

〔註 24〕 例如黃盛璋：〈所謂夏虛都三璽與夏都問題〉，《河南文博通訊》1980 年第三期。葉其峰：〈戰國官璽的國別及有關問題〉，《故宮博物院院刊》1981 年第三期。于豪亮：〈古璽考釋〉，《古文字研究》第五輯。裘錫圭：〈戰國璽印文字考釋三篇〉，《古文字研究》第十輯。

爲出土實物之驗證參照，仍有其珍貴的價值，對於致力於古文字學研究者，亦不可忽略其重要性。

第二節　侯馬盟書

一、盟誓與盟書

（一）盟誓的意義

盟誓是中國古代人與人之間的一種約信行爲。先秦的盟誓，首先有官方與非官方用途的差異。如《詩經・衛風・氓》詩中的「信誓旦旦」，就是屬於非官方的私下約誓。而出現在《尚書》中所有的誓和《左傳》中大部分的盟，則都是在公開場合下舉行的官方盟誓。官方盟誓又有軍事與非軍事的區別。簡言之，「盟」是指諸侯會面時所制定的一種約信，而「誓」則是用於軍中的一種戒律。結合《尚書》、《左傳》兩書的時代背景和盟誓記載的狀況來看，我們發現，戰國以前的盟誓發展情形是：官方的誓主要行用於西周時期，而官方的盟主要行用於春秋時期〔註25〕。完整的結盟儀式是：先掘地爲坎，殺牲於坎上，割牲左耳，盛以珠盤；又取牲血，盛於玉敦。然後司盟北面讀盟書，詔告於神明，所有與盟者按其尊卑「歃血」（以玉敦內之牲血塗口旁），之後將盟書置於牲上，連同餘血埋入坎內，盟誓之禮遂成。〔註26〕

（二）盟書的擬寫和使用

春秋時期的盟誓活動，凡是公開的官方性質，原則上會有文字作爲憑證，這種文字憑證在先秦文獻中稱爲「載」、「書」、「載書」或「盟載」，後來的注家則多稱爲「盟書」〔註27〕。盟書是由誰擬定、書寫或管理？這些問題，在

〔註25〕詳參曾志雄：《侯馬盟書研究》，香港中文大學中文博士論文，1993年，頁8～9。

〔註26〕劉伯驥：《春秋會盟政治》，台北：中華文化編審委員會印行，1977年再版，頁255～257。

〔註27〕稱「載」者，如《左傳・僖公二十六年》：「載在盟府，大師職之。」（頁265）稱「書」者，如《左傳・僖公二十五年》：「宵，坎血爲書，偏與子儀、子邊盟者。」（頁263）稱「載書」者，如《左傳・定公十三年》：「『君命大臣，始禍者死，載書在河。』」（頁982）稱「盟載」者，如《左傳・襄公二十八年》：「無乃非盟載之言，以闕君德，而執事有不利焉。」（頁652）《周禮》中還有「載辭」、「盟書」之稱的孤例（頁399、518）。漢魏之後的注家，似乎喜

《周禮》及《左傳》中略有提及。根據《左傳》記載，擬定盟書的可以是主盟人或祝、史之類的官員。

> （晉、鄭）將盟，鄭六卿公子騑、公子發、公子嘉、公孫輒、公孫蠆、公孫舍之，及其大夫、門子，皆從鄭伯。晉士莊子爲載書，曰：「自今日既盟之後，鄭國而不唯晉命是聽，而或有異志者，有如此盟！」公子騑驅進曰：「天禍鄭國，使介居二大國之間，大國不加德音而亂以要之，使其鬼神不獲歆其禋祀，其民人不獲享其土利，夫婦辛苦墊隘，無所底告。自今日既盟之後，鄭國而不唯有禮與彊可以庇民者是從，而敢有異志者亦如之！」荀偃曰：「改載書！」。（〈襄公九年〉，頁 528）

> （宋）大尹謀曰：「我不在盟，無乃逐我？復盟之乎！」使祝爲載書。六子在唐盂，將盟之。祝襄以載書告皇非我。（〈哀公二十六年〉，頁 1052～1053）

上述兩例的內容說明：盟辭可能事前擬好，也可能是臨時擬訂，甚至可以臨時更改。不過正常情況下，較有可能是祝史事先書寫好，參盟人根本無須動筆。《周禮・春官・詛祝》也有類似記載：「詛祝掌盟、詛、類、造、攻、說、檜、祭之祝號，作盟詛之載辭，以敘國之信用，以質邦國之劑信。」（頁 398）另外，《周禮・秋官・司盟》又云：「司盟掌盟載之法。凡邦國有疑會同，則掌其盟約之載及其禮儀，北面詔明神。既盟，則貳之。」（頁 541）這顯示，詛祝之官擬定的盟辭，應該要撰寫一式兩份。司盟負責副本的書寫，但正本由誰負責，就沒有提及。《左傳》書中有三處提到「盟府」﹝註28﹞，應爲收藏盟書之所，可能最初的盟誓正本就放置於此。不過盟府的記載似乎是一種早期制度的傳說，可能春秋之時已不存在，所以也未見於《周禮》制度中。訂盟時，寫好的盟書往往要在儀式上宣讀，然後掘地爲坎埋之；在埋書之前，一般都會先殺牲取血而微飲之，稱爲「歃血」，並將餘血和盟書同埋。但也有

用「盟書」一詞來稱呼盟誓的文字憑證，如《禮記・曲禮下》：「蒞牲曰盟」鄭玄注：「蒞，臨也。坎用牲，臨而讀其盟書。」（頁 92）又如《左傳・僖公二十五年》：「坎血加書」杜預注曰：「掘地爲坎，以埋盟之餘血，加盟書其上。」（頁 263）

﹝註28﹞《左傳》中出現「盟府」的三處記載：一是在僖公五年（頁 208），二是僖公二十六年（頁 265），三爲襄公十一年（頁 547）。

不殺牲、不掘坎而沉盟書於河的。〔註29〕

　　根據《左傳》盟字記載的次數統計，中國歷史上盟誓制度的盛行時期應在春秋時代。但大約到了春秋晚期，尤其是魯昭公、定公之間，諸侯盟誓的平均次數有較大幅度的下降。由魯成公時期平均每年盟 3.17 次、襄公時代 3.19 次、昭公時 2.72 次，到定公時期的 1.67 次、哀公時的 1.63 次，顯示盟誓的衰微發生在魯昭公、魯定公這段時間。直到戰國，整部《戰國策》235 年記事中，紀錄盟字的文字，只零散見到十五次，平均每年只有 0.06 次〔註30〕，比起春秋時代的盟誓活動，真是微乎其微。盟誓活動迅速衰微的原因，當與大家立盟而不守盟，任意背棄盟約有關。以致於造成時人對盟誓的厭倦和失望，不再信任誓盟的力量，並隨之放棄舉行盟誓的相關儀式了。

二、盟誓遺址的發現

　　1965 年，在山西省侯馬晉都新田故址的東南郊、西距牛村古城約 3.3 公里處發掘了一片盟誓遺址。在東西長約 70 公尺、南北寬約 55 公尺的範圍內，共發現了長方形豎坑四百零一個，進行發掘的有三百二十六個。整個盟誓遺址可劃分為東、西兩區，其中出土盟書的四十個豎坑都在甲區出現，所以甲區又稱為「埋書區」；乙區坑位較分散，面積較大，不見盟書，但發現有三個坑出土卜筮文字，故此區又稱為「祭祀區」。

　　出土盟書的豎坑集中分佈於遺址西北部，比較密集，絕大多數方向正北，少數有偏東或偏西 5～10 度左右（圖 8-2）。大多數的坑形是北寬南窄，坑壁垂直，口與底相差甚微，四壁和底部均較平整，但深淺不一，坑口大小也有差異。豎坑之間還有互相疊壓打破的現象。豎坑的塡土為褐色花土，均未經夯打，有的底部還鑿出壁龕（發掘的三百二十六個豎坑中，一百六十四個有壁龕，一百六十二個沒有），壁龕內會放置製作精美的玉器。如盟書坑所發現的九件玉器中，就有八件是置於壁龕內的。

〔註29〕宣讀盟書及不殺牲之例，如《穀梁傳・僖公九年》：「葵丘之會，陳牲而不殺，讀書加于牲上。」（頁 80）掘地為坎之例，見《左傳・僖公二十五年》：「宵，坎血加書。」（頁 263）歃血之例，如《左傳・隱公七年》：「及鄭伯盟，歃如忘。」（頁 72）載書於河之例，如《左傳・定公十三年》：「『君命大臣，始禍者死，載書在河。』」（頁 982）

〔註30〕此數字據曾志雄：《侯馬盟書研究》所統計，頁 11～12。不過《左傳》與《戰國策》二書性質本不甚相同，故而影響二書對於盟誓活動的重視程度與記載次數。

圖 8-2：侯馬盟誓遺址坑分佈圖局部

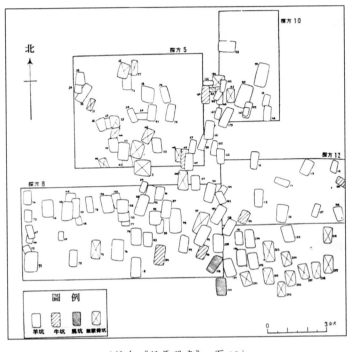

（採自《侯馬盟書》，頁 13）

　　盟誓遺址豎坑內多有埋牲，一般是每坑埋牲體一具，埋葬姿勢或俯、或仰、或側，無一定規律，部份似活埋。不過也存在部分無牲坑。埋牲有牛、馬、羊三種，數量不等。與盟書坑伴出的犧牲，主要是羊（三十個），其次爲牛（三個），馬僅見於一九八號坑。另外有六個是只出盟書，未見犧牲。

　　盟誓遺址出土的遺物包括大量的玉石器及少量的骨器、陶器等。玉石器據其用途的不同，可分爲有字的載書類和無字的祭祀類。載書類的玉石器中，石質的大多爲泥質板岩，呈灰黑色、墨綠色和赭色，數量約佔盟書的三分之二；形體尚規整，以圭形爲主，最大的長 32 公分，寬 3.8 公分，厚 0.9 公分；小型的一般長約 18 公分，寬不足 2 公分，厚僅 0.6 公分；還有一些薄如紙片。玉質則有透閃岩、矽卡岩等，形狀有圭形、璜形、圓形和不規則形等；尺寸與石質的小型圭基本相同；不規則形像是製作玉器的剩餘材料，呈塊狀或片狀，大小不超過拳掌，比較集中的出現在坑 16、坑 200 內。

三、盟書的內容與性質

　　侯馬盟書遺址發現了書寫文字的玉石器共五千餘件，皆以毛筆書寫，字

跡多爲朱紅色，少數是黑墨色（僅見於坑 105）。篇幅長短不一，少者數字，多者達二百二十餘字，一般是在三、五十字到百餘字之間。《侯馬盟書》經由臨摹發表了六百五十六件，並按照盟書內容的不同，將之分爲六類十二種：〔註31〕

（一）宗盟類

這一類盟辭強調要「事其宗」（奉事宗廟祭祀）和「守二宮」（守護宗廟），反映了主盟人趙孟爲加強趙氏宗族的內部團結而舉行盟誓的情況。這類盟辭又可分爲六種：宗盟類一只有一篇，追述「受命」，載有干支記日和月象，相當於舉行某次宗盟類盟誓的序篇。宗盟類二至宗盟類五，乃據其打擊對象的不同區分。宗盟類二被誅討的對象是趙尼一氏一家，宗盟類三被誅討的是逋欨、史醜二氏二家，宗盟類四被誅討者有趙尼、先痎、先德、逋欨、史醜四氏五家，宗盟類五的誅討對象除了四氏五家外，還有司寇嘗、司寇結。其餘少數因殘損、被誅討對象的氏家不明者，則歸爲宗盟類六。字跡可辨識的宗盟類盟書共五百一十四篇，分別出於三十七個坑位中。

（二）委質類

這是從敵對陣營中分化出來的人物所立的誓約。誓辭除了表明與舊營壘決裂，並將自己獻身給新的主君，即「自質于君所」。被誅討的對象除了五氏七家外，又增加四氏十四家（先鼇、先夻、先譻、先瘫、先迬、先木、先跀、趙朱、趙喬、郵政、閔舍、閔伐、邵城、郲詨；先氏中，新君弟陸和先痎之伯父、叔父、兄弟之族未計在內），已多至九氏二十一家，因此文字篇幅較長，最長者達二百二十餘字。字跡可辨識者共七十五篇，分別出於十八個坑位中。

（三）納室類

盟辭內容表明，參盟人發誓自己不「納室」（不擴大附庸單位），也要反對和聲討宗族兄弟們的「納室」行爲，否則甘受誅滅的制裁。字跡可辨者共五十八篇，集中出土於坑 67。

（四）詛咒類

由坑 105 出土的盟書中，發現十三件字跡黑色，大多殘損，無法辨識完

〔註31〕分類及內容參見《侯馬盟書》，頁 2～3。

整成篇的辭句。內容並非誓約，而是對犯罪行為加以詛咒和譴責，使其受神明處罰的詛咒辭。文字中有□無恤、韓子、中行寅等重要人名，以及「而卑（使）眾人（怨）」一句誓辭。

（五）卜筮類

這是盟誓中有關卜筮的一些記錄，不是正式的盟書。出土於坑 17、304 及 340，寫在圭形或璧形玉片上。

（六）其　他

除了上述五類之外，剩餘少數殘碎的盟書，內容特殊，但文字支離，無從瞭解各篇全貌。其中只有一件保存著「永不明于邯鄲」的完整句子。

以上六類盟書（圖 8-3），除了四、五類是用黑墨顏料書寫外，其餘皆用朱紅色書寫。書寫顏料的色澤不同，可能代表不同的含義，還待進一步考證。對於《侯馬盟書》的六大類分類方式，已有許多學者提出異議及修正意見〔註 32〕，這個工作和盟書的性質、內容有關，仍待將來對盟書有更深的理解之後，才可望有所突破。

圖 8-3：侯馬盟書摹本

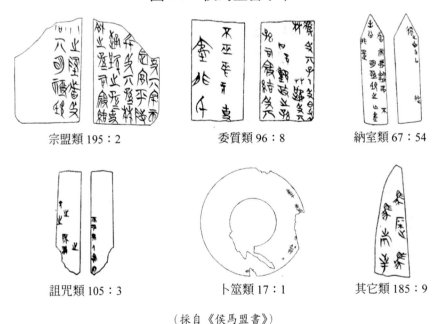

宗盟類 195：2　　委質類 96：8　　納室類 67：54

詛咒類 105：3　　卜筮類 17：1　　其它類 185：9

（採自《侯馬盟書》）

〔註32〕如黃盛璋、謝堯亭之文，見註12。

四、盟書的年代

侯馬盟書的歷史背景、主盟人、年代等問題的確認，一直都有學者在研究，不過至今還未能掌握全面論證，得到統一的結論。《侯馬盟書》主張：它反映的歷史事件是西元前 496 年「智伯從趙孟盟」後，趙鞅一系為索回衛貢五百家，對邯鄲趙氏，以及范氏、中行氏持續數年的討伐戰爭。同時又根據第二類盟書的曆日，將這次盟誓的具體時間考訂為西元前 495 年〔註33〕。此後，其他學者也對此一主題進行了深入的研究，截至目前為止，主要有下列三種看法：

其一，即《侯馬盟書》考訂的西元前 495 年前後。

其二，認為坑 105 以外的盟書年代略晚。以坑 16 的曆朔看，當為西元前470 年前後。趙簡子死於西元前 476 年，其後的家主是趙襄子毋恤。這些盟書應屬於趙氏家臣，辭中的主盟人趙嘉，據《世本》為襄子之子，即後來的趙桓子。盟誓中作為仇敵的趙弧等，當為逃居境外的趙午餘黨，所以趙氏家臣結盟，防止他們重返晉國。推測此時趙襄子居晉陽，故由趙桓子在新田主盟。〔註34〕

其三，認為盟書反映的是西元前 424 年，趙桓子嘉逐趙獻子浣而自立之事。盟書中的「嘉」是主盟人的名字，即趙桓子，而被誅討的趙尼應當是獻子趙浣。〔註35〕

上述三種意見都有一定的道理，但同時也都存在某些問題，無法得到最圓滿的解釋。有學者利用侯馬盟書與溫縣盟書中的關鍵字如「岺公大家」的「岺」字研究，以確定侯馬盟書的絕對年代，不失為十分有益的探索。〔註36〕

五、盟書文字的特徵

侯馬盟書的出土，是中國古文字研究探討西周過渡到春秋戰國演進歷程的珍貴資料。張頷先生歸納盟書文字的特點有四，包括：「邊旁隨意增損」、「部位游移，繁簡雜側」、「義不相干，濫為音假」、「隨意美化，信筆塗點」〔註37〕。

〔註33〕《侯馬盟書叢考・子趙孟考》，見《侯馬盟書》，頁 59～64。

〔註34〕李學勤：《東周與秦代文明》，台北：駱駝出版社，頁 48。

〔註35〕唐蘭、高明之說，見註12。

〔註36〕吳振武：〈釋侯馬盟書與溫縣盟書中的“岺公”〉一文，《九屆古文字學論文集》，1992 年 11 月發表。

〔註37〕張頷：〈侯馬盟書叢考續〉，《古文字研究》第一輯，北京：中華書局，1989年，頁 98～99。

整體而言，侯馬盟書最顯著的文字特色就是「一字多形」的現象。例如《侯馬盟書》字表所列的「者」字有二十八個，「亟」字有三十二個，「復」字有五十四個，「敢」字有九十二個，「腹」字有九十七個，連關鍵性的人名「嘉」字，竟然還多達一百一十四個，各字的形體都有不少變化。這個情形自然對盟書的斷代增加了難度。曾志雄先生在分析了盟書「一字多形」現象的十二個成因後〔註38〕，將盟書的文字特色更詳盡地歸納爲七大點：

（一）趨新汰舊

這是盟書文字最大的特色之一。主要表現在三方面：

1. 新舊偏旁和新舊字形的替代淘汰，如「廾」偏旁被淘汰，新字形「從」字取代舊字形「馳」。
2. 早期構形特徵的式微，特別是方位未定和部位游移這兩個特徵，在盟書文字結構中越來越不顯著。
3. 字形趨新走向的出現，尤其是一些字形變化較多的字，新興形式往往大量出現，如「腹」字、「嘉」字、「其」字等。

（二）文字繁衍

包括一字有多種寫法和一字分化爲幾字。盟書文字因爲形聲化、孳乳化的原因，產生了大量新字，也促使文字急遽分化。在淘汰、分化、孳乳的過

〔註38〕《侯馬盟書研究》，頁238～254。十二個成因包括：
  (1) 文字本身的新陳代謝現象：新舊偏旁形式的替代或並存、新舊不同的文字形式。
  (2) 早期文字未定性的遺留：方位未定（偏旁可正可反）、部位游移（構字成份可左右上下滑動）。
  (3) 增繁：文字的構成部分有所增加，如飾筆、無義偏旁的贅增、形聲化、孳乳字、重疊偏旁等。
  (4) 簡省：文字的構成部分有所簡略，如筆劃共用、偏旁共用、省聲、汰除偏旁、筆劃省略、偏旁省略、同形偏旁省略、偏旁借代、特殊簡省等。
  (5) 形旁通用：意義相近或構形相似的形旁之間有穩定的交換關係，如「心、言」通用（譽字）、「心、貝」通用（誓字）、「刀、刃」通用（召、則字）。
  (6) 聲旁通用：一個形聲字中，聲旁可有不同寫法。
  (7) 借用異字：本字不用，卻用一個字形、字源不相關的同音字。
  (8) 訛誤：短時間內所發生的形近錯誤。
  (9) 同化或異化：有意識或有條件的訛誤。
  (10) 構形調整：有意識或有條件的部位游移。
  (11) 外來影響：受他國或地區的寫法影響。
  (12) 特殊原因：如異讀現象、筆劃分解、筆劃連貫等。

程尚未定型以前，文字的使用於是出現多樣性，可能將古文隨意增損，或同音相借，造成當時文字混亂和不固定的特色。

（三）結構規律

盟書文字雖然看似字形多變，但並非毫無規律可言。盟書文字大致具備了簡潔整齊的外形特色，這其實是因爲盟書在結構張力、構形調整、增繁異化各方面，都維持嚴整分明、有條不紊的規律，否則我們將不易判別盟書中的偏旁贅增、偏旁省略、偏旁汰除等現象。

（四）偏旁概念

盟書文字的筆劃雖然尚未定型，但偏旁運作的意識則很清楚。盟書的偏旁概念表現在以下幾個方向：

1. 偏旁的新陳代謝和偏旁汰除。
2. 形旁的借代或通用、聲旁的互用。
3. 形聲化和孳乳字以增加偏旁爲主要手段。
4. 結構張力的「省聲」、構形調整的部位移動，都以偏旁爲運作單位。
5. 訛誤、同化或異化，經常出現在偏旁的層面上。

可見這時的偏旁概念是大於筆劃概念的，不過它還不完全具備明確的表義分工，而是停留在字形構造的意義層面，這也是侯馬盟書文字的一大特色。

（五）別嫌作用

由於盟書文字中早期構形特徵的隨意性式微，又有形聲化和文字孳乳的出現，所以文字間的分辨比以前越來越清楚，而盟書的別嫌作用也顯著起來。除了利用偏旁別嫌之外，表現在構形運作上，還有異化多於同化，以及採用嚴格方位、避免形似等消極方法。例如「之、止」有別，「又、寸」旁嚴分，以滿足辨別形似的要求。此外，一些抽象的多功能符號如「＝」，它擔負了表示合文、重文、簡省、裝飾、贅形等符號作用，在盟書中就儘量利用不同的標示位置以消除混淆。

（六）增繁凌駕於簡省

增繁和簡省都是中國古文字的普遍現象。自甲骨文起，古文字就出現增繁與簡省並存的局面。盟書文字不論是在筆劃、偏旁的增繁，或形聲字的增加數量，大體可以肯定增繁佔居優勢的發展趨向。

（七）地方色彩

盟書文字雖然沒有具備明顯地方色彩的字形出現，但有些字形與其他地域的文字形成對比，顯示地域差異的影響則不能否認。例如盟書的「心」字書作「ᄡ」，這個寫法具有燕國文字的色彩；春秋末期「於」字見於齊地，而盟書作「于」；「陕、愳」分別屬於秦、楚字形，和盟書中從「言」的「誋、誋」等晉國字形成對比；盟書中加「口」成孳乳字的「舍」（舍）字，在中山譽王器中卻是形聲化的「余」字，這也是地域的差異。可見在盟書中反映的文字地方色彩，最少可分爲燕、齊、楚、秦、中山、晉等地區。

侯馬盟書是一項豐富的古文字資料，除了可作爲古文字學史、文字學理論研究的直接證據外，還能提供歷史、制度、曆法、書法等課題研究的佐證，是近代考古發現上，極具價值的文化遺產。

第三節　三晉文字的特徵

三晉文字保存至今者，雖散見於甲骨〔註39〕、青銅器物、陶器、貨幣、玉石簡片等各類材料，但就目前能掌握的考古資料來看，有足夠出土數量及明顯區域性，可依據爲三晉文字判別標準的是青銅銘文、盟書文字、貨幣文字三大類。它們共同之處是寫成於西周時期的文字較少，絕大多數是春秋晚期至戰國期間的作品。並且因文化同源的緣故，使得趙、魏、韓三國的器物，有時差別較不明顯；在文字同體系、器形相似的背景下，往往難以截然判定確切的國別，只能待各國對比新材料的發現，才可能有更深入的分析。

一、青銅銘文

（一）造器風格與器銘內容的演變

青銅器上出現銘文，現有最早的例子是屬於商代中期之器，但此時發現的銘文，都只限於兩、三字。西周前期的銅器直接繼承商代的傳統，大多花紋繁麗，製作精美；銘文則逐漸加長，字形筆劃多有顯著的「波磔」，氣勢渾厚。到了西周中晚期，青銅器的紋飾漸趨簡樸，銘文更多長篇，內容以冊命

〔註39〕山西境內有兩次甲骨文出土記錄：一次是在 1954 年，見暢文齋、顧鐵符：〈山西洪趙縣坊堆村出土的卜骨〉，載於《文物參考資料》1956 年第七期；另一次在 1983 年，見〈洪洞縣新發現六片商周時期的甲骨〉，載於《山西日報》1983年 4 月 20 日。

性質較多；當時作器者多爲周朝的大臣官吏，屬於諸侯國的造器較少〔註40〕。西周覆亡以後，周王室東遷，朝廷勢力衰落，諸侯之器才逐漸增多，地方色彩漸強，這大概是西周晉器較少、東周晉器較多的主因。

　　春秋時期，各國青銅工藝有長足的發展，其中以晉、鄭、齊、楚等大國的器物較爲重要，尤其是晉國青銅器，在銘文字形演變和器形構思上都較先進。例如春秋中期的造器——欒書缶，不僅器形有繁縟富麗的裝飾，它的「錯金」銘文也顯示當時晉國崁錯紅銅或金銀的技巧已臻成熟。此時的器銘內容多以銘記功德爲主。

　　戰國前期基本上還是繼承春秋餘風，至戰國中期以後，禮制徹底崩壞，青銅器喪失「藏禮」的功能與意義，轉變爲日常實用之器。在大量製造的前提下，裝飾再趨於簡樸，崇尙素面的器物。銘文內容由長篇的銘功記德，演變爲「物勒工名」〔註41〕或者記容量等短文格式；字體亦多草率。西周時流行的鑄款也被刻款取代，以求便利快速。

（二）銅器文字特徵

　　就目前可見的晉器器銘而言，由西周發展至春秋晚期的整體書藝特徵有三項：一是用瘦筆多於肥筆、圓筆多於方筆，故筆劃有清勁瘦硬之感（圖8-4）。二是字體大多都高長，筆劃裝飾色彩漸趨濃厚（圖8-5）。三是風格由西周嚴謹古樸的筆風趨向流逸之美〔註42〕。字形特徵上，合文（如晉公盤的「小子」、「四酉」，嗣子壺的「司子」、「至于」）、重文符號（如長子鼺臣簠的「子＝孫＝」，邵鐘的「世＝子孫」）、反文（即字體反書，如「祖」字欒書缶作「际」）、繁文、一字多形等現象普遍存在，顯示晉國銘文還承襲不少甲骨文的書寫方式。〔註43〕

　　值得留意的是，在晉國文字形體逐漸變長的發展中，開始出現一種形似蝌蚪、筆劃上頭尖腹肥、「豐中銳末」的特殊字體（如吉日劍、智君子鑑），它們可能就是漢晉人所謂的「科斗文」。這種流行於北方晉國，乃至於傳到齊、魯各國的蝌蚪文，與當時南方吳、越、楚等國流行的「鳥書」（圖8-6），同爲春秋時期最具地方色彩的字體。可證，在戰國以前，晉銘就已開始發展出區域性的文字特色了。

〔註40〕李學勤：《古文字初階》，北京：中華書局，1985年，頁33～38。
〔註41〕「物勒工名」，指器銘只載製器的工匠和督造的官吏之名。
〔註42〕蔡鴻江：《晉國文獻及銘文研究》，頁527。
〔註43〕同前註，頁527～531。

圖 8-4：晉侯斷簋銘

（採自《山西文物館藏珍品》，頁 129）

圖 8-6：（吳）王子于戈的鳥書銘文摹本

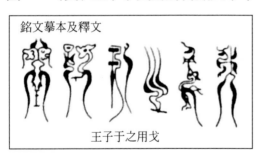

王子于之用戈

（採自《山西文物館藏珍品》，頁 131）

圖 8-5：吉日劍銘

（採自《晉國文獻及銘文研究》，頁 649）

戰國時期的三晉器銘，若分論之：

趙國兵器銘文的款式繁簡不一，簡式者較少，僅記地名及庫名，時代較早；繁式者較多，格式也較固定，正面一般是「某年守相（或相邦、相、令）某邦上（左、右）庫工師某、冶（冶尹）教齊（劑）」，背面往往還刻有「攻君」（工尹）之字，與燕器同。趙銘多為刻款，筆劃纖細，通體略具欹斜之勢，極易辨識。銘文中出現「王立事」的刻辭，是趙國特殊的紀年法，亦可為分國斷器的標誌。

魏國銅器多為記量銘文，品類繁多，且多有記年和地名，是戰國文字分域和斷代的絕好材料。魏銘中出現「視事」一詞，是魏器特有的職官名稱。

　　韓器記量銘文不多，其中「廚」字作「余、殊」等形是其特點；兵銘也同趙、魏一樣，早期較簡略，中晚期較繁複。「造」字作「齡」（告聲）、「齡」（曹聲）等形，「戟」字作「毀、羽」等形，銅矛銘文作「旅束」等，都是韓兵極其明顯的特點。〔註44〕

　　若綜觀之，戰國三晉文字可爲判別標準的特點有三：

1.字形結構上的規律

　　從偏旁歸納，可知從「貝」之字可省作從「目」，「信」字之「人」部偏旁可從「身」〔註45〕。這種字形結構上有規律性的簡省或異形，一般說來具有相當的普遍性及一致性，因此可爲戰國時期各國文字結構規律的依據。

2.簡省與增繁的現象

　　戰國文字發展的主要特色之一，就是各國不依六書規律，往往自行省併增簡筆劃，造成文字異形、不相統一的混亂局面。三晉銅銘除了常見的單字內部筆劃自行省併或增繁之外，「合文」是較具特色的例子。由於三晉合文字較多，而且大多不同於他國，因而是分國考察的良好根據。但合文省併規律不易掌握，有的是直接併兩字爲一字，筆劃不簡；有的則是省去兩字共有的筆劃，或者一筆，或者半個字形〔註46〕。規律不一，因此合文字也較難辨認。

3.奇字的創造

　　一字多形是春秋以來晉系文字的共同特色，有些異形字是簡省或增繁筆劃的結果，經詳細比對，還可找出新字形與本字之間增減的規律或軌跡。但也有部分利用同音假借而新造的奇字，至今未能確認或找到構造上的規則，例如「朱」與「廚」同音而較簡，故以簡代繁，而有魏器的「庥」字與韓器的「脒」字出現。還有一種會意造字，如「半」字書作「伞」，即分斗會意；

〔註44〕《戰國文字通論》，頁107～121。
〔註45〕以《戰國三晉銅器研究》選錄銅器爲例，如長陵盉（010）「府」字書爲「眉」，從「貝」，而安邑下官鍾（140）、梁府稱幣權（150）及中府杖首（190）的「府」字作「眉」，從「目」。信安君鼎（141）、長信侯鼎蓋（143）、梁上官鼎（144）之「信」字皆作「誇」，「人」部從「身」。
〔註46〕《戰國三晉銅器研究》中，例如：私官鼎（181）、中私官鼎（182）的「私官」，司馬成公權（071）的「司馬」，四分鼎（184）的「四分」，都是筆劃不省的合文；「工師」系列的合文書作「禾」（028、031、032、033、034……），省去一筆；「旦」（080、085、098、110、132）爲「尋工」之合文，省去「尋」字的下半「寸」，與「工」字合寫。

「冶」字用「刀、火、口」等組合，表示以火冶鍛兵器。這兩個字的內部構造還有變化，而且韓、趙、魏三國寫法也不盡統一，但卻可代表三晉文字的特點。〔註47〕

二、盟書文字

盟書文字的特徵已在第二節內文中詳盡介紹，最重要的特色就是一字多形、通假字多；同時，盟書中也可見許多專有名詞的合文，如子孫、大夫、邯鄲等詞，顯示和戰國以後的三晉銅銘發展路線一致，清楚地說明了趙、魏、韓三國的文字體系，是承繼春秋晚期晉國盟書文字演進的餘緒而發展的。

三、貨幣文字

三晉貨幣及貨幣文字的大量出現是在春秋晚期以後，至戰國時期，趙、魏、韓三國各有流行的貨幣款式，而貨幣上鑄刻的面文，內容則都以鑄幣地點或幣值重量為主，我們只要掌握鑄幣地名所在，即可判斷國別。

趙國流通的貨幣有布幣、刀幣和圜錢，其中較特別的是一種以銖、兩為重量單位的三孔布幣（圖 8-7），顯示戰國時代採用銖兩制的不只秦國。魏國貨幣主要流行布幣，戰國晚期也流行過圜錢；魏幣面文在地名後往往綴以「釿」、「孚」等記重單位（圖 8-8），是判別魏幣的特點。韓國貨幣也以布幣為主，面文多為地名，少數有記重單位「釿」，可能是受到魏國的影響；另有一種「𨱗」、「𨫒」（涅）〔註48〕之文的貨幣（圖 8-9），則為韓幣特有的術語。〔註49〕

貨幣文字和甲骨文、金文、盟書文字迥然不同。因為甲骨、金文、盟書等均出於文史官吏之手，文字較為嚴整端正，而貨幣文字則是當時略通文墨之人所寫，因此擺脫正統書法的書寫習慣，自成體系。由於三晉貨幣是各地城邑所鑄，當時鑄幣多用陶範，一範一錢，邊製邊鑄，形成同一地方、同一種貨幣，所寫面文卻無一相同的書法，因此文字的多樣性、隨意性，便成為貨幣文字的特色之一。在書體風格上，有的顯得拘謹，有的卻很粗壯豪放，不受束縛；字形結構上，視幣面大小，筆劃可隨意移動位置，有簡有

〔註47〕黃盛璋：〈三晉銅器的國別、年代與相關制度問題〉，《古文字研究》第十七輯（北京：中華書局，1989 年）。

〔註48〕「涅」字舊釋為「涅」，非是。其字音義與「盈」、「贏」同，應是貨幣流通的吉語。參見《戰國文字通論》，頁 109、176 之註 72。

〔註49〕主要參見《戰國文字通論》第三章。

圖 8-7：趙三孔布　　　　　　　圖 8-8：魏釿字布

（採自《三晉貨幣》，頁 135 右上、右下）　　　（採自《三晉貨幣》，頁 136 左上、左下）

圖 8-9：韓涅字布

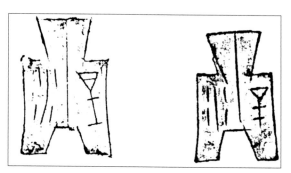

（採自《三晉貨幣》，頁 96 上右 1、頁 97 中左 1）

繁，有正書，也有反書、倒書等現象，同一字的寫法多樣，甚至還有象形文字。〔註50〕

　　自春秋晚期以來，三晉地域因文字形體的變化而形成現代古文字學家所謂的「晉系文字」。雖然同樣淵源於甲骨、金文的文字系統，但相較之下，晉系文字確實與其他地域的文字系統有別。在文字風格上，「晉之勁利」與「齊之凝重，燕之峻整，楚之華麗，秦之剛健」〔註51〕，各自呈現不同風貌。在書寫材料的表現形式上互見差異，如晉、秦兵器銘文採「物勒工名」（一般為三級監造制），而齊、楚兵銘則多「物勒主名」；三晉地區流行布幣，多鑄地名或幣值，齊、燕流行刀幣，楚地流行爰金，秦用圓錢；晉地出現大量玉石盟書，楚、秦有豐富的簡牘材料，是目前可供判別不同文字系統的可靠資料。在文字形體結構和聲音通假方面，變化尤劇，因為各地域文字的簡化、繁化、異化或同化方式不斷發展變化的結果，「文字異形，言語異聲」是不可避免的過渡現象。文字學者根據已出土的三晉文字材料歸納出許多「晉系文字」的特殊字形，為中國古文字演變之跡提供嶄新而可靠的寶貴線索。

〔註50〕如方足馬雕布的「馬」字與方足鄔布的「鳥」字，見《三晉貨幣》，頁180。
〔註51〕此為何琳儀：《戰國文字通論》形容語，頁170。

第九章　學術思想與文學成就

　　學術思想與文學創作是各種文化內涵的精華所在，它們和宗教、道德等內容共同架構出不同文化之文化精神的最高層次，最能體現當地文化深刻而憾動人心的文化面貌，因此本論文將這兩個議題同置於最後一章討論。由於三晉文化的學術思想以法家思想為主體，兼之其資料繁多，影響尤巨，故本章第一節即論述「法家思想文化」，以三晉法家人物及思想學說為主軸，旁涉法家學術淵源、法家思想產生之因，及三晉產生法家思想緣由等議題。另一方面，就客觀的史實而言，除了法家，三晉文化區域也是戰國名家、縱橫家人才輩出，活動最頻繁的交集地區，故而對這兩家的思想文化同樣不可輕忽，本章第二節即合併討論「名家與縱橫家」，除了說明三晉名家、縱橫家人物與學說的發展概況外，並須留意兩派人物在政治表現上交錯參雜的法家傾向。此外，非三晉主流學派如儒家、兵家等，在三晉亦有可觀人物產生，其影響不可遺漏，第三節即論述「儒家及其他學派」，針對三晉思想文化中非主流學派的代表人物及其學說補充闡述。最後，本章第四節即就三晉之地或三晉人士的文學作品剖析其成就，除了詩歌、辭賦之外，不少思想家的散文之作也具有時代性的文藝價值可供留意，透過這些文學家、思想家作品雋永的語言、深刻的情志或文藝理念，可進一步體會三晉文化中樸實、深思的文化精神，並且感受其文化生命力所呈現的旺盛創造力。

第一節　法家思想文化

　　在一定的政治、社會、經濟條件發展的影響下，會應運而生出特定的觀念形態，此即「思想文化」。思想文化的最大體現，主要在於不同的思想學說

體系所組成的不同學術流派。先秦時代，尤其是社會產生重大變革的春秋戰國時代，學術界一時呈現「百家爭鳴」的空前盛況，學派蜂起，議論紛紜，相繼而興的眾多學派統稱爲「諸子百家」，其思想學說，蔚爲大觀。當時各大學術流派，除了立論互異，往往又相對集中於各類不同的地區或國域，其學說思想可以明言帶有濃厚的地域色彩，從而形成了不同類型的地域思想文化。任繼愈先生說：〔註1〕

> 中華民族文化的特點，在於它不固守成規，善於吸收、融合不同文化，創造自己的新文化。以秦漢以前的文化爲例，在中國黃河、長江流域的文化大致可分爲四個文化類型區：
>
> (1) 齊魯文化：以孔、孟儒家爲代表，由儒家分化出墨家。
>
> (2) 荊楚文化：其向長江上游延伸，產生巴蜀文化；向長江下游延伸，產生吳越文化。荊、楚文化，以老、莊道家爲代表。
>
> (3) 三晉文化：以黃河中游爲中心，因地處中原多戰之地，以法家爲代表，產生諸多軍事、外交、法家人才。三晉文化向黃河上游延伸，爲秦文化。
>
> (4) 燕齊文化：以山東半島爲中心，沿渤海向北延伸可到山海關、碣石山。它以稷下學宮爲中心，管子、晏子、列子及陰陽家、五行家及漢初黃老學派均屬燕齊文化體系。

如任先生所述，春秋戰國時期出現的各大學派如儒家、墨家、道家、法家、陰陽五行家等所謂先秦諸子，以及他們的學說構成的思想文化，按地區或國域大略可歸屬爲魯國的儒、墨思想，楚國的道家思想，三晉的法家思想，燕、齊的陰陽五行思想。其中，三晉文化「以法家爲代表」，或者「法家主要源于三晉」的觀點〔註2〕，現在已獲得多數學者的認同，換言之，我們可以說，三晉思想文化的重要特色之一，即是以法家思想爲其主體。

一、三晉法家人物與學說

以下所述法家代表人物，包括出生、主要活動於三晉地域，以及其學說思想源自於三晉法家者。若依時間先後爲序，則有戰國初期的李悝、吳起，戰國中期的商鞅、申不害、尸佼、慎到，及戰國晚期的韓非；若據學術思想

〔註1〕 王志民：《齊文化概論‧序》，山東人民出版社，1993年，頁2。
〔註2〕 侯外廬：《中國思想史綱》上冊，中國青年出版社，1980年，頁59。

內容的流派區分，可別之爲重「法」派的李悝、商鞅，重「術」派的申不害，重「勢」派的愼到，以及主張以法爲本，法、術、勢結合，集法家思想大成者的韓非。本單元按照時代順序，逐一說明各人生平經歷與重要的思想學說。

（一）李　悝

1. 生平及著作

李悝（約西元前 455～395 年），魏國人，子夏的學生，是戰國法家學派的創始人，和李克可能是同一人（悝、克一聲之轉）。他原是田子方和段干木的家臣，後由翟璜推薦給魏文侯治中山和上地，曾和秦人打過仗。後來魏文侯任之爲相，並拜爲師，主持富國強兵的變法，使魏國成爲戰國初期最強盛的國家〔註3〕。《漢書·藝文志》「儒家」類著錄作品有《李克》七篇，「法家」類則有《李子》三十二篇，今皆不存，唯《漢書·食貨志》中存其「盡地力之教」的資料，爲提供其思想研究的重要依據。

2. 思想學說

李悝爲魏文侯主持變法，其改革政策中呈現法家思想的重要表現有三方面：

（1）造《法經》及法治理論的奠基

作爲戰國法家學派的創始人，李悝不僅在於他主持當時最早的一場變法運動，進行了法治思想的實踐，更由於他還把各國法治理論的成果，經過搜集整理，編撰成中國古代第一部比較完整、有系統的法典──《法經》，從而奠定了戰國法家學派「以法治國」的法治精神和理論基礎，並成爲秦律的淵源及後代法典的藍本。《法經》雖已失佚，但《晉書·刑法志》中尚保留李悝編撰《法經》的立法宗旨和內容結構可供窺測，它在中國法律史上的開創性地位和影響，具有深長而重大的意義。

〔註3〕 以上李悝生平事蹟，見以下記載：《韓非子·難二》：「李克治中山。」（頁835）「李悝爲魏文侯上地之守」（頁552）、「李悝與秦人戰」（頁667），《韓非子·外儲說左下》：「翟黃曰：『臣薦李克而中山治。』」（頁670）《漢書·藝文志》：「（儒家類）李克七篇。（注云）子夏弟子爲魏文侯相。」（頁434）「（法家類）李子三十二篇，（注云）名悝，相魏文侯，富國強兵。」《淮南子·泰族篇》：「田子方和段干木輕爵祿而重其身，不以欲傷生，不以利累形。李克竭股肱之力，領理百官，輯穆萬民，使其君無廢事，死無遺愛，此異行歸於善。」（頁12）《史記·魏世家》：也有翟璜自言推薦李克之事（頁1840）。

（2）改變選才任官的標準

李悝治國之道的重要改革內容之一是革除宗法世卿世祿制，推行量才選官，論功定位的爲國之道。凡國家延攬人才、選拔官吏，是任賢使能、任公不任私、任法不任親，且賞罰分明。《說苑·政理》記載魏文侯和李悝就治理國家論題曾經展開的一段對話：

> 魏文侯問李克曰：「爲國如何？」對曰：「臣聞爲國之道，食有勞而祿有功，使有能而賞必行，罰必當。」文侯曰：「吾賞罰皆當而民不與，何也？」對曰：「國其有淫民乎！臣聞之曰：『奪淫民之祿，以來四方之士。』其父有功而不祿，其子無功而食之，出則乘車馬，衣美裘，以爲榮華；入則修竽琴鐘石之聲，而安其子女之樂，以亂鄉曲之教。如此者，奪其祿，以來四方之士，此之爲奪淫民也。」
>
> （卷七，頁 11）

李悝的理念，以爲國家選拔官吏要按其功勞大小封以爵位，給以俸祿，按其才能高下分派職位，進行賞罰；爲此，必須廢除貴族階級舊有的世卿世祿制，廢除那些「其父有功而祿，其子無功而食之」的「淫民」所享的世襲特權，以招來天下四方有才之士充實國家政權機構，發揮作用。魏文侯正是遵循這樣的理念，大批起用有才幹的非貴族人士，包括任用李悝爲相、翟璜爲上卿、吳起爲西河守、西門豹爲鄴令、北門可爲酸棗令、樂羊爲大將、屈侯鮒爲太子傅等等〔註4〕，可說是開布衣將相之局的先驅者。魏國也依恃這批「布衣將相」實行的變法革新，國力迅速富強，變成戰國最早稱霸諸侯的一流強國。因此這項改革很快爲其他各國所效法，成爲當時變法運動中普遍推行的改革原則。

（3）經濟政策的創行

李悝在經濟領域方面的貢獻，主要包括「盡地力」和「善平糴」的農業改革政策，爲魏國建立鞏固的經濟基礎，收到富強的功效，故後來的法家因此多遵行重農政策。所謂「盡地力」，又稱「盡地力之教」，是增加農業生產的政策。《漢書·食貨志上》載：「是時，李悝爲魏文侯盡地力之教，以爲地方百里，提封九萬頃，除山澤邑居參分去一，爲田六百萬晦；治田勤謹則晦益三升，不勤則損亦如之。地方百里之增減，輒爲粟百八十萬石矣。」（頁 387）意思是百里範圍內，九萬頃土地，除去山川、村落佔的三分之一，還有六百

〔註 4〕見《史記·魏世家》（頁 1839）、《說苑·臣術》（頁 11）。

萬畝耕地。農民如果「治田勤謹」，精耕細作，自可增加產量，反之則減產；一增一減，相差有一百八十萬石。這直接影響農民生活和國家田賦收入，因此必須大力提倡「盡地力之教」，實行生產技術革新，充份發揮土地的潛力，增加單位產量，以提高魏國的經濟實力。李悝「盡地力之教」的具體措施，據《通典・食貨二・水利田》指出有三項：一是「必雜五種，以備災害。」即是提倡雜種間作，以防止單一農作遭遇災害的嚴重缺糧；二是「力耕數耘，收穫如寇盜之至。」就是作物生長季節要勤於耕耘，收穫季節要趕緊收穫，避免不期而至的災害侵襲；三是「還（環）廬樹桑，菜茹有畦，瓜瓠果蓏，殖於疆場。」〔註5〕充份利用屋宅周圍、田埂之中的閒散土地種植其他作物，盡量擴大種植面積，增加收穫。

　　所謂「善平糴」是調劑農業分配的政策，運用「平糴」手段，可以平衡、穩定糧食價格，安定民生。李悝考慮到：「糴甚貴傷民，甚賤傷農；民傷則離散，農傷則國貧，故甚貴與甚賤，其傷一也。善為國者，使民毋傷而農益勤。」（《漢書・食貨志上》，頁387）如果糧價太貴，市民負擔不起，就會離散；糧價太賤，農民入不敷出，國家就會貧困。不論「甚貴」或「甚賤」，都不利於社會的穩定和國家發展，故而他制定出「平糴」之法：「是故善平糴者，必謹觀歲有上、中、下孰（熟）。上孰其收自四，餘四百石；中孰自三，餘三百石；下孰自倍，餘百石。小饑則收百石，中饑則收百石，大饑三十石。故大孰上糴三而合一，中孰則糴二，下孰則糴一，使民適足，賈平則止。小饑則發小孰之所斂，中饑則發中孰之所斂，大饑則發大孰之所斂而糴之。故雖遇饑饉水旱，糴不貴而民不散，取有餘以補不足也。行之魏國，國以富強。」（《漢書・食貨志上》，頁387）平糴法把豐年和荒年都分作上、中、下三個等級，遇到豐年由政府按等級購進一定數量的餘糧庫存，遇荒年時再由政府按等級售出一定數量的庫存餘糧，「取有餘以補不足」，同時可遏止商人投機哄抬糧價，避免造成社會經濟的不安。這套經濟措施就今日的經濟學觀點而論雖然簡陋，卻已是一種有意識的經濟行為，可以減低自然因素對人類經濟行為的影響，同時能將經濟政策的措施和生產情況密切配合，已是一種科學的經濟政策〔註6〕，就當時的經濟科學水平而論，這是相當先進的思想及了不起的成

〔註5〕唐・杜佑：《通典》，台北：新興書局，1959年初版，頁16。
〔註6〕見王曉波《先秦法家思想史論》，台北：聯經出版公司，1991年，頁100～101。

就。故而一經推行，平糴法就對魏國國家實力產生重要作用，並且其「使民毋傷而農益勤」的經濟思想，對後代的影響也同樣深遠。

（二）吳　起

1. 生平與著作

吳起（約西元前 440～381 年），衛國左氏人。曾學於子夏與曾參。先事魯君，殺妻以求將（因其妻爲齊女見疑），大敗齊軍。後離魯赴魏，因李克之言：「起貪而好色，然用兵司馬穰苴不能過也。」（《史記‧孫子吳起列傳》，頁 2166）故將魏兵攻秦，屢有征戰，後魏文侯任爲西河太守。文侯死後，又受讒去魏，前往楚國，楚悼王任爲楚相，實行變法，因主張「廢公族疏遠」，和楚公族發生衝突。變法只有短短的一年〔註7〕，悼王一死，馬上被楚公族所殺。〔註8〕

《漢書‧藝文志》列《吳起》四十八篇於「兵家類」，吳起在魯、魏均以兵家著名，但其變法思想實根源於法家精神，兵家應只是法家對外戰爭的一個面貌而已，故吳起被視爲戰國初期法家兼及兵家的重要代表人物。班固所見的吳起著作，僅存六篇，且恐非吳起原著，要研討吳起的法家思想，僅能從《史記》列傳和各家凌亂敘述的材料中理出概略而已。

2. 學說思想

吳起的政治思想、施政措施顯露的法家思想表現在兩方面：

（1）「信賞必罰」的法

法家推行法治的手段之一，就是嚴格遵守「信賞必罰」的「法」。吳起治民、強兵的措施，首先就是建立賞罰之信，才能驅民爲兵，使得「兵」、「法」結合的軍國主義得到進一步發展。吳起「信賞」之例，《韓非子‧內儲說上》記載他任魏國西河太守時，欲攻秦國小亭，還運用一點「術」來實踐其「信」。他先「倚一車轅於北門之外」，下達命令說：「有能徙此南門之外者，賜之上田上宅。」剛開始眾人不信，「人莫之徙也」，後經好事之徒徙之，吳起眞的「賜之如令」，然後再「置一石赤菽於東門之外」，因威信已立，「人爭徙之」，

〔註7〕 《韓非子‧和氏》曰：「悼王行之期年而薨矣。」據錢穆：《先秦諸子繫年》考證，以爲「蓋不出三四年也。」台北：東大圖書公司，1986 年出版，頁191。
〔註8〕 以上資料，主要參見《史記‧孫子吳起列傳》，其相關事蹟見載於《韓非子》亦多，如〈外儲說右上〉、〈和氏〉、〈難言〉諸篇。

故能下令：「明日且攻亭，有能先登者，任之國大夫，賜之上田上宅。」結果「人爭趨之，於是攻亭，一朝而拔之。」這是以「利」立「信」（頁551）。類似的例子還有《呂氏春秋·慎子》篇中一則〔註9〕。無論軍令或政令的執行，如果不能取信於民，賞罰不明，則法治號令必不可行，故「信賞必罰」為吳起富國強兵的法治思想中第一項實踐要點。

（2）抑制貴族、擴充軍權

吳起在魏國的事蹟，主要是表現出精通韜略、戰功顯赫的兵家面貌，但在他用兵謀略的片斷記載中，也呈現以法治兵的中心精神，透露法家法治思想的中心端倪。其後前往楚國變法，大行法治，進一步確立他為著名法家的崇高歷史地位。是故，吳起變法雖在楚國，但他平生主要活動地實為魏國，他的法家思想和兵家思想，都是在三晉大地孕育出來，屬於三晉法家思想文化的範疇。其變法改革思想，不得割棄於三晉法家文化之外。吳起在楚國主持變法的改革政策，據《史記·孫子吳起列傳》所載是：「明法審令，損不急之官，廢公族疏遠者，以撫養戰鬥之士。要在強兵，破馳說之言縱橫者。」（頁2168）即大力推行法治，精減浮冗官員，廢除公族特權，加強軍隊建設，破除蠱惑人心的縱橫家言論。《韓非子·和氏》曰：「昔者吳起教楚悼王以楚國之俗曰：『大臣太重，封君太眾。若此，則上偪主，而下虐民，此貧國弱兵之道也。不如使封君之子孫，三世而收爵祿，絕滅百吏之祿秩，損不急之枝官，以奉選練之士。』」（頁238～239）《呂氏春秋·貴卒》亦載：「吳起謂荊王曰：『荊所有餘者，地也；所不足者，民也。今君王以所不足益所有餘，臣不得而為也。』於是令貴人往實廣虛之地，皆甚苦之。」（頁1473）吳起看到了楚國政治上族大寵多、逼主、國貧的社會問題，因此採取某些抑制貴族、打擊特權的強烈手段，如把支脈疏遠的公族廢籍，收回三代以上封君子孫的爵祿，裁汰冗員，減少俸祿，強制性把貴族遷往地廣人稀的邊遠地區，即是變相地收回貴族土地。這些政策可以削弱貴族勢力，提高君權，解決楚國國貧兵弱的積弊，使楚國很快地強盛起來。所以吳起的變法時間雖然不長，但他的政

〔註9〕　《呂氏春秋·慎小》曰：「吳起治西河，欲諭其信於民，夜日置表於南門之外，令於邑中曰：『明日有人能僨南門之外表者，仕長大夫。』明天日晏矣，莫有僨表者。民相謂曰：『此必不信矣。』有一人曰：『試往僨表，不得賞而已，何傷？』往僨表來范吳起。起自見而出，仕之為長大夫。夜日又復立表，又令於邑中如前，邑人守門爭表，表加植，不得所賞。自是之後，民信吳起之賞罰，賞罰信乎民，何事不成，豈獨兵哉？」（頁1681）

績卻備受讚譽。秦國應侯說：「吳起事悼王，使私不害公，讒不蔽忠，言不取苟合，行不取苟容，行義不固毀譽，必有伯主強國，不辭禍凶。」（《戰國策·秦三·蔡澤見逐於趙》，頁 212）蔡澤也說：「吳起為楚悼罷無能，廢無用，損不急之官，塞私門之請，壹楚國之俗，南收楊越，北并陳、蔡，破橫散從，使馳說之士無所開其口。」（《戰國策·秦三·蔡澤見逐於趙》，頁 216）可以證實，吳起的法家思想在政治上的實踐，成果是輝煌卓越的。

（三）商　鞅

商鞅（約西元前 390～338 年），姓公孫，名鞅；原籍衛國，為衛國國君血源疏遠的支脈後代，故又稱衛鞅；後因秦孝公將商邑封之，「號為商君」，於是又稱商鞅〔註10〕。商鞅少好刑名之學，於魏惠王時至魏任魏相公孫痤的家臣。公孫痤知其賢，病中曾向魏惠王推薦：「痤之中庶子公孫鞅年雖少，有奇才，願王舉國而聽之。」（《史記·商君列傳》，頁 2227）可惜惠王未採納重用。及公孫痤死，鞅不得志，適逢秦孝公下「求賢令」，商鞅遂於秦孝公六年（西元前 361 年）由魏入秦，以「強秦之術」打動孝公，主持變法。掌秦政權十餘年，使秦國政治清明，「秦民大說，道不拾遺，山無盜賊，家給人足，民勇於公戰，怯於私鬥，鄉邑大治。」（《史記·商君列傳》，頁 2231）秦國國勢達到「兵革大強，諸侯畏懼。」（《戰國策·秦一·衛鞅亡魏入秦》，頁 75）的鼎盛狀況。商鞅所謂「強秦之術」，其實就是法家之術。他在秦國主持變法的內容，除了遵循一般法家「富國強兵」政策的宗旨外，就是集子產的「重刑」、李悝的「盡地力」、「奪淫民」和吳起的「撫養戰鬥之士」政策於一身，包括從根本上改革社會組織，重農抑商，抑制貴族、富豪，實行強兵；改革政治制度，實行大規模郡縣制度，廢井田，改稅法，統一度量衡等等〔註11〕，是戰國時期變法運動中規模最龐大而且最徹底的社會改革，嚴重剝奪了秦國舊有貴族的利益，因而招致宗室貴戚的怨恨，下場也和吳起一樣，在孝公死（西元前338 年）、太子即位不久，就被受過他刑罰的太子傅公子虔誣告謀反，而被車裂、滅家。

商鞅的變法運動雖在秦國施行，但他出生於衛，當時衛國已臣屬於魏，衛國文化受魏國文化影響至深。而且他在李悝、吳起等法家人物用事之後生

〔註10〕見《史記·商君列傳》。
〔註11〕詳見陳啓天：《中國法家概論》，台北：台灣中華書局，1985 年第四版，頁 54～55。

長，不免感受他們的影響，因而「少好刑名之學」。後來他又入魏仕魏，時間雖不長，但當時李悝的《法經》已經問世，在他離開魏國之時，便帶著這部經典進入秦國，將《法經》的「法」改爲「律」，經過局部修改補充，成爲秦國變法運動的指導範本之一。就這層意義而言，商鞅的法治理論和實踐也可歸屬於三晉法家文化的範疇，如同吳起把三晉法家文化南向移植傳播至楚一樣，商鞅則「把三晉法家文化西向移植到了秦國」〔註12〕，使三晉法家思想文化流傳更廣，影響更深。

（四）申不害

1.生平與著作

申不害（？～西元前 337 年），《史記‧老子韓非列傳》曰：「京人也，故鄭之賤臣。學術以干韓昭侯，昭侯用爲相，內修政教，外應諸侯，十五年。終申子之身，國治兵強，無侵韓者。」（頁 2146）《韓世家》亦言：「（韓昭侯）八年，申不害相韓，修術行道，國內以治，諸侯不來侵伐。」（頁 1869）申不害原來是鄭國京邑（今河南滎陽縣東南）人，曾任卑微的小官，但鄭國在韓哀侯二年（西元前 376 年）被滅，所以稱他爲「故鄭之賤臣」；鄭亡二十五年後，申不害任韓昭侯之相（西元前 351 年），共十五年〔註13〕，推行變法革新，直至終年，使韓「國治兵強」。

申不害相韓，大約與商鞅在仕秦實行變法的時代相當。但韓在七雄中最小，又與秦、趙逼近，故申不害的憑藉實不及商鞅。商鞅在秦變法，著重於用「法」，而申不害在韓治國，所重則爲用「術」。所謂用「術」、用「法」或用「勢」，不過都是法家爲封建君王設計的不同統治方法而已，三者實則三位一體，「此不可一無，皆帝王之具也。」（《韓非子‧定法》，頁 906）。申不害以「術」干韓昭侯，並不是說他完全以「術」治國，實際上他也講「法治」和「勢治」，不過整體而論是比較側重於「術治」。申不害的法家思想，原有《申子》的著作。據《史記‧老子韓非列傳》所載：「著書兩篇，號曰申子。」（頁 2146）劉向《別錄》言《申子》書：「今民間所有上下兩篇；中書六篇，皆合二篇，已備，過太史公所記也。」〔註14〕（唐）司馬貞注曰：「今人間有

〔註12〕 李元慶：《三晉古文化源流》，頁 379。

〔註13〕 據錢穆：《先秦諸子繫年‧申不害考》考證，申不害相韓總共應十九年，而非十五年。台北：東大圖書公司，1986 年，頁 237～240。

〔註14〕 宋‧裴駰：《史記集解》引，《新校本史記》，頁 848。

上下兩篇，又有中書六篇，其篇中之言，皆合上下二篇，是書已備，過於太史公所記也。」（《史記集解》，頁 2146）《漢書‧藝文志》著錄《申子》也有六篇，以及清人輯錄前人古書所引申子之言而成的《申子‧佚文》。〔註15〕

2. 學說思想

根據遺存《申子》書的片斷語句篇章，和《韓非子》所論申子評述，略窺申子思想內容，可分三項重點：

（1）名實思想

《史記‧老子韓非列傳》曰：「申子卑卑，施之於名實。」（頁 2156）劉向《別錄》云：「申子學號刑名。刑名者，以名責實，尊君卑臣，崇上抑下。」（《漢書‧元帝紀》顏師古注引，頁 312）《韓非子‧定法》也說：「今申不害言術，⋯⋯術者，因任而授官，循名而責實。」（頁 906）由此可知，申不害或戰國以來的《申子》書，其學說的立論根據乃是名實論。

何謂「名」？申不害曰：「名者，天地之綱，聖人之符。張天地之網，用聖人之符，別萬物之情，無所逃之矣。」〔註16〕名是「以一御萬」的總綱，是一個抽象的觀念，我們若善用這種觀念，就能認識所有具體事物，即「實」或「事」。申子以為「名」和「事」的關係具有一致性，故〈大體〉篇說：「示人有餘者，人奪之；示人不足者，人與之。剛者折，危者覆，動者搖，靜者安，名自正也，事自定也。是以有道者，自名而正之，隨事而定之也。」〔註17〕由於「名」和「事」（即「實」）自身具有一致性，我們就應該從「名」的立場來要求「事」，使「事」符合其「名」；從「事」的立場也應以「事」為依據來定「名」，才能「名」、「實」相符。

進一步分析，申子名實觀念和名實關係的確立，目的是為了實際運用到政治主張上。〈大體〉篇也說：「昔者堯之治天下也以名，其名正，則天下治。桀之治天下也亦以名，其名倚而天下亂。是以聖人貴名之正也。主處其大，臣處其細，以其名聽之，以其名視之，以其名命之。」〔註18〕其實正名主張是春秋末年孔子首先提出來的，他從維護周禮的立場出發，主張宗法等級制度之名份不可錯亂。而申不害的正名主張則旨在強化君權，他所謂的「名」，

〔註15〕如馬國翰：《玉函山房叢書》、嚴可均：《全上古三代秦漢三國六國文》皆見。
〔註16〕唐‧魏徵等編、呂效祖點校：《群書治要》卷三十五引《申子‧大體》篇，廈門：鷺江出版社，2004年，頁 589。以下見引，皆據此本。
〔註17〕同前註，頁 589。
〔註18〕同前註，頁 590。

不僅指政治名分，更具有職責分工的實際內涵。在他看來，治理國家千頭萬緒的政務，國君不必一一躬親，而是「主處其大，臣處其細」，只要運用名實論執掌大政，規定名分，確立職責，作出分工任命，由臣下具體操刀，再據名實考核賞罰，即可大治。所以說：「明君如身，臣如手；君若號，臣若響；君設其本，臣操其末；臣治其要，臣行其詳；君操其柄，臣事其常。為人君者，操契以責其名。」（《申子‧大體》，見《群書治要》頁 589）

　　申不害的名實主張是針對時弊提出。因為當時實際事務的知識掌握在實踐事務的臣下手中，而臣下為了各自的利益，對國君歪曲真象，甚至蒙蔽國君，故國君必須擺脫這種歪曲和蒙蔽，才能真正獲得對事物的知識。國君如能根據「操契責名」的名實理論，要求各級官吏做到名實相符，絕對安守其職，不越權、不失職，就可防止群臣弄權蒙主的弊端。換言之，名實理論是為了擴張君權，讓國君擁有絕對控制權而提出的政治主張。表面上來看，遵行名實理論似乎可使國家大小官吏的職責嚴密分明、易於控制；實際上這套流於機械刻板的規定帶來嚴重弊端，正如韓非所批評：「申子言治不踰官，雖知弗言。治不踰官，謂之守職也可。知而弗言，是謂過也。人主以一國目視，故視莫明焉；以一國耳聽，故聽莫聰焉。今知而弗言，則人主尚安假借矣？」（《韓非子‧定法》，頁 907），所有官吏「知而弗言」，國君等於失去「假借」，等於被孤立、架空，又如何能絕對控制臣下，維持君權呢？

　　（2）術的理論與實踐

　　從〈大體〉篇的內容來看，申不害之「術」幾乎都是站在人君的立場言「術」，使用的對象還是群臣，也就是一種君主密藏不宣、駕馭臣下的手段，所以韓非說：「術者，藏之於胸中，以偶眾端，而潛御群臣者也。」（《韓非子‧難三》，頁 868）申子所以強調國君必須用「術」來御群臣，是因為當時政權被大臣把持之故，嚴重的乃進而奪取政權，其次者搜取私利，終使國家地削國亡。若國君無「術」以對付這些臣下，那麼不是被臣下所篡奪，就是被外國所消滅。申不害說：「夫一婦擅夫，眾婦皆亂。一臣專君，群臣皆蔽。故妒妻不難破家也，亂臣不難破國也。是以明君使臣，並進輻湊，莫得專君。今人君之所以高其城郭，而謹門閭之閉者，為寇戎盜賊之至也。今夫殺君而取國者，非必踰城郭之險，而犯門閭之閉也。蔽君之明，塞君之聽，奪之政而專其令，有其民而取其國矣。」（《申子‧大體》，見《群書治要》頁 589）這是當時「臣弒其君」的具體描述，國君執「術」以御臣，就是在這樣的背景

中醞釀出來的。對國君而言，無能忠之臣，無專君之臣，惟有可恃之「術」才能全力維護其至高無上的君威。

「術」既是國君之所必需，又該如何用「術」呢？〈大體〉篇的比喻是：「故善爲主者，倚於愚，立於不盈，設於不敢，藏於無事，竊端匿疏，示天下無爲。……鏡設精無爲，而美惡自備；衡設平無爲，而輕重自得。凡因之道，身與公無事，無事而天下自極也。」（見《群書治要》頁 589～590）駕御臣下之術好比設在暗處的鏡子和衡器，君主要「藏於無事」、「竊端匿疏」、「示天下無爲」，完全不動聲色，卻可以洞察、鑒別、衡量臣下的一切，君主雖然「無爲」，而使臣下「無不爲」，也就是《老子》所說的「無爲而無不爲」。一方面，國君用「術」是國君運用其權力的方法，是國君獨有、不可與人分享、不可公諸於人的方法和手段；另一方面，國君用「術」強調不能對臣下顯露自己內心世界的任何動靜或好惡，任何意圖要深藏不露，虛虛實實，眞眞假假，使臣下無從揣測，又無所提防，否則一旦臣下窺伺出國君的喜怒、好惡，將利用國君成全個人私利，結果必然會削弱國君的絕對權威。如〈大體〉所言：「是以近者親之，遠者懷之。示人有餘者，人奪之；示人不足者，人與之。」（見《群書治要》頁 589）《韓非子‧外儲說右上》亦曰：「上明見，人備之；其不明見，人惑之。其知見，人惑之；不知見，人匿之。其無欲見，人司（伺）之；其有欲見，人餌之。故曰：吾無從知之，惟無爲可以規（窺）之。」（頁 728）因此，申不害所側重之「術」，事實就是一種國君「潛御群臣」的陰謀術，其用術之法在於表象的「無事」、「無爲」，目標是爲了達到政治統治上的最高境界「無爲而天下自極」，也就是「無爲而治」。

申不害用「術」，除了講人主對臣下的術外，還有一套運用在國際關係問題上的「外應諸侯」之術。韓昭侯五年（西元前 354 年），魏國包圍趙都邯鄲，「趙令人因申子於韓，請兵將以攻魏，申子欲言之君，而恐君之疑己外市也，不則恐惡於趙，乃令趙紹、韓沓嘗試君之動貌而後言之，內則知昭侯之意，外則有得趙之功。」（《韓非子‧內儲說上》，頁 558）《戰國策‧韓策一》也有類似記載，但對申子的用心解釋稍有異議〔註 19〕。申子在面對聯趙或聯

〔註19〕《戰國策‧韓策一》：「魏之圍之邯鄲也。申不害始合於韓王，然未知王之所欲也，恐言而未必中於王也。王問申子曰：『吾誰與而可？』對曰：『此安危之要，國家之大事也。臣請深惟而苦思之。』乃微請趙卓、韓诹曰：『子皆國之辯士也，夫爲人臣者，言可必用，盡忠而已矣。』二人各進議於王以事。申子微視王之所說以言於王，王大說之。」（頁 929）

魏的國際大事時，既不想得罪趙國，又希望能順昭侯意向行事，所以先用了「私術」窺視昭侯的心意，然後改變聯趙的初衷，迎合昭侯，做出聯魏的抉擇，並爲昭侯策劃「外應諸侯」之術。《戰國策・韓策三・謂鄭王》追述此事說：「昭釐侯，一世之明君也；申不害，一世之賢士也。韓與魏敵侔之國也，申不害與昭釐侯執珪而見梁君，非好卑而惡尊也，非慮過而議失也。申不害之計事，曰：『我執珪於魏，魏君必得志於韓，必外靡於天下矣，是魏弊也。諸侯惡魏必事韓，是我免（俯）於一人之下，而信於萬人之上也。夫弱魏之兵，而重韓之權，莫如朝魏。』昭釐侯聽而行之，明君也；申不害慮事而言之，忠臣也。」（頁 1010～1011）申不害在聯趙還是聯魏的「外應諸侯」決策上，不論是出於私心或忠心，是頗費了心機。就實際形勢而論，考慮韓國的生存和發展實況，聯魏比之聯趙應是弊小利大。聯魏的結果，韓表面上屈尊於魏，實則籠絡了諸侯，孤立、削弱了魏國，因此權衡之下，「莫如朝魏。」

（3）用法與用勢

申不害的政治學說雖然「重術」，但「用法」和「用勢」也是其「術」的運用手段之一。《申子・佚文》曰：「君必明法正義，若懸權衡以稱輕重，所以一群臣也。」訴諸歷史，又有「堯之治也，善明法察令而已。輕君任法，不任智；任教，不任說。黃帝之治天下，治法而不變，使民而安不安，樂其法也。」（《藝文類聚》卷五十四引，頁 1125）申子以爲「法」是治理國家的準則，如同權衡是衡量輕重的標準一樣，君主要「明法審令」、「置法而不變」，靠法度去治理國家，人民才有所依據而安樂。相傳申不害曾以「法」教韓昭侯。韓昭侯謂申子曰：「法度甚易行也。」申子曰：「法者，見功而與賞，因能而授官。今君設法度而聽左右之請，此所以難行也。」昭侯曰：「吾自今以來，知行法矣，寡人奚聽矣？」（《韓非子・外信者說左上》，頁 662）可見申不害的法治思想與李悝、商鞅的法治思想一脈相連，也是重要的一環。

不過申不害的法治理論在實際推行上也有弊端。韓非批評他說：「申不害，韓昭侯之佐也。韓者，晉之別國也。晉之故法未息，而韓之新法又生；先君之令未收，而後君之令又下。申不害不擅其法，不一其憲令，則姦多。故利在故法前令，則道之；利在新法後令，則道之。利在故新相反，前後相悖，則申不害雖十使昭侯用術，而姦臣猶有所譎其辭矣。」（《韓非子・定法》，頁 906～907）申不害主政，制定新法，而舊法依然可行，新舊法令不能統一，

自然引起行政上的紊亂，所以韓非才說他「不擅其法」。

《荀子·解蔽》曰：「申子蔽於倪（勢），而不知知。」（頁 262）顯然申不害的政治理念中也有用勢之法。「勢」是指君主至高無尚的勢位、權勢、威勢，是君主權威最直接的體現，也就是君主對臣下的絕對支配權。申子主張：「獨視者謂明，獨聽者謂聰。能獨斷者，故可以為天下主。」（《韓非子·外儲說右上》）君主個人言論和主張可以決定國家興亡，表現了專制獨裁、高度重勢的思想。不過《申子》之書亡佚不全，申不害進一步的「用勢」學說已無由得知。

（五）尸佼

尸佼（約西元前 390～330 年），《史記·孟子荀卿列傳》《集解》引劉向《別錄》說：「楚有尸子，疑謂其在蜀。今按《尸子書》，晉人也，名佼，秦相衛鞅客也。衛鞅商君謀事劃計，立法理民，未嘗不與佼規之也。商君被刑，佼恐并誅，乃亡逃入蜀。自為造此二十篇書，凡六萬餘言。卒，因葬蜀。」（頁 2349）。《漢書·藝文志》收錄於「雜家」，自注謂「魯人」，並以為乃鞅師。據《別錄》言，尸佼可能是魏國人，因魏仍沿晉稱而稱晉人〔註 20〕。為商鞅門下食客，或者商鞅也曾以他為師。商君在秦主持變法，諸多立法謀計出自其手，商鞅遇難後逃亡入蜀。其學術思想非難先王之法，不遵循孔子之術，主張「執一以靜，令名自正，令事自定，賞罰隨名，民莫不敬。」也是講求法治、正名、名實（事）相符的理念，所以錢穆先生說：「（尸子）亦治《春秋》，正名以治，為法家師，如吳起之流矣。」「今姑據同時學風以為推測，則尸子之學，固當與李悝、吳起、商鞅為一脈耳。」〔註 21〕其書今已散佚，唐《群書治要》中錄有《勸學》等十三篇，但可能已非僅是尸子所書。

（六）慎到

1.生平與著作

慎到（約西元前 305～275 年），趙國人，生卒年不詳。相傳齊宣王時曾到齊國的稷下學宮講學多年，被齊王「賜列第為上大夫，不治而議論。」（《史記·田齊世家》，頁 1895），齊湣王末年去齊（《鹽鐵論·論儒》，頁 21），或謂曾為楚襄王傅（《戰國策·楚策三》），或謂曾為韓大夫（《風俗通·姓氏》）

〔註20〕據錢穆：《先秦諸子繫年·尸佼考》：「晉已不國而魏沿晉稱。」（頁 272）
〔註21〕見《先秦諸子繫年》，頁 272～273。

〔註22〕。《莊子・天下篇》、《荀子・非十二子》、〈天論〉、〈解蔽〉、《韓非子・
難勢》，以及《呂氏春秋・愼勢》，都有評論愼到的思想。其思想本「學黃老
道德之術」，被公議為道法兼修的法家，特別重「勢」，對韓非的法家思想產
生重大影響。其學說著作，太史公說：「愼到著十二篇」（《史記・孟子荀卿列
傳》），《漢書・藝文志》法家類列《愼子》四十二篇。《史記集解》引徐廣注
云：「今《愼子》，劉向所定：有四十一篇。」（頁　2347）宋以後，《愼子》書
散佚殆盡，只剩節錄自《群書治要》的殘本（五篇）；至清嚴可均、錢熙祚重
加輯校，而有四錄堂本及守山閣本，今有守山閣本（七篇）傳世。陳啓天先
生考釋其書曰：

> 治要編纂於唐代，當時四十二篇的原書尚無缺佚，故可斷定五篇本
> 和七篇校本都是四十二篇原書的一部分節本。四十二篇既較「十二
> 論」增多了，不盡出於愼到之手，則節本亦未全是愼到的話。……
> 若就節本的內容來說，縱有他人的話雜入，也可看出愼到思想的一
> 部分，不能全認為偽書。要求愼到的全部思想，除根據七篇校本的
> 愼子書外（中華書局四部備要翻印守山閣本），自須參考先秦諸子涉
> 論到愼到的書籍，如莊子、荀子、韓非子、呂氏春秋了。〔註23〕

2. 學說思想

　　愼到學說思想的淵源，由於事蹟多不可考，故難以詳述。唯因他以齊稷
下先生聞名，稷下學風對他自然不無影響。不過愼到至稷下當是成年以後的
事，其為趙人，早年在趙，三晉學風對他必定也發生某種程度的影響。在三
晉學風的孕育和稷下各派學術的激盪下，愼到的思想因而呈現「刑名之學」
雜染道家的色彩。

（1）道的意義

　　《莊子・天下篇》中有一段描述愼子思想的話：

> 公而不當，易而無私，決然無主，趣物不兩。不顧於慮，不謀於知，
> 於物無擇，與之俱往，古之道術有在於是者。彭蒙、田駢、愼到聞
> 其風而悅之，齊萬物以為首，曰：「天能覆之而不能載之，地能載之
> 而不能覆之，大道能包之而不能辯之，知萬物皆有所可，有所不可，

〔註22〕見清・盧文弨：《群書拾補・子・風俗通逸文》，臺北：臺灣商務印書館，1967
　　　　年，頁 699。
〔註23〕陳啓天：《中國法家概論》，臺北：中華書局，1985 年四版，頁 226。

故曰選則不徧，教則不至，道則無遺者也。」……夫無知之物，無
建己之患，無用知之累，動靜不離於理，是以終身無譽。故曰至於
若無知之物而已，無用聖賢，夫塊不失道，豪傑相與笑之曰：「慎到
之道，非生人之行而至死人之理，適得怪焉。」所以，彭蒙、田駢、
慎到不知道。雖然，概乎皆嘗有聞者也。（卷十，頁 17～19）

由此段敘述可知，慎到的思想有「放任自然」、「齊萬物以爲首」的概念，即
是主張要摒除私欲和主觀的「慮」、「知」，順應客觀事物的「自然」；主張打
破人爲主觀對客觀事物相對差異的界限，以萬物齊一爲綱領。這樣的立論是
基於對道的認識。他以爲「天覆」、「地載」都只是道的表現形式之一，只有
「道」才能包容一切；因爲「道」，萬物「有所可，有所不可」的矛盾可以得
到統一；任何人爲主觀的事物，如「選」和「教」都違反自然的「道」，故不
能周全的。唯有「道」是無所不包、萬事無遺的。

　　慎到了解的「道」顯然是一種客觀的存在。在自然界，都有此客觀存
在，它的存在與變化是不會隨主觀的想望而稱心如意，若欲強之則爲枉然，
結果不過是「累心」、「累己」而已。故《慎子・逸文》曰：「古之全大體者，
望天地，觀江海，因山谷。日月所照，四時所行，雲布風動。不以智累心，
不以私累己。寄治亂於法術，話是非於賞罰，屬輕重於權衡。不逆天理，不
傷情性。不吹毛而求小疵，不洗垢而察難知。不引繩之外，不推繩之內。
不急法之外，不緩法之內。守成理，因自然。禍福生乎通法，而不出乎愛
惡。」〔註 24〕這些話的意思是說：在自然界，人必須遵從客觀事物的存在法
則，即合乎自然之「道」；在人事界，也有這種客觀的存在與法則，就是「法
術」、「賞罰」、「權衡」，我們當應遵循，此透露道、法思想融合的痕跡至爲明
顯。承認客觀事物的存在及其規律爲「道」，「道」不是主觀意志一廂情願所
能改變，是「道」的眞義。不過在《慎子・因循》中另有一段話說：「天道因
則大，化則細。因也者，因人之情也。人莫不自爲也，化而使之爲我，則莫
可得而用矣。……故用人之自爲，不用人之爲我，則莫可得而因矣，此之謂
因。」（頁 193）似乎在採取「不待思而施之」的「任自然」（《慎子・逸文》）
之法，抹煞人有掌握客觀事物發展規律能力的消極性看法外，慎子也有透過
主觀對「道」的認識和實踐，可由「因」天道而使「道」爲我所用的觀念，

〔註 24〕周・慎到：《慎子》，《景印文淵閣四庫全書》八四八冊，台北：臺灣商務印書
　　　　館，1983 年，頁 193。以下見引，皆據此本。

這種「因」其規律及主觀施爲以促使客觀事物朝主觀願望方向而變化實踐的積極面,和「不待思而施之」的「任自然」思想有所矛盾,究竟是愼子本人的思想,或爲其後學進一步的發展,則難察考。

(2)用勢思想

愼子在法家思想中異於申、商,又與申、商鼎足而立的所在,在於他重「勢」思想的提出。愼子觀察到自然事物與自然事物、人與外在事物、人與人之間,都存在著「勢」的關係。同理,做爲統治者的君與被統治者的臣民之間,也是由「勢」的關係聯繫,所以他說:「故賢而屈於不肖者,權輕也。不肖而服於賢者,位尊也。堯爲匹夫不能使其鄰家,至南面而王,則令行禁止。由此觀之,賢不足以服不肖,而勢位足以屈賢矣。」(《愼子·威德》,《群書治要》卷三十七引,頁 595)換言之,愼子所說的「勢」,主要是指權位之勢。國君治理國家必須憑藉於「勢」,其所示之「勢」,首要者爲其已有的權位,有權位才能「令行禁止」。並且,君權要重,因爲「君臣之間,猶權衡也。權左輕則右重,右重則左輕。輕重相榿,天地之理也。」(《太平御覽》卷八三〇引,頁 3833)如果君權輕、臣權重,是「君臣易位」,不合乘「勢」之道了。

除乘其權位之「勢」外,愼到在政治上所欲乘之「勢」還有三類:

第一,乘人情之勢。因爲「人莫不自爲也」,所以國君應該乘「人情」的「自爲」之「勢」,也就是「因人之情」,就可以「化而使之爲我」(《愼子·因循》,頁 193)。如何「因」之?其實就是誘之以利。乘利之「勢」,則「匠人成棺,不憎人死,利之所在,忘其醜也。」(頁 195,原引自《意林》卷二),由於利之「勢」,使得「家富則疏族(聚),家貧則兄弟離(非不相受,利不足相容也。)」(頁 195,原引自《意林》卷二)故愼子言:「受祿者不臣。祿不厚者,不與人難。人不得其自爲也,則上不取用焉。」(《愼子·因循》,頁 193)

第二,乘眾之勢。愼子深知「身不肖而令行者,得助於眾也。」(《韓非子·難勢》,頁 886)的道理,也就是說,國君權位的存在乃得於「眾」之「助」。「眾」有兩層意義,一是民眾之「眾」,一是眾臣之「眾」。國君要乘民眾之「勢」,是因爲「民之情」、「各有所能,所能者不同」,如果顧此失彼就不能「多下」,不能「多下」就會「不足」,故《愼子·民雜》云:「大君者,太上也,兼畜下者也。下之所能不固,而皆上之用也。是以大君因民之能爲資,盡包而畜之,無能去取焉。是故不說一方以求於人,故所求者無不足也。大

君不擇其下，故足。不擇其下，則易爲下矣。易爲下，則莫不容。莫不容，故多下，多下之謂太上。」（頁 194）至於乘眾臣之「勢」，乃是因爲國君一人之力有限，必須有許多人輔助才可治理國家。《愼子‧知忠》曰：「故廊廟之材，蓋非一木之枝也。狐白之裘，蓋非一狐之皮也。治亂安危，存之榮辱之施，非一人之力也。」又說：「亡國之君，非一人之罪也。治國之君，非一人之力也。」（《群書治要》卷三十七引，頁 598）國家治、亂的關鍵在於「眾」，眾亂則亂，眾治則治，人主要乘「眾」之「勢」，才可國治。

第三，乘法之勢。由於國君主觀能力有限，無法對所有事物做出正確判斷，如果任其主觀意志而行，易招臣下怨恨。所以愼子說：「君舍法而以心裁輕重，則同功殊賞，同罪殊罰矣。怨之由生也。」（《愼子‧君人》，頁 194）因此國君治國，還要懂得乘法之「勢」。「法」不但是一種現實存在於政治上的「勢」，也可作爲人事施爲的一項準則，如同權衡一般，是人人明白易曉、可供遵循的標準。如愼子所言「厝鈞石，使禹察錙銖之重，則不識也。懸於權衡，則毫髮之不可差，則不待禹之智，中人之知，莫不足以識之矣。」（《太平御覽》卷八三○引，頁 3833）愼子的基本思想在於強調主觀能力之不可爲，唯賴客觀之「勢」可「助」。而作爲政治事務「權衡」的「法」具有如此妙用，故乘「法」之「勢」也成爲其思想必然的趨向。〔註25〕

愼到的政治思想特別片面強調「勢」的決定性，這對後來的法家思想產生重大的影響。但其尚「勢」學說本諸「任自然」的思想而比較側重於「自然之勢」，忽略「人設之勢」，所以韓非批評愼到之「勢」曰：「夫勢者，名一而變無數者也。勢必於自然，則無爲言於勢矣。吾所爲言勢者，言人之所設也。」（《韓非子‧難勢》，頁 887～888）愼到強調「自然之勢」，即只見到表面既成的事實，故主張「任自然」、任「勢」，卻不能認識到透過人主觀能力所造就的「人設之勢」的力量，所以荀子說他「蔽於法而不知賢」（《荀子‧解蔽》，頁 262）。陶希聖先生說：

愼到的理想的君主乃是純粹沒有主觀意志的權力。此權力愼到叫做「勢」。這權力便是行法的。孟子以爲「徒善不足以爲政，徒法不能以自行。」（〈離婁篇〉）愼到卻以爲人並不能行法，行法者乃是權力。〔註26〕

〔註25〕其說見王曉波：《先秦法家思想史論》，頁 252～254。
〔註26〕陶希聖：《中國政治思想史》第一冊，食貨出版社，1972 年 4 月重印，頁 197。

所論甚是，切中其弊。

（3）法治思想

慎到的尚「勢」思想是其思想中特別凸出的一環，具有專制、集權的濃厚色彩。不過在他強調權勢重要的政治理念外，對於法治主張的強烈，並不遜於其他先秦法家。

慎子以爲法度的制定爲治理國家確立客觀標準，故曰：「法者，所以齊天下之動，至公大定之制也。故智者不得越法而肆謀，辯者不能越法而肆議，士不得背法而有名，臣不得背法而有功。我喜可抑，我忿可窒，我法不可離也。骨肉可刑，親戚可滅，至法不可闕也。」（《慎子》，頁197）又說：「法立則私議不行，君立則賢者不尊。民一於君，事斷於法，是國之大道也。」（《太平御覽》卷六三八引，頁 2986）國君治理國家，不能僅賴自己的賢智，而必須依靠法治，原因之一是：「君人者，捨法而以身治，則誅賞予奪，從君心出矣。然則受賞者雖當，望多無窮；受罰者雖當，望輕無已。君捨法而以心裁輕重，則是同功而殊罰也，怨之所由生也。……故曰：大君任法而弗躬爲，則事斷於法矣。法之所加，各以其分。蒙其賞罰，而無望於君也。是以怨不生，而上下和矣。」（《慎子‧君人》，《群書治要》卷三十七引，頁 599）因此，「法」不但是治國的客觀標準，是團結全國上下的規範；還是國君以簡御繁、判斷各種事物的準則，並且是訂定名分、使民不爭的標準。

分析慎子法治觀念中的「法」，似乎具有雙重性：一是慎子言「法」，首先站在國君立場提出主張：「法雖不善，猶愈於無法，所以一人心也。……故蓍龜，所以立公識也；權衡，所以立公正也；書契，所以立公信也；度量，所以立公審也；法制禮籍，所以立公義也。凡立公，所以棄私也。」（《慎子‧威德》，頁 193）公、私相背之說，實以國君之法代表公，以臣民之利代表私，所以說：「法之功，莫大於使私不行；君之功，莫大於使民不爭。今立法而行私，是私與法爭，其亂甚於無法。立君而尊賢，是賢與君爭，其亂甚於無君。」（《太平御覽》卷六三八引，頁2986）立法的用意，是爲了使「私」不行，也就是確保國君地位的崇高性，不論國君的賢能智慧是否足以服眾，只要立法「定分」，確立標準，國家即可「上下無事」（《慎子‧君臣》，《群書治要》卷三十七引，頁599），守法而治。但另一方面，慎子所謂「法」，卻又帶有民本思想的色彩，而不是國君個人的專制獨裁。《慎子‧威德》說：「古

者，立天子而貴之者，非以利一人也。曰：天下無屋貴，則理無由通，通理以爲天下也。故立天子以爲天下，非立天下以爲天子也。立國君以爲國，非立國以爲君也。立官長以爲官，非立官以爲長也。」（頁193）《慎子》曰：「法非從天下，非從地出，發於人間，合乎人心而已。」（頁196）可見慎子認爲治國、立法的關鍵並非取決於國君一人，而是出於整個國家全體的利益，既要「合乎人心」，即「因人之情」，所以他主張「法」須帶有機動性，而非一成不變的，故其言曰：「（治國無其法則亂，守法而不變則衰。有法而行私謂之不法。）以力役法者百姓也，以死守法者有司也，以道變法者君長。」（《慎子》，頁195，原《藝文類聚》卷五十四引）

整體而論，慎子把君主的權勢視爲行法的力量，認爲國君只要「抱法處勢」、「事斷於法」、「以道變法」，就可達到「聖人無事」（《慎子・威德》，頁193）的理想境界。這種法治的「無爲而治」理論，明顯的融合道、法兩種思想，以道家之說，做法家的哲理說明，所以慎子被視爲道法兼修的法家人物。

（七）韓 非

1.生平與著作

韓非（西元前280～233年），據《史記・老子韓非列傳》所記，出身韓國貴族，口訥不善言談，與李斯同學於荀卿門下，李斯自以爲不如。曾多次上書韓王，主張變法圖強，但韓王不能用，於是「觀往者得失之變」而著書立說。其著作傳至秦國，受到秦王政的讚賞，故在韓王安五年（西元前234年）爲韓王出使秦國。受李斯、姚賈讒害，次年在獄中被迫服毒自殺。

韓非的著作在他生前已經流行，如秦王政所見即是〈孤憤〉、〈五蠹〉二篇。但韓非當時確實有多少著作，今已無從考定。《漢書・藝文志》著錄《韓子》有五十五篇，恐非盡出於韓子之手，傳諸後代，不免又有些散佚錯亂，故明、清以來有不少學者根據古本從事校評，其中以清人王先慎集成的《韓非子集解》五十五篇較爲完備，便於閱讀。據陳啓天先生詳考，大部分應是韓非之作：

> 韓非子書有的是他的論著，有的是他的上書，有的是後人關於他的記錄。雖經後人編次時不免攙入些他人的作品，但大部仍出於非手。其中與法家思想最有關係的，爲五蠹，顯學，心度，八經，八說，六反，詭使，定法，問辯，難勢，內外儲說（六篇），飾邪，姦

劫弒臣，有度等十九篇；其次爲守道，問田，難一，難二，難三，
難四，說難，孤憤，和氏，亡徵，忠孝，人主，備內等十三篇。主
道，揚搉（權），大體三篇雖是否出自於非手，未能斷言，然也是法
家者流的重要作法，應在參考之列。（《中國法家概論》，頁248）

2. 學術思想

由《韓非子》一書看來，韓非的思想淵源頗爲龐雜，太史公說他「喜刑
名法術之學，而其歸本於黃老。」（《史記·老子韓非列傳》，頁2146）則其思
想形成受名家、法家、道家影響無疑。韓非又師事荀卿，荀卿爲戰國晚期儒
家大師，故而儒家思想對韓非思想體系的形成也有深刻作用。

韓非思想中最重要的成就在於他結合商鞅的「法」、申不害的「術」、慎
到的「勢」三派之長，建立法家理論「法、術、勢」三者結合的成熟系統，
而被視爲集先秦法家思想之大成者。韓非死後，秦始皇憑藉韓非著作施行法
家主張，統一六國，並建立大一統的帝國，這不但是三晉法家思想文化西向
移植秦國，也可說是三晉法家思想文化衝擊整個先秦政治歷史的巔峰。以下
根據《韓非子》大略分析韓非法家思想的重要成份。

（1）政治思想

韓非政治思想的核心在於他提出關於實行法治的具體主張，即強調國君
必須行法、執術、恃勢，使法、術、勢三者密切結合，以加強君主集權。首
先，「以法爲本」無疑是韓非法治主張的中心內容，所謂「明法者強，慢法
者弱。」（〈飾邪〉，頁309）「國無常強，無常弱。奉法者強則國強，奉法者
弱則國弱。」（〈有度〉，頁85）明白指出治理國家，國勢強弱，在於法制的
嚴明與否。他又很明確的界說了「法」的含義，即「法者，編著之圖籍，設
之於官府，而布之於百姓者也。……故法莫如顯。」（〈難三〉，頁868），以
及「法不阿貴，繩不撓曲。法之所加，智者弗能辭，勇者弗敢爭。刑過不避
大臣，賞善不遺匹夫。」（〈有度〉，頁88）則韓非言「法」，具有公開性與平
等性，否定了「刑不上大夫」的宗法等級制傳統。而行「法」的表現方式在
於賞與罰兩大功能，故曰：「法者，憲令著於官府，刑罰必於民心；賞存乎
愼法，而罰加乎姦令者也。」（〈定法〉，頁906）「聖人之治也，審於法禁，
法禁明著則官法；必於賞罰，賞罰不阿則民用，官官治則國富，國富則兵強，
而霸王之業成矣。」（〈六反〉，頁949）賞與罰是國君治理國家和駕馭臣下最
有效的兩大權柄，韓非稱之爲「二柄」（〈二柄〉，頁111），二柄並用，才能

「民用官治」，國富兵強。同時，韓非在提倡賞罰並用的基礎上，還主張厚賞重罰，尤其強調嚴刑峻法、輕罪重罰，把李悝、商鞅的「重刑」主義推向極端。所以說：「賞莫如厚而信，使民利之；罰莫如重而必，使民畏之；法莫如一而固，使民知之。故主施賞不遷，行誅無赦，譽輔其賞，毀隨其罰，則賢、不肖俱盡其力矣。」（〈五蠹〉，頁1052）韓非繼承荀子人性論的部份觀點，主張「好利惡害，夫人之所有也。」（〈難二〉，頁840）因此有罪必罰，有功必賞，才能驅民守法；而且他反對儒家「重刑傷民」的議論，主張只有重刑能禁止奸邪，故云：「今不知治者皆曰：『重刑傷民，輕刑可以止姦，何必於重哉？』此不察於治者也。夫以重止者，未必以輕止也；以輕止者，必以重止矣。是以上設重刑者而姦盡止，姦盡止，則此奚傷於民也？」（〈六反〉，頁951）故而嚴刑峻法成為韓非法治思想中治國安邦的首要條件。

其次，法與術「不可一無」。在以法為本的前提下，法治與術治須兼施並用，相輔相成。韓非總結申不害、商鞅變法的經驗說：「申不害言術」，「徒術而無法」；「公孫鞅言法」，「徒法而無術」，兩者各執一偏，重此輕彼，因此「二子之於法術，皆未盡善也。」（〈定法〉，頁908）。在韓非看來，法與術對國君治國而言，好比衣與食對人的生存一樣，是缺一不可之具，所以說：「人不食，十日則死；大寒之隆，不衣亦死。謂之衣食孰急於人？是不可一無也，皆養生之具也。……君無術則弊於上，臣無法則亂於下，此不可一無，皆帝王之具也。」（〈定法〉，頁906）何謂之「術」？韓非曰：「術者，藏之於胸中，以偶眾端，而潛御群臣者也。故法莫如顯，而術不欲見。是以明主言法，則境內卑賤莫不聞知也；不獨滿於堂。用術，則親愛近習莫之得聞也。」（〈難三〉，頁868）由此觀之，「法」是國君治民，具體公開的律條；「術」是國君駕馭臣子，隱秘不宣的陰謀之術。韓非明白提出察姦六術和御臣七術，名之曰「六微」和「七術」，前者指出臣下危害君權的六種隱蔽情況，後者為君主防奸察奸、控制臣下的七種方法。「六微」的具體內容為「權借在下」，即君主權勢為臣下所盜用；「利異外借」，即君臣之利相異，人臣往往借助外國之力與人君爭利；「託於似類」，即臣下每以似是而非之事蒙蔽君主，以達個人私利目的；「利害有反」，即君臣利害不同，故人君要審慎考察君與臣得利、得害兩面的關係；「參疑內爭」，即國中若有勢均力敵的派別存在，必導致爭權奪利、殺戮殘害的危機；「敵國廢置」，即敵國與我國利害不同，不可按其意圖任免大臣，為其利用（見〈內儲說下·六微〉，頁570～609）。「七術」的具體內容

為「眾端參觀」，即人君要從多方面觀察驗證臣下的言行；「必罰明威」，即對犯罪者必要堅決嚴懲，以示國君威嚴；「信賞盡能」，即賞賜有功者要言而有信，使臣下竭盡才能；「一聽責下」，即分別聽取臣下言論，督責他們行動；「疑詔詭使」，即傳可疑的命令，使用詭詐手段，以考察臣子是否服從；「挾知而問」，即拿已知之事詰問臣下，測試其言行的真偽；「倒言反事」，即說出與本意相反的話，或做出與實情相反的事，以刺探臣下的陰謀（見〈內儲說上‧七術〉，頁 516）。只要能明察「六微」的情況，運用「七術」控制臣下，國君便可防患於未然，牢固地掌握君權了。

其三，法治與勢治也要結合，所謂「抱法處勢則治，背法去勢則亂。」（〈難勢〉，頁 888），則勢治是法治不可或缺的憑借。韓非繼承慎到「重勢」的思想，也把君主至高無上的權勢視為治理國家的絕對保障，故曰：「君執柄以處勢，故令行禁止。柄者，殺生之制也；勢者，勝眾之資也。」（〈八經〉，頁 996）權柄是君主決定生殺的大權，權勢是君主制服臣民的憑藉，國君必須要掌握權柄（指賞罰），據有權勢，才可使令行、使禁止，治理好國家。韓非以為，至高無上的權勢是君主力量的象徵，所以明白的說：「萬乘之主，千乘之君，所以制天下而征諸侯者，以其威勢也。威勢者，人主之筋力也。」（〈人主〉，頁 1118），「萬物莫如身之至貴也，位之至尊也，主威之重，主勢之隆也。」（〈愛臣〉，頁 60）勢以貴身、勢以治國，憑藉著勢的功能治理國家，國即可安，所以說：「善任勢者，國安；不知因其勢者，國危。」（〈姦劫弒臣〉，頁 247）。「六微」的第一條「權借在下」，正是教導國君要大權獨攬，權勢不可以借人，不可以與臣下分權，否則「人主失其勢重於臣，而不可復收也。」（〈內儲說下‧六微〉，頁 577）

總之，韓非的政治思想中心是以法為本，結合法、術、勢三位一本的法治學說。在上的人君只要能掌握權勢，向下對臣用術，對臣、民行法，就能治理國家，成就帝王功業。韓非這套理論是在前代法家的思想基礎上整合而得更系統、完備的法治學說，也是其人思想對中國古代法治文化發展提供的最大貢獻。

（2）教育思想

韓非反對愛的教育，主張「以法為教」。他曾舉例：「今有不才之子，父母怒之弗為改，鄉人譙之弗為動，師長教之弗為變。夫以父母之愛，鄉人之行，師長之智，三美加焉，而終不動，其脛毛不改。州部之吏，操官兵，推

公法，而求索姦人，然後恐懼，變其節，易其行矣。故父母之愛，不足以教子，必待州部之嚴刑者。民固驕於愛，聽於威矣。」（〈五蠹〉，頁 1051～1052）韓非以為，父母之愛不足以教育不材之子，唯有嚴刑峻法可以使其變節易行。基於此，他進一步說：「故明主之國，無書簡之文，以法為教；無先王之語，以吏為師。」（〈五蠹〉，頁 1067）治理國家要取消文獻典籍而以法令為教材，要禁絕先王言論而以官吏為教師。如此，全國人民的言行可被統納於法令的軌道，並在法令的驅策下積極從事耕戰，以致富國強兵。這樣的教育思想，顯然也建立在「以法為本」的思想基礎上，教育的目的在於建設一個人人畏刑遵法的法治社會。以法為教，以吏為師，無非是使人民熟知法令禁條，進而遵行法令，明主即由此達到民治、國治的目標。

（3）經濟思想

以戰國時代而論，一國經濟欲積累雄厚力量，唯有發展農業，鼓勵增產，故韓非的經濟學說也繼承李悝、商鞅變法的主張，力主重農。他說：「能越力於地者富，能起力於敵者強，強不塞者，王。」（〈心度〉，頁 1135）「富國以農，距敵恃卒。」（〈五蠹〉，頁 1058）又說：「好顯巖穴之士而朝之，則戰士怠於行陳（陣）；上尊學者，下士居朝，則農夫惰於田。戰士怠於行陳者，則兵弱也；農夫惰於田者，則國貧也。兵弱於敵，國貧於內，而不亡者，未之有也。」（〈外儲說左上〉，頁 654）農業生產是國家經濟的基礎，耕戰之士為國勢強盛的後盾，因此明主治國，要「適其時事」（〈六反〉，頁 952），務其農時，利用天時及時耕耘收藏，則生產可期，富足在望。

在重農思想的前提下，韓非的工商政策相對提出重農而抑商的觀點。其言：「夫明王治國之政，使其商工游食之民少，而名卑以寡，趣本物而趨末作。今世近習之請行，則官爵可買；官爵可買，則商工不卑也矣。姦財貨賈得用於市，則商人不少矣。聚斂倍農，而致尊過耕戰之士，則耿介之士寡而高價之民多矣。」（〈五蠹〉，頁 1075～1076）韓非列商工之民為「五蠹」之一，以為：「商工之民，修治苦窳之器，聚費靡之財，蓄積待時，而侔農夫之利。」（〈五蠹〉，頁 1078）是害國至深的蠹民，人主若不除之，則國家破亡。韓非重農而輕工商的經濟見解由此可知。

總體而論，韓非的思想體系是建構在他的法治學說之上而開展的，不論是政治主張、教育主張或經濟主張，都是為了達到法治社會富國強兵的最終目的而立論，包括他含有濃厚的道家思想意味的宇宙觀，受荀子「性惡論」

深刻影響的人性論，以及受荀子「法後王」思想而提出的歷史進化論，皆爲其法治主張奠定更充分的理論根據。〔註27〕

二、三晉法家思想的淵源

關於三晉法家思想的源流問題，主要有兩種觀點：一是出於王官，一是由儒、道、墨三家之末流嬗變匯合而成的〔註28〕。《漢書‧藝文志》謂：「法家者流，蓋出於理官，信賞必罰，以輔禮刑。」（頁 435）理官掌推鞫獄訟，如《禮記‧月令》云：「命理瞻傷察創視折。」鄭注曰：「理，治獄官也，有虞氏曰士，夏曰大理，周曰大司寇。」（頁 324）理官就是上古的法官。章太炎〈諸子學略說〉一文以爲，古學在官，世守其業，後遇世變，流落民間，以其所學授徒，遂各成一家，即是諸子最早的淵源，法家就由王官中的理官演化而成〔註29〕。然而從理官演化成法家，這中間的歷程是漫長而曲折的，包括時代的、地理的、歷史的因素，都會使人的思想發生轉變或強化，其中最明顯、最具影響力的是前代或當代的主張或言論。法家思想起於春秋末，盛於戰國時期，其思想成份可能吸收其他時代較早的學術流派醞釀而成，所以推測法家思想的源流，第一種觀點和第二種看法並無矛盾衝突，只是兩者溯源歷程前者較遠，後者較近罷了。究竟法家思想接受了那些學派思想內涵而更充實、豐富？梁啓超以爲有儒、道、墨三家，我們逐一考察法家與三家的關係，即可得到更充份的印證。

（一）儒家與法家的關係

從法家師承儒家的人際關係而言，三晉法家多爲儒門子弟，例如李悝、吳起曾師事子夏，韓非子師事荀卿。從儒、法二家思想上的因襲關係而言，儒家「尊君」意味的思想，在法家思想中演化成絕對的君尊臣卑；儒家的「足兵」和「教戰」思想，法家基本上承襲並無二致；儒家的「足食」和「重農」思想，法家強化爲重農而輕工商和其他職業的極端思想。〔註30〕

〔註27〕參見謝雲飛：《韓非子析論》，台北：東大圖書公司，1980 年。

〔註28〕梁啓超：《先秦政治思想史》，北京：東方出版社，頁 170。

〔註29〕《章太炎政論選集》上冊，北京：中華書局，1977 年，頁 289～291。

〔註30〕《論語‧顏淵》曰：「子貢問政。子曰：『足食、足兵，民信之矣。』」（頁107）《論語‧子路》云：「使不教民戰，是謂棄之。」（頁 120）《韓非子‧外儲說左上》曰：「戰士怠於行陣者，則兵弱也；農夫惰於田者，則國貧也。兵弱於敵，國貧於內，而不亡者，未之有也。」（頁 611）法襲於儒之跡，

（二）道家和法家的關係

司馬遷在《史記》中認定法家和道家的關係十分直接，他將「老、莊、申、韓」四者置於一傳之中，可能是以道、法為同一個流派。法家襲之於道家的思想，大略歸納有四點：

1.「絕棄禮義」或「否定德治」的思想

老子認為：「夫禮者，忠信之薄，而亂之首。」〔註31〕莊子亦云：「道德不廢，安取仁義？性情不離，安用禮樂？」（《莊子·馬蹄》）〔註32〕又說：「自虞氏招仁義以撓天下也，天下莫不奔命於仁義，是非以仁義易其性與？」（《莊子·駢拇》卷四，頁4）道家以為仁義禮樂是違反自然的人為束縛，故應廢棄。三晉法家充分接受了這些思想，所以韓非說：「言先王之仁義，無益於治；明吾法度，必吾賞罰者，亦國之脂澤粉黛也；故明主急其助而緩其頌，故不道仁義。」（《韓非子·顯學》，頁1100）又說：「故偃王仁義而徐亡，子貢辯智而魯削，以是言之，夫仁義、辯智，非所以持國也。」（《韓非子·五蠹》，頁1042）這是否認了仁義德治的功能。《韓非子·有度》云：「法不阿貴，繩不撓曲……刑過不避大臣，賞善不遺匹夫。」（頁88）同時否定「禮不下庶人，刑不上大夫。」（《禮記·曲禮上》，頁55）的傳統禮教規範。

2.「反智」思想

老子曰：「絕聖棄知，民利百倍。」「民多智慧，而邪事滋起。」（《老子》十九、五十七）莊子云：「吾生也有涯，而知也無涯，以有涯隨無涯，殆已！」（《莊子·養生主》卷二，頁1）、「絕聖棄知，大盜乃止。」（《莊子·胠篋》卷四，頁12）老、莊的反智思想，即被法家接納而加以發揮。如申子謂：「堯之治也，善明察令而已，聖君任法而不任智，任教而不任說。」韓非說：「民智之不可用，猶嬰兒之心也……夫民智之不足用亦明矣。故舉士而求賢聖，為政而期適民，皆亂之端，為可與為治也。」（《韓非子·顯學》，頁1103～1104）韓非認為民智低，不足為用，只要服從法令即可，所以才主張「以法為教」、「以吏為師」的政策。

3.「法自然」思想

至為明顯。

〔註31〕李耳著、王弼注：《老子》，台北：台灣中華書局，1965年初版，頁1。以下見引，皆據此本。

〔註32〕戰國·莊周：《莊子》，台北：台灣中華書局，1968年二版，頁8。

　　道家有一套自然法規，所謂「人法地，地法天，天法道，道法自然。」（《老子》二十五，頁 14），「天之道，不爭而善勝，不言而善應，不召而自來，繟然而善謀。」（《老子》七十三，頁 21～22）道家以爲天道的自然法中，自有一種賞罰的原則。莊子闡述這種思想說：「天地雖大，其化均也；萬物雖多，其治一也；人卒雖眾，其主君也；君源於德，而成於天。」（《莊子・天地》卷五，頁 1）道家這種法自然的思想，正是後來法家進一步要求「人爲法」的先導，以及建立君主無上權威的憑藉。韓非言：「日月所照，四時所行，雲布風動，不以智累心，不以私累已。寄治亂於法術，託是非於賞罰，屬輕重於權衡，不逆天理，不傷性情，……不急法之外，不緩法之內，守成理，因自然，禍福生乎道法，而不出乎愛惡……。」（《韓非子・大體》，頁 512）從這些言論，說他歸本於黃老，是很確切的。

　　4.「無爲」思想

　　法家講「重勢」、「重術」，大約也受到道家「無爲」思想的啓示而產生。老子提出「道常無爲，而無不爲。」（《老子》三十七，頁 21）「我無爲，而民自化。」（《老子》五十七，頁 13）莊子也說：「夫虛靜恬淡，寂寞無爲者，萬物之本；明此南鄉，堯爲之君也，明此北鄉，舜爲之君也……。」（《莊子・天道》卷五，頁 13）道家由於「法自然」而提出「無爲而治」的見解，同時提出許多「無爲」的方式，如「是以聖人之法，虛其心，實其腹，弱其志，強其骨；常使無知無疑，使夫知者不敢爲也。」（《老子》三，頁 2）「柔勝剛，弱勝強，魚不可脫於淵，國之利器，不可以示人。」（《老子》三十六，頁 20）以及其「微明」之方，「不爭」之德等，其實都是高度的治人之「術」。法家由此吸收成份，轉化成爲君之道，思想中處處表示君主「無爲」，則臣下「無不爲」，故而變成君道手段，本質卻與道家的「無爲」哲學遙相呼應。

　　（三）墨家與法家的關係

　　墨家思想是法家未出現前極爲流行的思想，對法家亦有所啓迪。如墨子主張「尚同」思想：「古之民始有未刑政之時，蓋其語人異議，是以一人則一義，二人則二義，十人則十義……天下之亂，如禽獸然；夫明乎天下之亂者，生於無政長，故選天下之賢者，立爲天子，……正長既具，天子發政於天下百姓，言曰：聞善而不善，皆以告其上，上之所見，必皆是之，上之所非，必皆非之。」（《墨子・尚同》，頁 67～68）墨子主張天子的號令爲絕對的是非標準，這是抹煞個人自由的君權思想，法家學說中有如出一轍的見解。如申

子所謂：「獨視者謂之明，獨聽者謂之聰，能獨斷者故可以爲天下主。」（《韓非子・外儲說右上》，頁711）韓非所說：「令者，言最貴者也；法者，事最適者也，言無二貴，法不兩釋，故言行不軌於法令者，必禁！」（《韓非子・問辯》，頁898）法家不許眾說紛紜的觀點，是墨家尚同思想的推演。

　　一個學派或一「家」思想，其學說雖有獨創的部分，但仍有許多從前人或並世之人思想學說蛻變的痕跡，法家思想同樣如此。綜觀法家思想的學說見解，和儒、道、墨家，甚至名家，彼此有甚多因襲或轉化的地方，自然也有駁斥辯白之處。總結而論，法家思想淵源複雜，除了繼承理官之學，還廣羅博採儒、道、墨、名各家之說，自成體系，成爲古代中國思想文化精要的部分，也是影響中國兩千多年實際政治的寶典。

三、三晉法家思想產生之因

　　三晉法家思想產生的原因，必須分兩個層次探討：其一是法家思想產生的時代緣由，其二是法家思想出於三晉之地的因素。

（一）法家思想產生的時代緣由

　　任何一種學術思想，都是某一特定時代的產物，因爲人居住在現實社會中，一旦社會條件受到某種程度的壓抑或刺激，必欲謀求因應改善之道；待睿智之士發爲言論，著乎簡帛，世人見其善者而從之，見其不善者而辯駁之，學術思想由此而起，由是而興。法家思想生於戰國之時，顯示這個時代的趨向和需要有異於西周或春秋的特色，才能促使三晉法家崛起。顧炎武說：

> 自左傳之終，以至戰國凡百三十三年，史文闕軼，考古者爲之茫昧也；如春秋時，猶尊禮重信，而七國則絕不言禮與信矣；春秋時猶尊周室，而七國絕不言王矣；春秋猶言祭祀，重聘享，而七國則無事矣；春秋猶言宗姓氏族，七國則無一言及之矣；春秋猶言宴會賦詩，而七國則不聞矣；春秋時猶言赴告策書，而七國則無有矣。邦無定交，士無定主，此皆變於一百三十三年之間，史之闕文，而後人可以意推者也；不待始皇之一併天下，而文武之道盡矣。〔註33〕

將春秋和戰國作一比較，可知春秋時代尚保留一些周朝體制，至戰國這些體制也全部消失，舊有的政治形態、社會秩序和道德觀念都遭到強烈的破壞，所以戰國時代和春秋時代是截然不同的。總體而言，時代由春秋進入戰國之

〔註33〕 《日知錄》卷十三「周末風俗」條，頁749～750。

際，封建制度傾頹，宗法體系瓦解，因而國家的形式、社會的結構、經濟的基礎、學術思想的領域也隨之急劇變化。從政治情勢來看，時代的變異和大力兼併的結果，戰國的標誌之一是，由昔日多數分治的封建諸侯變為少數的君主強國，此少數的強國為求生存發展，不得不內事蓄積，外重戰伐，彼此間形成一種國力的競賽，動輒兵戎相見，殺人盈城，如韓非所言：「世異則事異……事異則備變，上古競於道德，中世逐於智慧，當今爭於氣力。」（《韓非子‧五蠹》，頁 1042）戰國是爭於氣力的時代，因此各國對人才的延攬和招致均不遺餘力，國君「禮賢」，私行「養客」，蔚成風尚，一批新的知識份子，出身卑微的新「士」，取代了過去貴族的地位，因此「士」的地位大大提高，言行無所顧忌，各據己見，競相發表「救世」的言論，形成百家爭鳴之象，故可謂諸子之學，皆起於救世之弊，應時而興。

春秋之末，孔子、老子、墨子之學本已大行其道，降至戰國之世，各國執政者對儒家的迂闊，道家的荒遠，墨家的「兼愛」、「非攻」難於接受，於是法術之士順應時勢，投其所好，以變法之論樹威信、逐近利、勵農戰、制敵國，有立竿見影之效，很快為當政者樂用，因此法家思想在戰國崛起，並凌駕儒、道、墨之上，成為戰國時代許多國家實際政治的領導方針。

總之，法家思想產生之因，可說是順應時代而興起，其思想無一不是針對時弊立論，故法家思想在本質上具有極強的時代性。

（二）法家思想出於三晉之地的因素

法家思想何以出於三晉？盛於三晉？可能因素包括兩項：

1. 地理因素

戰國時期，晉國分為趙、魏、韓三國，趙居北，魏居中，韓居南，仍號三晉，鄭後併於韓，衛附於魏，皆在三晉文化範圍內。三晉之地為多數法家從出之地，其思想言行，必受當地地理因素影響。

總觀三晉的地理形勢，是在西秦、南楚、東方燕、齊之間，這種地緣關係使其成為重要戰略樞紐地區，先天上即有難於自安的形勢，也因此，激發出強烈「戰備」的意識。其次，三晉地形若非高亢的黃土高原，就是險峻的山地，東部山麓及黃河中下游又多為低窪之地，氾濫無常，自然環境存在很大的缺陷。為了彌補這些缺陷，只有靠群體的力量，所以法家思想中「用眾」、「墾殖」的言論時常可見。韓非說：「磐石千里，不可謂富；象人百萬，不可謂強。石非不大，數非不眾也，而不可謂富強者，磐不生粟，象人不可使距

敵也……夫禍知磐石象人，而不知禍商官儒俠，爲不墾之地，不使之民，不知事類者也。」（《韓非子・顯學》，頁 1095）又說：「爲治者用眾而舍寡，故不務德而務法。」（《韓非子・顯學》，頁 1098）「力多則人朝，力寡則朝於人。」（《韓非子・顯學》，頁 1097）這說明法家不崇尚「英雄」主義，而是十足的「眾力」主義者。管理眾人，發揮力量，只有用法，用法就靠刑賞；法家思想的主要成份即在於此。基於「用眾」和「墾殖」的主張，法家提出「耕（農）戰」政策，唯有群策群力開發資源，發揮眾力，開墾荒地，改善地瘠民貧，才能增加國力。第三，三晉佔有華北中部的山西高原和豫西山地全部，東方接河淮下游的黃淮大平原，這種山原接觸地帶，最易形成一種交通樞紐或交通孔道，都邑因而興起乃必然之勢，如山地之東，自北而南一連串的工商業中心邯鄲、大梁、新鄭、宛、穰等，都是在這樣的地理位置發展起來的。都邑的繁榮，造就了富商巨賈，生活奢豪，王侯權貴，唯利是圖，官商勾結，酒色徵逐，社會趨於腐化，產生一批無益國家生產的浮淫之蠹。去除這些國家之蠹的唯一辦法是「任法」，一切公事公辦，不稍戀貸，才可解除紛亂，增加國力。所以法家思想「以法爲本」〔註34〕。由於三晉地理形勢對三晉文化發展的掮限和影響，用「法」思想在三晉地區故而特別發達。

2. 歷史誘因

法家思想所以出於三晉，除了地理因素，應該也存在歷史誘因。往往人的思想多多少少會受到傳統束縛，雖然可以突破、改變，但是不能完全擺脫，所以對法家思想產生於三晉地區的緣由探討，也可以從晉國歷史的角度追溯。

（1）立國方針沖淡禮制觀念

晉國之祖唐叔封於夏墟時，其立國方針中的「啓以夏政，而疆以戎索」界定了晉國開國時包容的治國政策。既尊重夏代的文化傳統，也接納戎狄本有的文化風俗，換言之，晉國承襲周朝自身禮治觀念的成份相對比較淡薄。這種立國方針對禮治觀念奠基下嚴格遵守的宗法等級制度存在可預期的潛伏性破壞，而禮治觀念的破壞，爲法治觀念的取代鋪上預行的道路。從晉國歷史一連串的宗法破壞事件來看，曲沃代翼的小宗代大宗，晉獻公的誅滅公族，以及晉君嫡長子繼承制的混亂，在在顯示晉國宗法制度長期破壞的嚴

〔註34〕參見李晃世：〈三晉法家思想淵源的剖析〉，《中央研究院國際漢學會議論文集》歷史考古組上冊，中央研究院編印，1981 年。

重。宗法制度是禮制推行的基石，因此晉國宗法制度的傾頹，也象徵其禮制體系的崩潰。晉國歷史發展過程表現的禮治文化式微，法治文化代興，孕育了法家文化的產生。若要探求法家何以出於三晉之因，則晉國建設之初的立國方針，為數百年後法治代禮治而興的三晉文化早已闢立根基，應是無庸置疑的。

（2）法治文化較早發展

晉國因禮治文化較早破壞，並且在法治文化上有較早的發展，所以能在戰國變法的思潮中，產生大批舉足輕重的法家思想代表人物。晉國法治觀念的早熟，表現在晉國對法令的不時修定，從范宣子之法、晉文公「被廬之法」、趙宣子之法、士蔿之法、范武子之法、士渥濁之法，晉國平均數十年要重修一次法令。此外，春秋之時，晉國很早就有「成文法」的公布，「成文法」是貴賤共同遵守的法律，它的訂定和宣佈，宣誓「法」凌駕於「禮」之上的時代來臨，也為三晉「以法為本」的法治思想確立方向。由此觀之，法家思想出於三晉之地的另一項可能歷史因素，和晉國重「法」、行「法」的傳統也有密切關係。

第二節　名家與縱橫家

三晉文化起源不僅是先秦法家的源起與發展重地，同時也是造就先秦名家和縱橫家的大本營，名家著名的領袖和縱橫家的顯赫人物，大多出生或活動於此。在這個區域特殊的歷史、地理、社會等條件培育下，產生了法家、名家與縱橫家三派相互激盪、交錯雜流的思想。如果我們將法家思想視為三晉思想文化的主流，那麼名家與縱橫家便可說是法家思想文化的左右手，李元慶先生稱之為「兩支重要的側翼力量」〔註35〕，其重要性亦不可忽略。

一、名　家

（一）稱謂由來與源起背景

何謂「名家」？名家人物在先秦時被稱作「辯者」、「辯士」或「刑名之家」〔註36〕，實即中國古代的邏輯學家。歷史上最早出現「名家」一詞的記

〔註35〕《三晉古文化源流》，頁 384。
〔註36〕《莊子·天下》：「桓團、公孫龍，辯者之徒。」（卷十，頁 23）《公孫龍子·

載，是司馬談〈論六家要旨〉中陳述先秦遺留載籍所分六家：陰陽、儒、墨、名、法、道德（見《史記‧太史公自序》）。到班固《漢書‧藝文志》據劉歆《七略》、劉向《別錄》而演為九流十家，列名家為九流之一，遂在先秦各家學派中佔有一席之地。郭沫若先生說：

> 「名家」本是漢人所給予的稱謂。在先秦時代所謂名家者流，每被稱為「辯士」或「察士」，察辯並不限於一家，儒、道、墨、法都在從事名實的調整與辨察的爭鬥，故我們現在要來研討這一現象的事實，與其漢人所謂的「名家」，倒不如打破這個範圍，泛論名家的名辯。〔註37〕

換言之，漢代所謂的「名家」，其實是先秦「名辯思潮」下造就出來的一股強流。名辯思潮的流行，首先是由孔子引發的。孔子生處於春秋末年，當時已是周文沒落、禮壞樂崩、社會秩序紊亂、世局變動的時代。在這個時代，許多代表舊禮制事物的「名」和大量湧現新事物的「實」發生了矛盾、不協調，出現「名實之相怨」（《管子‧審合》，頁60～61）的情形。孔子從維護周禮的立場出發，提出了「正名」思想，他說：「必也正名乎！」「名不正則言不順，言不順則事不成，事不成則禮樂不興，禮樂不興則刑罰不中，刑罰不中則民無所措手足。」（《論語‧子路》，頁115）故而他明確主張：「為政必先正名。」（《論語‧子路》，頁115）其實孔子的「正名」是建立在周文的「禮」之上，以禮的儀文和精神來正名位的尊卑，希望能恢復周禮，重振禮樂刑罰。因此儒家講的「正名」，其探討的對象主要限於倫理、政治上的名分問題，這和後來的「名家」廣泛深入探討人的認識、思維與表達等問題，以邏輯論辯之理來說明名實是不一樣的。不過，自孔子提出「正名」，學術領域便展開了關於名實問題的爭論，各個流派勢必碰觸的名實探討掀起一股高漲的「名辯思潮」，因而發展出以認識論和邏輯學方式研究名實問題的「名家」學派。所以說，孔子的「正名」雖非名家思想的本質，卻是名家興起的現實機緣。

（二）三晉名家人物

名家學派的創始人，一般公認是與子產同時的鄭國人鄧析，相傳作有「竹

跡府》：「公孫龍，六國辯士也。」（戰國‧公孫龍：《公孫龍子》，台北：台灣中華書局，1965年初版，頁1。以下見引，皆據此本）《戰國策‧趙二‧秦攻趙》：「夫刑名之家，皆曰『白馬非馬』也。」（頁645～646）

〔註37〕見郭沫若：《十批判書》，上海：人民出版社，1954年，頁249。

刑」（《左傳‧定公九年》，頁967），但早已不傳。鄧析之後，至戰國中期，名家學派發展到鼎盛，三晉地區成為當時名家學派最活躍的地區。名家又因學術觀點不同而分成兩大派別：一派強調事物的聯繫性和同一性，稱作「合同異」派，其領袖人物是在魏國長期活動的著名思想家惠施；一派強調事物的分離性和差異性，稱作「離堅白」派，其領袖人物是趙國人公孫龍。以惠施、公孫龍為領袖的名家學派，在當時三晉思想文化領域的百家爭鳴中產生重大影響，對三晉社會變革、歷史發展也有積極的促進作用。

1. 惠　施

（1）生平與著作

惠施（約西元前370～310年），相傳為宋國人〔註38〕，主要活動在魏國。初至魏時，應魏惠王之召論齊、魏馬陵之戰，主張「變服折節而朝齊」〔註39〕。任魏相十五年，促成魏、齊二王會於徐州，互尊為王，開六國稱王局面。魏惠王尊寵惠施，比之於管仲，欲傳以王位，後來張儀至魏為秦連橫，欲以魏合於秦、韓而攻齊、楚，而惠施及公孫衍則是主張合縱政策，欲以魏聯齊、楚抗秦。魏惠王和群臣聽信張儀，決定追隨秦國攻打齊、楚（見《韓非子‧內儲說上》，頁519），惠施被迫離開魏國至楚，後又轉至宋，因得以與莊子交游。之後，張儀離開魏國，魏惠王也死，惠施又回到魏國，為魏出使楚、趙等國。

惠施見聞廣博，著述豐厚，相傳「惠施多方，其書五車。」（《莊子‧天下》卷十，頁20），但都已失傳。《漢書‧藝文志》「名家」著錄《惠子》一篇，也已亡佚。現僅存一些片言斷語，散見於《莊子》、《荀子》、《韓非子》、《戰國策》、《呂氏春秋》、《說苑》等書中。

（2）學說思想

惠施的學說，主要是針對事物的「名」與「實」進行邏輯和抽象的討論。在《莊子‧天下》中記載了惠施的「歷物十事」，即十個重要的命題。由於原來的論證已不存在，所以不能看出惠施完整的思想體系，但從論題的表面文義大體仍可推敲出惠施的一些重要觀點：空間的大小、遠近、高低、中偏，時間的先後、今昔、久暫，以及事物的異同、成敗、生死等，都是相對的現

〔註38〕見高誘注：《呂氏春秋‧淫辭》，台北：藝文印書館，1974年三版，頁509。
〔註39〕見《戰國策‧魏二‧齊魏戰於馬陵》（頁835）及《呂氏春秋‧愛類》（頁625～629）。

象及名詞，沒有絕對的準則爲依據。因此，從思維的角度出發，甚至從現象的認識出發，一切空間、時間和事物，其實都是相對的。若從不同的角度來看，可以看出相異之處；若從相同的角度來看，則可看出相同之點。故而，我們最好能夠泯除差異，以達大同。這是惠施學說的基本精神「合同異」，如此才能做到「泛愛萬物，天地一體」。〔註40〕

惠施「歷物之意」的十個命題如下：

第一：至大無外，謂之大一；至小無內，謂之小一。

第二：無厚，不可積也，其大千里。

第三：天與地卑，山與澤平。

第四：日方中方睨，物方生方死。

第五：大同而與小同異，此之謂小同異；萬物畢同畢異，此之謂大同異。

第六：南方無窮而有窮。

第七：今日適越而昔來。

第八：連環可解也。

第九：我知天下之中央，燕之北，越之南是也。

第十：泛愛萬物，天地一體。（見《莊子・天下》卷十，頁 21）

這十個命題中的一、二、三、六、九等五項，都是討論空間問題。第一項論題具有綱領性意義，指出空間在宏觀和微觀兩個方向上的無限性。「大一」指宏觀世界，「至大無外」是無限的；「小一」指微觀世間，「至小無內」也是無限性的。宇宙空間在宏觀和微觀上都是不可窮盡、沒有極限的，我們所見所稱的最大和最小，其實是指相對的概念。第二項論題認爲，從物體的體積來說，所謂大小也是相對的，厚度可以極小極小，小至「不可積」；無厚者因其「不可積」，則不致阻礙任一物之存在，亦即容納得下任何個別的現象物，因此稱無厚不可積之「容者」其大千里。「無厚」者類似於幾何學中的「點」，和由「點」演繹出來的「面」或「空間」，它具有「小一」和「大一」同一的共通性，是不可分割的一個整體，這樣的物體，根本說不清它到底是大抑或是小〔註41〕。第三項論題論高低，情況亦然。極遠看去，天與地是連在一起，

〔註40〕林啓彥：《中國學術思想史》，台北：書林出版公司，1994 年，頁 46～47。

〔註41〕見李賢中：《先秦名家「名實」思想探析》，台灣：文史哲出版社，1992 年，頁 84～85。

山與澤是一樣平坦的。將天地、山澤與「至大」相比，已無所謂高低，而知現象界中物與物的關係是相對的。第六項論題論方位。惠施舉空間概念「南方」爲例，我們可以說，一體而觀，「南方」是無窮的，因爲物的整體、空間的整體是無限的，無論東、南、西、北、上、下各方，都可以無限延伸、沒有盡頭，故曰「南方無窮」；但相對而言，如果以個別物的比較來說，「南方」之名在不同的人或個人不同的觀點上，此南方和彼南方並不相同，它是「有窮」的，如台灣之南方爲屏東，廣東之南方爲雷州半島，故曰：「南方有窮」。第九項論題引申前說，自大同異一體觀之，天下並無所謂絕對的「中央」，又由於宇宙無限，因此無處不可以成爲「中央」，所以「燕之北」、「越之南」，相對於兩種不同的觀點和設定，都是「中央」。

　　第四、七項論題是討論時間。這兩項論題主要是指出時間不是停頓不前的，截取任何一點來說，相對於已過去的時間，它是後來的時間，相對於未到的時間，它卻是已經過去的時間了。太陽不能停止在任何一點，它在天空正中的時間，同時又是西斜時間的開始，故曰：「日方中方睨」；生物亦然，任何一瞬間的生存，也不會停頓不前，生就意謂著死，故曰：「物方生方死」。物體的運動也是如此，它剛到某一個點，其實也就馬上離開那一個點。所以說今天剛到達越地，其實就變成到達越地是「昔」時的事了。

　　第五、第八項是惠施論事物的命題。第五項論題在惠施的思想中也有綱領性意義，是「歷物」的邏輯中心問題。惠施認爲各類具體事物之間存在相對的小同或小異，這是「小同異」；就整體而言，宇宙萬物必有共通之處，這是「畢同」、「大同」；而共通的事物也有不同之處，這是「畢異」、「大異」，故就無限的宇宙而論，「萬物畢同畢異」，宇宙萬物的同和異是「大同異」。第八項論題「連環可解」，可能是惠施對事物關連性的見解。「環」是指現象世界的象徵，宇宙萬物的相關如同「連環」，如人之與我如一「連環」，我之與物又一「連環」，物之與物亦一「連環」，物之與事一「連環」，無與有乃是一「連環」，生與死固爲一「連環」，因與果也是一「連環」，「連環」之中復有「連環」，環環相連，「連環」不盡，以致無窮，極其致則「天地一體」，是爲一大「連環」。論「環」的相連，是究事物的相關性，論「環」之解，則可析事物的特性，故「連環」是觀其同，解環是觀其異，天下無不可解之「連環」。〔註42〕

〔註42〕此說據婁良樂碩士論文：《惠施研究》，台灣：嘉欣水泥公司文化基金會出版，

　　最後，「歷物十事」的第十項「泛愛萬物，天地一體」，是惠施宇宙觀、人生觀理論的總結論：一切事物的差異都是相對的差異而已，我們必須從同中看異，又要從異中求同，認識到萬物之間相互依存、彼此聯繫、和諧一致的重要性，只要能了解「天地一體」之道，體而行之，就可廣泛地、無差別地「泛愛萬物」。

　　惠施除了是具有邏輯思維的名家領袖外，在政治上還有明顯的法家傾向。《呂氏春秋・淫辭》記載，他任魏相期間也提倡法治，曾「爲魏惠王法」，親自制定法律，「其法已成，以示諸民人，民人皆善之。獻之惠王，惠王善之。」（頁 1187）他以宋人國籍從政於魏，往使於楚、趙之間，也富有縱橫家的風度。同時，他又「以善辯爲名」。《莊子・天下》篇說當時惠施以「歷物之意」的命題展開廣泛論辯，「以此爲大，觀於天下而曉辯者，天下之辯者相與樂之。」（《卷十》，頁 21）「辯者以此與惠施相應，終身無窮。」「惠施日以其知與人之辯，特與天下之辯者爲怪。」（卷十，頁 23）說明惠施與辯者們的論辯是相當激烈的。荀子批評他「好治怪說，玩琦（奇）辭。」（頁 59）但也不得不承認「其持之有故，其言之成理。」（《荀子・非十二子》，頁 57）可見惠施確實有雄辯之才。更重要的是，在戰國百家爭鳴中，以惠施、公孫龍爲首的名家學派，能夠把關於理論問題的爭辯提升爲邏輯問題的探討，因而對中國古代邏輯科學的形成和發展有重大的貢獻。

2. 公孫龍

（1）生平與著作

　　公孫龍（西元前 320～250 年），趙國人，是晚於惠施的另一位名家巨擘。曾爲平原君趙勝門客，也到過魏、燕等國，並曾游說燕昭王和趙惠文王偃兵〔註 43〕，勸平原君勿以存邯鄲而受封〔註 44〕。有關他的生平事蹟，除見《公孫龍・跡府》、《孔叢子・公孫龍》外，在《莊子・秋水》、〈天下〉，《列子・仲尼》，《呂氏春秋・審應覽》、〈審應篇〉、〈淫辭篇〉、〈應言篇〉，《戰國策・趙策》，《淮南子・道應》、〈詮言〉，《史記・平原君列傳》、〈孟荀列傳〉等書，均有片斷記載。

　　公孫龍的著作，最早的記載是《漢書・藝文志》「名家」著錄的「公孫龍

頁 41～42。
〔註 43〕見《呂氏春秋・應言篇》（頁 1210～1224）及〈審應覽〉（頁 1141～1151）。
〔註 44〕見《史記・平原君虞卿列傳》。

子十四篇」，漢代以後部份失傳。現存《公孫龍子》僅六篇。第一篇〈跡府〉是後人對公孫龍事跡的彙錄，其餘五篇包括〈白馬論〉、〈指物論〉、〈變通論〉、〈堅白論〉、〈名實論〉，雖然頗有後人參雜加入的文字，但大體可信是公孫龍的原作。其書或有部份亡佚，但成書必在戰國末期，這是先秦名家思想資料最眞實、內容較完整的一部著作。

（2）學說思想

◆名實論

公孫龍在學術上突出的貢獻是，由於深切感受到「名實散亂」的社會弊端，因而採取「假物取譬」的論證方式，提出「離堅白」、「白馬非馬」等一系列邏輯辯題，目的在於「欲推是辨，以正名實，而化天下。」（《公孫龍子・跡府》，頁 2）就是力圖在名實關係上撥亂反正，以此教化天下。他極度重視名實問題，認爲國君治國的頭等要務就須解決名實問題，所以〈名實論〉嘆曰：「至矣哉！古之明王，審其名實，愼其所謂，至矣哉！古之明王。」（頁13）基於此，他明確提出「夫名，實謂也。」（《公孫龍子・名實論》，頁13）的名實觀，主張「名」是對於「實」的稱謂，「名」應當符合於「實」，也必須隨「實」而變，一名一實，名符其實，進而使名正、言順、事成而天下化，這種「名隨實轉」〔註45〕的觀念，和孔子欲以舊名分去匡正新事物的正名主張形成鮮明對照，表現了名家在政治上強烈的革新精神。〈名實論〉是《公孫龍子》書中最後一篇，從總體上論述名實關係的掌握和運用，具有統領全書的性質。依照先秦書籍將序言置於全書末尾的慣例來看，〈名實論〉應當是《公孫龍子》全書的緒論或總論，有總結前面各篇之意。

◆白馬論

眞正使公孫龍譽滿天下的辯題是「白馬非馬」的論證。在論證過程中，公孫龍提出三個論據。第一個論據是，「馬」用以命形體，「白」用以命顏色，命色不等於命形。馬、白、白馬三者的內涵都不同。馬的內涵是一種動物，白的內涵是一種顏色，白馬則是一種動物加一種顏色，所以「白馬」不等於「馬」。第二個論據是，「馬」用來表示一般，而「白馬」只限於特殊。若求馬，黃馬、黑馬都可包括進去；求「白馬」，則黃馬、黑馬不能包括進去。「馬」與「白馬」的概念，在外延上，一個外延廣、一個外延狹，所以「白馬」有別於「馬」。第三個論據是馬必須帶有顏色，沒有不帶顏色的馬。不帶顏色的

〔註45〕李賢中：《先秦名家「名實」思想探析》，頁74。

「馬」只是一個抽象的概念，用來表示一種形狀的動物的概念。而「白馬」屬於另一個範疇的概念，是白加馬的一個概念。用邏輯術語來說，「馬」這個共相和「白馬」這個共相是有所不同的。「馬」的共相，是指一切馬的本質屬性，它不包括顏色，更是脫離具體和個別的馬的一種概念，而「白馬」、「黑馬」、「黃馬」相對於個別的、具體的白馬、黑馬、黃馬，它們也變成一種抽象和一般的概念了。如此說來，「馬」的共性共相，不同於「白馬」的共性共相（概念），故曰：「白馬非馬」。

總體而言，「白馬非馬」是一個純邏輯命題，其中的「非」字是「不同於」、「有別於」的意義，不能解釋為否定的「不是」。借由馬、白馬等物的譬喻，公孫龍揭示出概念之間的差異性和分離性。

◆堅白論

公孫龍與惠施並舉為名家兩大派領袖人物，在於提出「離堅白」的理論，而被稱作「離堅白」派。所謂「離堅白」，也叫「堅白石二」。「堅白石」是指堅硬的白色石頭這個具體事物，其「堅」、「白」、「石」三者是分別指這一具體事物的堅性、白色、石形等三種不同屬性；「二」含有這些屬性彼此離而為二的意思。在〈堅白論〉中，公孫龍以感覺分析的方法論證其觀念，例如人的眼睛看見石頭的白顏色而看不見它的堅硬性，說明「堅性」和「白石」彼此離而為二；人的手可以撫摸石頭的堅硬性卻摸不到它的白顏色，又說明「白色」與「堅石」彼此離而為二。由此看來，白顏色與這塊石頭，堅硬性與這塊石頭彼此是絕對分離的。換言之，作為個性存在的「堅白石」這一具體事物，與作為共性存在「堅性」、「白色」、「石形」這些屬性之間，彼此是各自獨立存在、絕對分離的關係。推廣而論，事物的個性與共性之間，以及反應事物個性與共性的邏輯概念之間，也都是絕對分離的狀態。於是〈堅白論〉得出結論：「離也者天下，故獨而正。」（頁 12）即是天下充滿著離，所以萬物各各獨立自存，各安其位，才稱得上是事物的正常狀態。

◆指物論

〈指物論〉論述了「指」和「物」的關係，是公孫龍宇宙觀的中心和結論。公孫龍所界定的「物」，當兼指「事」與「物」兩者而言，包括天地與天地間所有的事與物，相當於現代哲學所說的物質、存在、客觀實在等等；公孫龍所定義的「指」，可通「恉」、「旨」，意義是意旨、指歸，相當於今天所說的概念、思維、精神等等。〈指物論〉曰：「物莫非指，天下無指，物無可

以爲物。」（頁 6）就是說，天下一切事物，都要靠概念去把握，去描述，假如沒有概念的話，事物就無法稱之爲事物了。可是，事物可以憑感覺捉摸它的存在，但概念卻沒有辦法，故曰：「指也者，天下之所無也；物也者，天下之所有也。」（頁 6）是故，此不可觸摸、抽象的「指」，必須要寄附在具體的「物」上，我們才能感受到它而產生知識，所謂「天下無物，誰逕謂指？」（頁 7）不過，概念最終又不能完全由個別實物所反映及取代，所以說：「物不可謂指。」（頁 6）「物」與「指」，既相互依存，又有一定距離。

　　總括而言，惠施與公孫龍的名實之辯，對中國古代邏輯思維的發展有重大建樹。惠施著重了解和探討事物（「實」）性質的相對性，具有科學辨證的思考精神；針對宇宙的事物，能同中求異、異中求同，最後達到一種和諧及萬物一體的心靈境界。公孫龍著重了解和討論概念（「名」）的絕對性，強調事物與事物間、事物與概念間的分別，具有細密而邏輯的析辨精神，提醒人們注意概念本身的明確，個別事物與一般概念的差別，大大提升了人們對事物認識能力的準確性。整體來看，名家學說的流行，增加了先秦時代人們對自然事物抽象的、科學的，以及邏輯的思考能力，豐富了中國古代哲學發展中認識論的內容，也爲後來魏晉玄學的興起提供了寶貴的思想材料。〔註 46〕

二、縱橫家

（一）稱謂由來與源起背景

　　縱橫家人物在戰國時期，或稱「游士」、「謀士」、「策士」，或稱「游說權謀之徒」〔註47〕，亦即中國古代的外交活動家。《漢書・藝文志》正式列「從（縱）橫家」爲九流十家之一。

　　縱橫家的出現，是以群雄割據、諸侯兼併的複雜國際關係爲背景。在戰國時期，面對諸國爭雄、弱肉強食的戰亂形勢，特別是西方強秦的崛起，造成國際關係的嚴重危機，各國統治者不能不高度重視外交離合對國勢安定的影響，所謂「安民之本，在於擇交，擇交而得民安，擇交而不得則民終身不安。」（《史記・蘇秦列傳》，頁 885）外交的成功與否，直接關係到國家安

〔註46〕以上資料主要參見林啓彥《中國學術思想史》，李元慶《三晉古文化源流》，李賢中《先秦名家「名實」思想探析》，婁良樂《惠施研究》，楊俊光《惠施公孫龍評傳》（《中國思想家評傳叢書》第七輯，南京大學出版社，1992 年）諸書。

〔註47〕劉向：《書錄》：「游說權謀之徒，見貴於俗。」《戰國策》附錄，頁 1197。

危。於是，在變幻不定的外交風雲中，各國彼此「連與交質，重約結誓，以守其國。」（劉向《書錄》，見《戰國策》頁 1196）藉由交換人質，約定盟誓，為爭取本國的利益而結為盟友。就在這種錯綜詭譎的國際關係下，縱橫家學派應運而生，登上了歷史舞台。他們以宏遠的戰略眼光，雄辯的游說辭令，嫻熟的外交手段，縱橫捭闔，左右傾側，朝秦暮楚，往返穿梭於各諸侯國間，巧妙掌握人君的心理，利用各國之間的矛盾，一度左右了戰國時期的國際政治局勢，形成了「諸侯放恣，處士橫議。」（《孟子‧滕文公下》，頁117）的局面，造成「天下方務於合縱連橫，以攻伐為賢。」（《史記‧孟子荀卿列傳》，頁 2343）的結果，對各國政治，乃至社會、經濟的影響，莫不至巨。

（二）三晉縱橫家人物

游說諸侯之風的興起，最早可追溯至春秋末年，以鄭國子產為代表人物。由於地處中原交通要道的鄭國本身是小國，又缺乏天然屏障，夾在晉、楚兩霸之間，為雙方所必爭。為求自身生存發展，鄭國對外交政策的靈活性表現得相當機智。尤其在子產執政期間，發揮了卓越的外交才能，巧妙的利用晉、楚兩國的矛盾，依恃晉國為盟主，以抵禦強楚的北侵，而在與晉的頻繁交往中，又善於運用策略，既保持了與晉的結盟關係，爭取晉的外援，但也不卑躬屈膝，有損鄭國的尊嚴，子產可謂是縱橫家的最初創始人。但游說諸侯之風空前高漲，湧現大批縱橫權謀之徒，促使一個思想學派獨立，則是戰國中期之事。縱橫家的顯赫人物包括蘇秦、張儀、公孫衍，其中張儀、公孫衍都是魏人，兩人又因政治主張的不同而分為「連橫」、「合縱」兩大派別，張儀是「連橫」派代表，公孫衍則為「合縱」派人士。所謂「合縱」，即「合眾弱以攻一強」（《韓非子‧五蠹》，頁 1067），就是聯合各國諸侯抵抗強秦；所謂「連橫」，即「事一強以攻眾弱」（《韓非子‧五蠹》，頁1067），就是主張隨從秦國以進攻其他國家。古以南北為縱，東西為橫，因六國地連南北，故六國聯合抗秦謂之「合縱」；秦地西偏，六國居東，故六國服從秦國謂之「連橫」。張儀和公孫衍的「連橫」與「合縱」政策，對三晉政治局勢產生舉足輕重的影響力，是出身於三晉地區的縱橫家代表人物。而蘇秦雖是東周雒陽人，但其政治活動範圍廣跨秦、燕、齊、楚及三晉諸國，也主張「合縱」政策，曾佩東方六國相印，為合縱之長，趙肅侯封為武安君。就戰國時勢而言，即使蘇秦並非三晉人士，但在這個國際政治局勢變幻詭譎的時代，三晉國家是縱

橫家揮灑個人能力必不可缺的政治舞臺之一，因此在實際情況上，不論是否為三晉人士，凡主張合縱或連橫的縱橫家，對三晉國家的政局及其外交政策，都會產生相當程度的影響，這是本節介紹三晉縱橫家言之前必須先補充說明的一點。

1. 張　儀

張儀（？～西元前 310 年），魏國貴族後裔，曾和蘇秦同學於鬼谷子（《史記‧張儀列傳》，頁 2279）。鬼谷子相傳是戰國時楚人，隱居於鬼谷而名之「鬼谷子」，原名不詳。他長於養性持身之道，精通縱橫捭闔之術，被尊為縱橫家的理論奠基者，張、蘇二人的縱橫活動，可謂為鬼谷子思想的具體實踐和運用。

張儀在秦惠文君九年（西元前 329 年），由趙國西入於秦，被秦君任為客卿，積極為秦謀利。次年，他採用「連橫」，迫使韓、魏太子來秦朝拜，又與公子華（一作公子桑）攻取魏國蒲陽（今山西隰縣），再游說魏惠王獻上郡十五縣，不費一兵一卒為秦取地，惠文君因此拜他為相。惠文君十三年（西元前 325 年），輔佐惠文君稱王，秦國國勢日益強盛。

秦惠文王更元二年（西元前 323 年），秦國為了對抗公孫衍在魏國推行的合縱政策，進而達到兼併魏國土地的目地，張儀用連橫策略，與齊、楚大臣會於齧桑（今江蘇省沛縣西南），欲防止公孫衍和齊、楚合縱。更元三年，張儀被免秦相之位而至魏，倡「連橫」之說，主張魏要連秦、韓以攻齊，魏王採納，惠施倉惶離魏，張儀任魏相。其實張儀任魏相的真正目的，是想讓魏國成為依附秦國的傀儡。

由於各國感受到「連橫」的威脅，因此在秦惠文王更元六年（西元前 319 年），齊、楚、趙、韓、燕等國聯合支持公孫衍為魏相，張儀被驅逐回秦，更元八年再任秦相。次年，與司馬錯等率兵伐蜀，取得勝利，並滅巴、苴兩國，為秦國佔據了富饒的天府之國，建立鞏固的大後方。

秦惠文王更元十二年（西元前 313 年），秦欲攻齊，但憂慮齊、楚結盟，便派張儀入楚游說楚懷王，張儀以利誘楚懷王與齊斷交，事後未如承諾予楚「商於之地六百里」，楚懷王怒而攻秦，大敗，秦攻佔楚地漢中六百里地，置漢中郡。秦國的疆土更加擴大，國力更盛。

到了秦惠文王更元十四年（西元前 311 年），張儀再前往齊、楚、趙、韓、燕等國進行游說，使五國連橫事秦。不久，封武信君。同年秦惠文王

卒，子秦武王繼位。秦武王素不滿張儀，故張儀離秦赴魏，任魏相，一年而卒〔註48〕。《漢書・藝文志》「從橫家」有《張子》十篇，已經亡佚。

2. 公孫衍

公孫衍，生卒年不詳，號犀首，魏陰晉（今陝西華陰東）人。初於秦國任大良造（見《史記・六國年表》秦惠文王五年，即西元前 333 年），與張儀不善，約在張儀相秦後離秦入魏爲將軍。當張儀入秦推行「連橫」策略後不久，公孫衍也首先提出「合縱」策略，比蘇秦的「合縱」政策早了三十餘年。魏襄王十年（西元前 325 年），公孫衍拉攏齊國名將田肦一起伐趙，大敗趙兵（《戰國策・魏二・犀首田盼欲得齊魏之兵以伐趙》，頁 817）獲得勝利，魏襄王十二年（西元前 325 年）發起魏、趙、韓、燕、中山「五國相與王」（《戰國策・中山・犀首立五王》，頁 1172），自此年起，五國相與稱王，公孫衍欲以此連結各國，和秦國相抗。後四年，在東方各國的支持下，取代張儀任魏相（《戰國策・魏一・魏王將相張儀》，頁 807～808），「合縱」之勢因而形成。次年，即西元前 318 年，便有「五國伐秦」之舉。這一次合縱攻秦的五國是魏、趙、韓、燕、楚，當時曾推楚懷王爲縱長，但實際出兵和秦交戰的只有魏、趙、韓三國，攻至函谷關爲秦反擊，五國於是紛紛退兵。張儀死後，公孫衍一度入秦爲相〔註49〕，卒年、卒地皆不詳。生平事蹟可觀《戰國策》及《史記・張儀列傳》附傳〈犀首列傳〉。

《史記・張儀列傳》太史公曰：「三晉多權變之士，夫言從衡（縱橫）彊秦者大抵皆三晉之人也。」（頁 2304）就是說，戰國縱橫之徒大多出生或活動於三晉地域，尤其是魏國，聲勢最顯赫的縱橫家領袖公孫衍和張儀，同是魏惠王時代的魏國人，他們一縱一橫，足以傾動天下，時人景春曾驚嘆道：「公孫衍、張儀豈不誠大丈夫哉！一怒而諸侯懼，安居而天下熄。」（《孟子・滕文公下》，頁 108）三晉特殊的歷史背景，爲縱橫家思想的傳播創造了良好

〔註48〕 《史記・六國年表》以張儀卒於魏哀王十年，即西元前 309 年，《紀年》以「哀王九年五月卒。」據錢穆先生《先秦諸子繫年》考證，當以後者爲是。故張儀卒年爲西元前 310 年，見錢氏書，頁 381「一二六張儀卒乃魏哀王九年非十年辨」。

〔註49〕 《史記・張儀列傳》附〈犀首列傳〉曰：「張儀已卒之後，犀首入相秦。嘗佩五國之相印，爲約長。」（頁 2304）楊寬先生以爲：「說公孫衍曾繼張儀爲秦相，固然不足信，說公孫衍曾『嘗佩五國之相印，爲約長』也是誇大之辭。但是公孫衍曾約五國合縱伐秦，當是事實。」見《戰國史》（1997 年增訂版），頁 408 之註 15。

的社會環境，故而「三晉多權變之士」；其中在戰國政治舞台上叱吒風雲的縱橫家領袖人物主要集中於魏國，所以，魏國可以說是三晉國家中縱橫家薈萃之地。

第三節 儒家及其他學派

本章所論法家、名家、縱橫家，為三晉思想文化結構的主體，對整體三晉文化發揮過重大的推動力量。除了這三派學術思想之外，儒家、兵家及道家思想，也曾在三晉地區得到一定程度的傳播，並產生相當的影響，因而也是構成三晉思想文化內涵的要素。

一、儒 家

（一）子夏與牛畜

儒家學派「自孔子卒後，七十子之徒散游諸侯，大者為師傅卿相，小者友（有）教士大夫。」（《史記·儒林列傳》，頁 3116）儒家思想由此得以在各國廣泛傳播。戰國初年，子夏講學於魏國西河，魏國人田子方、段干木，和投奔魏文侯的吳起等，「皆受業於子夏之倫，為王者師。」（《史記·儒林列傳》，頁 3116）。當時，魏文侯「好學」、「好古」，「受子夏經藝」（《史記·魏世家》，頁 1839），拜子夏為師，尊田子方、段干木為友，推行儒家治國之術，收到卓越成效，由此享譽於諸侯。故子夏之儒的思想，對魏國的歷史和文化必然產生一定影響。

與此同時，因公仲連的推薦，趙烈侯起用儒家學者「官牛畜為師」，牛畜「侍烈侯以仁義，約以王道。」（《史記·趙世家》，頁 1797）「仁義」和「王道」也是儒家社會倫理的準則和教化人民的規範，烈侯因而「逌然」（舒適自然的樣子），可見儒家思想在趙國發生過一定作用。

（二）荀 子

1. 生平與著作

荀子名況，戰國末年趙國人，生卒年份不詳。據《史記·孟子荀卿列傳》記載，年五十始游學於齊國〔註50〕，此時名聞一時的稷下學士如田駢、鄒衍

〔註50〕《先秦諸子繫年》，頁 333：「荀卿年十五之齊考」，以為「五十」當「十五」之誤。

等人皆已不在，荀子被尊為資格最老的學者。齊國把荀子列入大夫之列，聘他「三為祭酒」。其後荀子為齊人所讒，乃離齊適楚。楚國春申君用為蘭陵令，春申君死後，荀子不再出仕，退隱於蘭陵，著書立說以終。

《漢書‧藝文志》「儒家」著錄《孫卿子》一書三十三篇，至唐楊倞為之注，更定為二十卷、三十二篇，改名為《荀卿子》，大體為荀卿自著。此後著錄者省稱為「荀子」，至今沿用。清儒王先謙集諸家註解大成，博采眾說為《荀子集解》，公推為善本。

2. 學術思想

荀子一生並無具體的政治成就，而是學問淵博的學者。李斯、韓非同是他的學生，可見法家思想的部分內涵是源自於荀子思想。

孔子曾說：「道之以政，齊之以刑，民免而無恥；道之以德，齊之以禮，有恥且格。」（《論語‧為政》，頁 16）前半段話帶有法家精神，後半段則是儒家思想。孟子發揮「道之以德」的思想，而荀子則發揮「齊之以禮」的思想；故大體而言，孟子重「義」，荀子重「禮」。

太史公指出：「荀卿嫉濁世之政，亡國亂君相屬，不遂大道而營於巫祝，信機祥，鄙儒小拘，如莊周等又猾稽亂俗；於是推儒、墨；道德之行事興壞，序列著數萬言而卒。」（《史記‧孟子荀卿列傳》，頁 2348）就是說，荀子是因為不滿當時政治的混亂，社會風氣的迷信，故而對當時流行的儒家、墨家、道家等學說進行全面檢討，最後提出自己的學說主張。

荀子之學是以儒家六藝為本，但其所處的時勢已和孔孟不同，所以他反對復古，反對法先王，主張創新、法後王。即在承認現有政治、社會秩序的前提下，謀求儒家理想政治的實現。其學說主要表現於三方面：倫理方面，認為性本惡，主張教化，去惡為善；政治方面，主張禮治，維護既成的政治秩序；天道觀方面，以為天是自然界，沒有意志，也沒有力量主宰人間禍福。

（1）倫理思想

在荀子之前，孔子罕言「性」，孟子倡言「性善」，荀子則主張人之本性有為惡傾向，「其善者，偽也。」（《荀子‧性惡論》，頁 289）為善是人為努力的結果。他指出人生下來便善利徇私，遇事好爭，因要爭利便無辭讓之心；人生下來便有厭惡自己所不喜好的東西之心，如果任其發展，便會把自己討厭的事物加害於人，最終導致「殘賤生而忠信亡」；又人天生本有耳目聲色之欲念，若不加以節制，結果便會「淫亂生而禮義文理亡」（《荀子‧性惡論》，

頁 289）。

總結來說，人性本惡，如果一切依從人的本性而行，只會產生爭鬥和紛亂，最後「犯分亂理而歸於暴」。要糾正這些弊病，荀子認為必須要有「師法之化」，通過教育，教人以「禮義之道」，便可「化性起偽」，藉由外在教化的功能，改變本性行惡的傾向，使人人皆「出於辭理，合於文理，而歸於治。」（《荀子‧性惡》，頁 289）。

（2）政治思想

◆為政隆禮

荀子的政治思想也從性惡論的立論點出發，其核心是「隆禮」。他以為古代聖賢最重要的貢獻是做到立禮用文以教化人民，故曰：「古者聖人以人之性惡，以為偏險而不正，悖亂而不治，故為之立君上之埶以臨之，明禮義以化之，起法正以治之，重刑罰以禁之，使天下皆出於治、合於善也。是故為政者，莫重於隆禮。」（《荀子‧性惡》，頁 293）又說：「凡禮始乎梲，成乎文，終乎悅校。故至備情文俱盡，其次情文代勝，其下復情以歸大一也。天地以合，明月以明，四時以序，星辰以行，江河以流，萬物以昌，好惡以節，喜怒以當。以為下則順，以為上則明，萬物變而不亂，貳之則喪也。禮豈不至矣哉？立隆以為極，而天下莫之能損益也。本末相順，終始相應，至文以有別，至察以有說。天下從之者治，不從則亂。從之者安，不從者危。從之者存，不從者亡。小人不能測也。」（《荀子‧禮論》，頁 236～237）荀子特重「禮」，並將一切倫理、政治納之於禮的範疇，將「禮」視為一切行為得規範，論人事不可須臾離於禮，為政也不能悖於禮。

荀子所謂「禮」有三重意義：

第一，禮用來正名分。使人人安守本份，不妄自踰越，「故王者之制名，名定而實辨，道行而志通。」（《荀子‧正名》，頁 275）荀子的名學同於孔子而繼之加強。

第二，禮要做到尊三本，即尊天地、尊親祖、尊親師。荀子說：「禮有三本。天地者，生之本也；先祖者，族類之本也；君師者，致治之本也。……故禮，上事天，下事地，尊先祖而隆君師，是禮之三本也。」（《荀子‧禮論》，頁 233）

第三，禮可以別貴賤，定長幼。其言曰：「夫貴為天子，富有天下，是人情之所同欲也，然則從人之欲，則勢不能容，物不相贍也。故先王親為之制

禮義以分之,使有貴賤之等,長幼之差,知愚能不能之分,皆使人載其事而名得其宜,是夫群居和一之道也。」(《荀子‧榮辱》,頁44)荀子的主張乃等級之治,所謂「德必稱位,位必稱祿,祿必稱用。由士以上,則必禮樂節之;眾庶百姓,則必法數制之。」(《荀子‧富國》,頁115)統治者要訂禮制法度,使人人都能各守位分,各得其祿,使上下皆宜,以達禮治之境。

◆重人治

荀子追求的禮治境界是「人君在上者,要使農以力盡田,賈以察盡財,百工以巧盡械器,士大夫以上至於公侯,莫不以仁厚智能以盡官職,夫是之謂治平。」(《荀子‧榮辱》,頁44)在上位者要具有仁、厚、智、能,才可治理好人民,明顯呈現荀子政治觀點上「重人治」的一面。儒家一向主張人治,不主法治,荀子雖開始提出法治問題,但並不過份重視,不過用以濟人治之窮,與禮樂之治相輔而行。其積極主張尚賢使能,一切以人為主,仍承舊說。如〈王制〉篇曰:「故有良法而亂者有之矣;有君子而亂者,自古及今,未嘗聞也。傳曰:治生乎君子,亂生乎小人,此之謂也。」(頁96)〈君道〉篇更謂:「有亂君,無亂國;有治人,無治法。……得其人則存,失其人則亡,法者治之端也;君子者,法之原也。故有君子則法雖省,足以遍矣;無君子則法雖具,失先後之施,不能應事之變,足以亂矣。」(頁151)荀子本意,治法乃由治人而立,人為主,法為輔,法賴人而行,其重人治、輕法治可知。其言:「王者之論,無德不貴,無能不官,無功不賞,無罪不罰。朝無幸位,民無幸生。尚賢使能而等位不遺,析願禁悍,而刑罰不過。百姓曉然皆知夫為善於家而取賞於朝也,為不善而出蒙刑於顯也。夫是之謂定論,是王者之論也。」(《荀子‧王制》,頁101~102)則主尚賢使能和賞功罰罪並行,人治與法治必相依為用,且以人治為主才是。但後起的法家如李斯、韓非者斷章取義,捨人治而專尚法治,蔽於法而不知人,走向偏激狹隘之路,實非荀子治世本論。

◆富國政治

荀子治國之道,亦言理財富國,但所言「富國」,實則富民,故其所以富國之道,在藏富於民。而富國之道,本乎「節用裕民」,其具體措施如:「輕田野之稅,平關市之征,省商賈之數,罕與役力,無奪民時,如是則國富矣,夫是之謂以政裕民。」(《荀子‧富國》,頁115~116)又言:「足國之道,節用裕民,而善藏其餘,節用以禮,裕民以政。彼裕民故多餘,裕民則民富,

民富則田肥以易，田肥以易則出實百倍。以上取法焉，而下以禮節用之，餘若丘山，不時焚燒，無所藏之。」（《荀子・富國》，頁 114）這是裕民增產之道，也是國家致富之本。要留意的是，荀子雖然也講「節其流，開其源。」（〈富國〉，頁 126）但他的經濟目光並非專重節約，而是重在「兼足天下」（〈富國〉，頁 118），即重在「均」，使百姓都能均足，均足之道在於「明分」，「明分」即是禮制，故其政治經濟之論，仍與其性惡、論禮主張一貫。

（3）天道觀

上古時代由於人類知識不發達，對大自然的一切無法捉摸，凡有災禍，都問之於天地鬼神以求取答案，將「天」視爲有意識的主宰。到了孔子，迷信及神權的觀念雖然減輕，只言人事、不講天道，但他在不知不覺中，仍然流露出天有意志的思想，如「天何言哉？四時行焉，百物成焉。」（《論語・陽貨》，頁 157）「予所否者，天厭之，天厭之！」（《論語・雍也》，頁 55）孟子只言性善，不言天道。至荀子，不但專章論述，而且有極進步的理論思想建立，明確否定「天」的支配力量。

荀子的天道觀，在〈天論〉中有相當清晰的闡述。其要點大體有三：

第一，天行有常，與人事無關。他認爲：「天行有常，不爲堯存，不爲桀亡。應之以治則吉，應之以亂則凶。彊本而節用，則天不能貧；養備而動時，則天不能病；修道而不貳，則天不能禍。」（頁 205）指出自然界有其自己運行的規律，而人事的治亂、吉凶、禍福，則均屬人爲，可因人們的意志和努力改變，與天無關。天道不因人事的善惡而變其定理，人事也不能對天道有所依賴或推委。這個思想極富革命意味。

第二，天地變化乃自然現象，無足畏懼。他說：「星墜木鳴，日月之有蝕，風雨之不時，怪星之黨見，是無世而不常有之。上明而政平，則雖並世起無傷也；上闇而政險，則是雖無一至者，無益也。夫星之墜、木之鳴，是天地之變，陰陽之化，物之罕至者也，怪之可也，而畏之非也。」（頁 209）又說：「雩而雨猶不雩而雨也。日月蝕而救之，天旱而雩，卜筮然後決大事，非以爲得求也，以文之也。」（頁 211）荀子之意，以爲天象上一切的異常是自然的變化，雖然多怪，但並不足以畏懼，更和人事的治平無關，只要政治清明，就算異象出現也無影響；反之，政治不明，即使沒有異象也無益於事。遇到日月蝕或天旱等現象，人力不必企圖挽救，因爲它們是自然現象，非人力所能救，至於遇大事卜筮，自然也無法提供什麼決定。這種見解，在兩千多年

前誠屬可貴的進步思想。

第三，修人事，應天理。〈天論〉篇還提出人對天之道，首先要明於天人之分，即天有天道，人有人事，要明其分際，以決定行爲規範；其次，不與天職爭，「天有其時，地有其財，人有其治。」（頁 206）人無法對天有所變易，唯一能做的是順應天理而行，所謂「聖人清其天君（指心），正其天官（指耳、目、鼻、口、形），備其天養，順其天政，養其天情，以全其天功，如是則知其所爲，知其所不爲矣，則天地官而萬物役矣。」（頁 207）修人事以應天理，人就可以「參」天地、「制天命而用之」。了解自然的客觀職能，就可善用自然，改造自然，使天道與人治得到統一。

荀子雖屬儒家，但其學說對孔、孟之儒的思想並非全盤接受，而是加以改造。基於不同的出發點，他構成另一套思想系統，自成一家之言。其學說中的性惡論和法治觀尤其對韓非思想的建立有重大影響，遂招致後人許多詬病；但其天道思想的先進，時至今日，我們仍不得不佩服。〔註 51〕

二、兵　家

在諸國爭雄的戰國時代，變法圖強幾乎是各國不得不行的途徑。三晉國家在歷史背景、社會環境的特殊條件下，最先走上變法改革之途，從而發展出以法家文化爲結構主體的思想文化。法家文化雖以法治爲核心思想，但富國強兵卻是法治追求的終極目標，因此，法家思想大多帶有濃厚的兵學思想。不過，其兵學思想能自成一格，足以稱家者，唯吳起一人。吳起是被公認同時爲法家學派和兵家學派的重要代表人物。另外，魏人尉繚也有兵法傳世，可確知爲三晉兵家人物。至於以統軍作戰而知名的三晉人物如趙奢、趙括、廉頗、李牧等人，世已不傳其法；或者事蹟偶然留名於《戰國策》，屢以兵事游說魏、趙之君的鄭同（《戰國策・趙三・鄭同北見趙王》，頁 712～713），其實也可視爲三晉兵家人物代表，但因其思想記載可稽考者皆過於隱晦或片斷、瑣碎，難以成體系、爲一家之言，故從略不談，此處僅及吳起和尉繚二人。其他學派人物受戰國紛擾戰爭的時勢影響，或多或少也在其學說中論及用兵思想，如荀子有〈議兵〉篇，但其論述的立論根據並非源出於主戰致勝的兵家思想，故而不列入兵家人物討論。至於三晉大將，如廉頗、李牧、龐

〔註51〕參見呂思勉：《先秦學術概論》、徐文珊：《先秦諸子導論》、林啓彥：《中國學術思想史》諸書。

涓諸人，相傳當有兵書著作，然早已亡佚不存，故略而未提。

（一）吳　起

1. 生平與著作

吳起生平事蹟已見於法家人物的介紹，不再贅述。《漢書·藝文志》「兵權謀家」著錄有《吳起》四十八篇，今僅存六篇。由此書的用語、體制、內容來看，應屬先秦兵書，但成書時代約在戰國中晚期，且非吳子手定〔註52〕，不過仍保留部份吳子思想。又《韓非子·五蠹》曾言：「藏孫、吳之書者家有之。」（頁 1066）太史公亦云：「世俗所稱師旅，皆道《孫子》十三篇，吳起《兵法》，世多有，故弗論。」（《史記·孫子吳起列傳》，頁 2168）可見吳子兵書曾經流傳很廣。

2. 學術思想

（1）戰爭觀

兵家主張戰爭是致勝安國的必然手段，因此必須先對戰爭的起源、目的、價值等基本問題提出立場說明。《吳子·圖國》對戰爭的起源和型態有細膩的分析：「凡兵之所起者有五：一曰爭名，二曰爭利，三曰積惡，四曰內亂，五曰內飢。其名又有五：一曰義兵，二曰強兵，三曰剛兵，四曰暴兵，五曰逆兵。禁暴救亂曰義，恃眾以伐曰強，因怒興師曰剛，棄禮貪利曰暴，國亂人疲，舉事動眾曰逆。」（卷上，頁 4）又說：「聖人綏以道，理之以義，動之以禮，撫之以仁，此四德者，修之則興，廢之則衰。故成湯討桀，而夏民喜悅。周武伐紂，而殷人不非。舉順天人，故能然矣。」（《吳子·圖國》卷上，頁 3）對於戰爭的意義和目的，吳子顯然是持「義戰」的看法，在理論上，戰爭的目的應該合乎「正義」的原則，誅暴討亂。因此在「義戰」的前提下，他主張兵不可廢。其言曰：「昔承桑氏之君，修德廢武，以滅其國。有扈氏之君，恃眾好勇，以喪其社稷。明主鑒茲，必內修文德，外治武備。故當敵而不進，無逮於義矣。僵屍而哀之，無逮於仁矣。」（〈圖國〉，頁 2）明主之治，必須內修文德，外治武備，二者不可偏廢，否則會招致亡國之禍。

（2）治軍之術

吳子思想中的治軍策略有三：

第一，主張由禮義教化來治君勵士，如〈圖國〉曰：「凡制國治軍，必教

〔註52〕李訓詳：《先秦的兵家》，台北：台灣大學出版委員會出版，1991 年，頁 12。

之以禮，勵之以義，使有恥也。夫人有恥，在大足以戰，在小足以守矣。」（頁3）以禮、義之道教導士卒，激發其勇氣與榮譽心，就能使軍士凝聚團結，發揮最有效的力量。

第二，賞罰分明。賞罰用以勵軍勸戰，自古即然，賞信罰必，才能建立威權；三軍服威，士卒用命，軍隊才可得勝。

第三，將士與士卒同命。《史記‧孫子吳起列傳》說：「起之爲將，與士卒最下者同衣食。臥不設席，行不騎乘，親裹贏糧，與士卒分勞苦。」（頁2166）吳起能與士卒同甘苦，激勵士氣，所以可「將三軍，使士卒樂死。」（《史記》，頁2167）

（3）選將標準

《吳子‧論將》說：「勇之於將，乃數分之一爾。」（卷下，頁2）對於將帥的選拔，絕不止於考慮勇力而已。他主張德才兼備的人要「選而別之，愛而貴之」（卷上〈料敵〉第二，頁6），做到「使賢者居上，不肖者處下。」（《吳子‧圖國》，頁4）明確地把文武雙全、剛柔兼備作爲選取將領的條件，武術與德行兼備，是自古兵家論將的要求。

（4）戰略思想

《吳子》基本上繼承了孫武「知彼知己，百戰不殆。」的戰略戰術思想，認爲戰前必須先「審敵虛實」，掌握敵情。掌握敵情之後，還要「因形用權」，即根據具體情況採用靈活多變的戰法，以達到「不勞而功舉」。捕捉有利戰機，攻擊敵軍要害，是其戰術思想的中心。吳子在長期實戰中摸索，總結出「擊之勿疑」的八種情況，「急擊勿疑」的十三種情況，以及「避之勿疑」的六種情況，爲「見可而進，知難而退」提供具體參考（見《吳子‧料敵》，頁7～8）。他還強調，軍隊在作戰中，要消滅敵方的有效力量，若不能俘虜殺人，繳獲裝備，即使擊潰敵軍，也不算有功。

（二）尉　繚

1.生平與著作

尉繚，戰國時期魏國人。《漢書‧藝文志》著錄「雜家」有《尉繚》二十九篇，「兵家」有《尉繚》三十一篇，兩者是否爲同一書，至今仍有爭議。再者，今本《尉繚子》二十四篇中採尉繚與梁惠王問答形式爲著述體裁，則梁惠王時的尉繚與《史記‧始皇本紀》中秦王政十年至秦的尉繚是否同一人，

也成爲學者激辯的焦點。由於 1972 年山東臨沂銀雀山西漢墓發現兵書殘簡中有《尉繚子》一書〔註 53〕，與今本所見基本相合，可證非漢人僞作之書，成書時代當在先秦無疑。由於書中描述的魏國情況頗合於梁惠王晚期的消頹情勢，兼之所採問對形式乃戰國中期普遍的著述體裁，故本文傾向於將作者定爲梁惠王時人。今本《尉繚子》一書爲兵家之言，共二十四篇，前十二篇主要論述政治觀和戰爭觀，後十二篇主要論述軍令和軍制。

2. 學術思想

（1）戰爭觀

《尉繚子》的戰爭觀也主張義戰思想。〈武議〉篇說：「凡兵不攻無過之域，不殺無罪之人。夫殺人之父兄，利人之貨財，臣妾人之子女，此皆盜也。故兵者所以誅暴亂，禁不義也。兵之所加者，農不離其田業，賈不離其肆宅，士大夫不離其官府，由其武議在於一人。故兵不血刃，而天下親焉。」（頁 19～20）戰爭的目的在「誅暴亂，禁不義」，而且手段上要謹守仁義，以不侵害百姓的利益爲本，才能達到「并兼廣大，以一其制度。」（〈兵教下〉，頁 45）的統一。

（2）治軍之術

《尉繚子》在治軍方面的主張也有教化論和賞罰論兩種，尤重後者。

第一，教化論。〈戰威〉曰：「故國必有禮信親愛之義，則可以飢易飽；國必有孝慈廉恥之俗，則可以死易生。古者率民必先禮信而後爵祿，先廉恥而後刑罰，先親愛而後律其身。」（頁 10）《尉繚子》書中對吳起每多稱譽，則尉繚這種濃厚的儒家教化觀，或許也是「吳起餘教」的一部分吧。

第二，賞罰論。兵家、法家皆主賞罰分明，《尉繚子》的威勝之道，當然也包括「明賞罰」一項（〈戰威〉）。〈兵教上〉說：「戰勝在乎立威，立威在乎戮力，戮力在乎正罰，正罰者，所以明賞也。」（頁 45）〈兵令下〉云：「賞如日月，信如四時，令如斧鉞，制如干將，士卒不用命者，未之聞也。」（頁 53）信賞正罰，號令可行。賞罰二者，又以刑罰爲主，講求重刑。其〈重刑令〉曰：「使民內畏重刑，則外輕敵。故先王明制度於前，重威刑於後。刑重則內畏，內畏則外輕矣。」（頁 33）《尉繚子》視賞罰爲治軍所必要，又強調重刑的功用，這和法家重法治、用賞罰的觀念並無二致。在《尉繚子》的後十二

〔註 53〕楊伯峻：〈略説沂銀雀山漢墓出土的古代兵書殘簡〉，見《楊伯峻學術論文集》，長沙：岳麓書社，1984 年，頁 181。

篇中，因此載有各種條令、制度和各種軍法的具體規定。

（3）戰略思想

《尉繚子》同樣重視研究敵我雙方情況，以爲攻戰前提。他主張戰略方針和戰術施行細則，都必須在主帥主持和有關將領參與研究下，鄭重制定出決策性的依據和程序。一旦制定了作戰方案，施行將領便有權獨立執行，確保完成。

其次，《尉繚子》思想中的戰爭，不單是一個軍事問題，還認爲戰爭的勝利與一國政治、經濟情況有密切關係。《尉繚子》深論政治與軍事的關係，以爲軍事上的勝利取決於國家良好的政治制度和措施，只有國家富足而安定，才能「戰勝於外，威制天下」。所以他主張刷新吏治，健全國家體制，明確君臣職分，注重耕織，發展農業，「使天下非農無所得食，非戰無所得爵，使民揚臂爭出農戰，而天下無敵矣。」（〈制談〉，頁 7～8），則國可大治。如果國內政治不穩定，則要設法避免戰爭。

另外，經濟條件爲戰爭活動的進行提供後勤資源，戰爭的規模、戰爭時間的長短，都要根據經濟力量的強弱調整，因此國家要掌握市場管理，嚴格財物監督，以保證軍需供應的充足，因爲「夫市也者，百貨之官也。市賤賣貴，以限士人。人食粟一斗，馬食菽三斗，人有飢色，馬有瘠形，何也？市有所出，而官無主也。夫提天下之節制，而無百貨之官，無謂其能戰也。」（〈武議〉，頁 21）。萬一經濟條件不佳，但戰爭勢必難免，則要儘速增加生產，創造財富，同時嚴厲懲罰乘機發戰爭財的人，這樣的觀點，是發前人所未發。〔註54〕

三、道　家

三晉地域並無獨立成家的道家學派人物，但道家思想對三晉思想文化的有機組成，卻具決定性的影響，這主要是通過三晉法家學者的思想體現出來。例如法家重「術」派代表申不害，司馬遷說：「申子之學，本於黃老而主刑名。」（《史記·老子韓非列傳》，頁 2146），可見他是以道家思想爲本的法家學者。他強調的「術」，是「善爲主者，倚於愚，立於不盈，設於不敢，藏於無事，竊端匿疏，示天下無爲。」（《申子·大體》，見《群書治要》頁 483）就是要

〔註54〕 以上論述參見李訓詳：《先秦的兵家》、高正：《諸子百家研究》（北京：中國社會科學出版社，1997 年），《三晉歷史人物》第一冊（北京：書目文獻出版社，1993 年）等。

國君以大智若愚之貌，若無其事，不露情緒，隱匿痕跡，對臣子、天下表示無所作爲，這其實就是《老子》「無爲而無不爲」思想在政治上的運用。申不害以爲，「惟無爲可以規（窺）之」（《韓非子・外儲說右上》，頁 728），國君只有「無爲」才能窺察一切，識別忠奸，有效地駕御臣下，才能眞正的「無不爲」。

又如法家重「勢」派的愼到，司馬遷說他：「學黃老道德之術，因發明序其指意。」（《史記・孟子荀卿列傳》，頁 928）可知愼到思想，主要是在發明黃老的道德之意，故《莊子》說他「棄知去己而緣不得已，泠汰於物以爲道理。」（《莊子・天下》卷十，頁 18～20）將他列爲道家，而荀子又把他當作法家來批判（見《荀子・非十二子》，頁 58），原因在於他乃本源於道家的法家學者，其思想自然雜揉兩派色彩。他提出的重勢、尚法的法家主張，其實是在道家崇尚自然的思想基礎上形成的，他以爲實行法治和勢治都是「因循」天道自然和世間人情的產物，是不可違抗的，明顯有道家、法家之言的融合論調。

至於集法家大成的韓非，同樣「喜刑名法術之學，而歸本於黃老。」（《史記・老子韓非列傳》，頁 2146），也是本源於道家體系的法家巨匠。他發揮老子「道法自然」的思想，確立了「以道爲常，以法爲本。」（《韓非子・飾邪》，頁 310）的學說綱領；借助老子「虛靜無爲」之道，闡明了「事在四方，要在中央；聖人執要，四方來效。」（《韓非子・揚權》，頁 121）的君主執政之道；又受老子反對德治、反智思想的影響，提出「以吏爲師」、「以法爲教」的教育政策。總之，韓非許多思想理論的建構，確實是本之於道家思想的熏陶。由此看來，道家思想在三晉地域的傳播，也經由三晉法家學者的吸收而得以流傳。

綜合以上所論，可知三晉思想文化的構成主體無疑是法家思想，法家思想在三晉大地上獲得最充份的發展，造就了眾多名垂史冊的法家巨匠。其次，名家和縱橫家在三晉文化上也大放異彩，成爲三晉法家思想實踐和傳播的兩大輔助力量。名家和法家雖屬不同的學術流派，但他們的學說在理論上可以相通，在實踐上可以相輔。名家之學乃察名實是否相符的理論之學；若持其術用之於政治，以綜核名實，則爲法家之學，此名、法二家所相通者，一爲理論、一爲實踐。縱橫家以揣摩人君心理之術，雄辯游說辭令，爲個人榮祿富貴往返穿梭於各國之間，左右國際關係的局勢，客觀上也起著溝通和交流

各國變法成果的橋樑作用，所以它對法家思想的傳播有一定貢獻。至於兵家思想、儒家思想、道家思想等其他學術流派，在三晉大地上的流傳，明顯地與法家思想有融匯一體之勢。是故，說「三晉思想文化是融匯諸家思想學說為一體的開放型文化」〔註55〕，尚稍嫌籠統，更明確地說應是：三晉思想文化是以法家思想為主幹，融匯諸家思想學說為一體的開放型文化。

第四節　文學成就

文學是人類生活的反映，是時人社會意識的直接觀照和集中體現，也是文化重要的組成部份。先秦時期，中國文學借助文字的記述而獨立發展，由春秋之前以貴族文學為主要範疇的作品形式，到春秋戰國間，社會變革產生大批新興思想家表達新思潮而創新的文學形式，使中國文學的內容增添更豐碩的思想性和藝術性。其中屬於三晉文學的成就，有不少可觀之處，包括詩歌、辭賦、散文三方面，不但大放異彩，對後代文學的養成也有重大影響。

一、詩　歌

（一）詩　經

西周春秋時期，晉國文學曾以詩歌形式流傳，當時有一部份作品被周朝政府採集至中央誦唱，並收錄在《詩經》內。今日所見《詩經》中的〈魏風〉七篇和〈唐風〉十二篇，即是採錄自晉國的歌謠。〔註56〕

〈魏風〉七篇包括〈葛屨〉、〈汾沮洳〉、〈園有桃〉、〈陟岵〉、〈十畝之間〉、〈伐檀〉、〈碩鼠〉；〈唐風〉十二篇是〈蟋蟀〉、〈山有樞〉、〈揚之水〉、〈椒聊〉、〈綢繆〉、〈杕杜〉、〈羔裘〉、〈鴇羽〉、〈無衣〉、〈有杕之杜〉、〈葛生〉和〈采苓〉。從內容上分析，有諷刺貴族官吏之詩，如〈葛屨〉、〈汾沮洳〉、〈伐檀〉、〈碩鼠〉、〈羔裘〉；有描寫行役戰爭之苦，如〈陟岵〉、〈鴇羽〉；有反映及時行樂思想的詩，〈蟋蟀〉是有節制的行樂，〈山有樞〉是頹廢痛苦的行樂；〈園有桃〉寫出憂傷國事的賢者之苦，〈十畝之間〉描繪古代婦女集體採桑的安閒歡樂，〈揚之水〉、〈椒聊〉都是喜見君子的歡唱之歌，〈綢繆〉寫出新婚夫婦羞怯欣喜之情，〈葛生〉則是淒美憂傷的悼亡之詩，〈杕杜〉為無兄弟者自傷

〔註55〕李元慶：《三晉古文化源流》，頁400。
〔註56〕晉國原封於唐地，古魏國在晉獻公時為晉國所吞滅，故此二國風可視為晉國歌謠代表。

之嘆，〈無衣〉是爲晉武公請命服之歌，〈有杕之杜〉是思念君子之詩，〈采苓〉則爲戒信讒言的作品。

整體看來，這十九篇晉風歌謠反映了相當豐富的內容思想，有諷刺貴族、批評時政、讚頌生活、抒發情感的各種題材；有歡愉的、悲傷的、感慨的、漫罵的各種情緒；題材廣泛，內容豐富，語言則樸實眞摯。藝術手法上除了鋪陳敘述，也兼用比、興手法以抒發胸臆。雖然歌聲中絕少遐想和浪漫的精神，而呈現較嚴肅、愼重、認眞、務實的思想，卻正反映出晉地民風儉樸、勤苦多憂思的風俗傳統。

除了〈魏風〉和〈唐風〉外，鄭、衛二國及王畿之地後來也被三晉國家所吞併，故《詩經》中的〈鄭風〉、〈衛風〉（包括〈邶風〉、〈鄘風〉在內）、〈王風〉三地歌謠所呈現的流俗民情，應當也會對後來的三晉風情產生一定影響。就此三地詩歌題材而論，征夫思婦、棄婦自傷、男女戀歌、諷刺或讚美貴族之作較多，尤其是鄭風二十一首，其中歌詠男女情愛的詩篇最多（十四首），加上鄭國的音樂具有輕巧複雜，聽來悅耳的長處，而被孔子評爲「鄭聲淫」（《論語·衛靈公》，頁 138）、「惡鄭聲之亂雅樂也」（《論語·陽貨》，頁 157），故後儒稱之爲「淫詩」。連音樂性質相近的〈衛風〉，也因「鄭衛之音」著名而被說成淫詩的代表。其實〈衛風〉中眞正的情詩並不多，值得留意的倒是像〈新臺〉（〈邶風〉）、〈牆有茨〉（〈鄘風〉）、〈君子偕老〉（〈鄘風〉）、〈鶉之奔奔〉（〈鄘風〉）一類諷刺詩歌，涉及衛國公室衛宣公、宣姜、公子頑淫亂史事，可爲史傳記載的佐證。如果要說「衛多淫詩」，大概是因此事而論。

（二）荀子的〈成相〉篇

現存荀子集中有〈成相〉三篇，《漢書·藝文志》「雜賦」也錄有〈成相雜辭〉十一篇，無作者姓名，作品今亦不傳，或許其中就有荀子之作。

「相」是一種用皮革製造，裏面裝著米糠的小鼓，用手拍擊，歌唱時用來調節節奏的樂器〔註57〕。荀子的三首〈成相〉，每首開場第一句歌詞都是「請成相」，即請準備打鼓歌唱之意，這種體裁很可能是荀子採用當時民間流行的一種歌謠式曲調寫作而成，因爲這種曲調都用「請成相」開唱，所以「成相」就成爲曲調的名詞。荀子〈成相〉篇的曲調是由五句組成一章，每章句式固定爲三、三、七、四、七言。〈成相〉三首，第一首從「請成相，世之殃」（《荀

〔註57〕參見楊寬：《戰國史》（1997年增訂版），頁 619、669之註2。

子》，頁 304）起，共二十二章，內容由當世之亂說起，前半首指出致亂的原因，後半首提出治理的辦法；第二首從「請成相，道聖王」（《荀子》，頁 307）起，也是二十二章，通過講歷史故事的方式來發表政見，前半首敘述古代聖王故事，說明上世所以盛平的原因，後半首敘述周幽王、周厲王的故事，說明季世所以衰亡的原因；第三首從「請成相，言治方」（《荀子》，頁 311）起，到「後世法之成律貫」（《荀子》，頁 313）為止，只有十二章，主要是講統治的方法。

綜觀荀子〈成相〉三篇的內容，顯然他創作的目的是以通俗的民歌體裁來傳佈其政治思想，藉由講述一些歷史故事闡述尚賢、勸學、為君、治國的道理，對於當代時政也多有批評。這是荀子吸納民間說唱歌謠形式所寫成的政治抒情詩，既有助於其思想理念的宣揚，其創作體例在先秦時期也是獨幟一格，難能可貴的。

二、辭賦：荀子的〈賦篇〉

據《漢書·藝文志》列孫卿（即荀卿，避漢宣帝劉詢諱而改）有賦十篇，而今本《荀子》的賦篇則僅存〈禮〉、〈智〉、〈雲〉、〈蠶〉、〈箴〉五篇，末附〈佹詩〉及〈小歌〉。五篇賦構成一組，形式基本相同，都是先問後答，前半段以四字句描繪主題，後半段用反詰句和直陳句進一步解釋說明。以〈禮賦〉為例：

> 爰有大物，非絲非帛，文理成章。非日非月，為天下明。生者以壽，死者以藏，城郭以固，三軍以強。粹而王，駁而伯，無一焉而亡。臣愚不識，敢請之王。王曰：此夫文而不采者與？簡然易知而致有理者與？君子所敬而小人所不者與？性不得則若禽獸，性得之則甚雅似者與？匹夫隆之，則為聖人；諸侯隆之，則一四海者與？致明而約，甚順而體，請歸之禮。（《荀子》，頁 313）

這是一種非詩非文的新體裁，通篇用韻又略有變化，句子整齊而又間以錯落，它的問答形式更成為漢代賦家普遍採用的形式。由現有五篇的賦來看，〈禮〉、〈智〉所賦的是抽象觀念，荀子將這兩種抽象概念比喻成具體事物，以闡述他隆禮、重智的思想；至於〈雲〉、〈蠶〉、〈箴〉三篇，表面上是詠物，所詠者乃具體事物，荀卿卻以誇張而委婉的筆法摹寫，運用擬人法、譬喻法趁機表達個人主張與理念，其內容和〈禮〉、〈智〉一樣，還是說理為主。因此荀

子的賦作，可以說是一種說理的詩文混合體。

〈賦篇〉末尾還附有〈佹詩〉、〈小歌〉，〈佹詩〉是譏評諷刺之作，體現荀子對當時社會政治的批判。開頭兩句：「天下不治，請陳佹詩」（《荀子》，頁 318）即點明創作意旨。〈佹詩〉雖然名為「詩」，但其中雜有許多散文句調，似乎是一種詩賦混合的體裁。最後的〈小歌〉，作用可能和《楚辭》的「亂曰」、《九章‧抽思》篇末的「少歌」一樣，都是樂章結奏的尾聲，用來總述前意，與〈佹詩〉應是一個整體〔註 58〕，全部用四字句，而以「矣」、「也」為句尾，抒情色彩較濃。

整體看來，荀子的詩歌、辭賦創作，傾向於傳達文學的實際作用，這和他一貫主張的哲學理念是契合的，所謂「辯說譬喻，齊給便利，而不順禮義，謂之姦說。」（《荀子‧非十二子》，頁 61）荀子強調文章應重質尚用，反對華而不實，其文學創作也不超出如此範疇。

三、諸子散文

三晉諸子散文雖然是以表達個人學術思想或政治理念為主體，但各家寫作筆法不同，實際作品也呈現多彩多姿的語言藝術風格，具有一定的文學性，故在此擇要論述。

（一）《荀子》的議論散文

今本《荀子》共三十二篇，大部份應出自荀子之手。其中〈成相〉、〈賦篇〉屬於韻文，〈大略〉、〈宥坐〉、〈子道〉、〈法行〉、〈哀公〉、〈堯問〉六篇為語錄體，其餘二十四篇皆為專題議論散文，這是荀子對先秦散文發展的首要重大貢獻，將諸子散文由語錄體推進到論說體，標誌先秦論文進入新階段的開始。

其次，這二十四篇議論散文都是「以意名篇，據題抒論」的命題論文，相較於時代較早的《論語》、《孟子》等以首句名篇的語錄體著作，在體例形式上是一大進步。

第三，就說理技巧的表現而言，荀子的議論散文有超越前人、推陳出新的開創力。如〈勸學〉、〈修身〉、〈性惡〉、〈非十二子〉、〈非相〉諸篇，皆能針對一個中心議題突出論點，詳實論證；或者如〈解蔽〉、〈致士〉、〈議兵〉諸篇，多方舉例，反覆說明；或是如〈君道〉、〈正論〉設問辯答，鮮明有力。

〔註 58〕見褚斌杰、譚家健：《先秦文學史》，北京：人民出版社，1998 年，頁 318。

他還大量引經據典，持之有故，舉凡《詩經》、《尚書》、《周易》、《聘禮》、逸書、逸詩等，皆在引用之列。

概括而論，荀子的議論散文不僅善用譬喻、排比、駢偶等語言藝術，並且呈現結構綿密嚴謹、具邏輯力、論證精確、富於文采的風格，爲後世議論散文奠定良好基礎。

（二）《韓非子》的政論散文

《韓非子》今傳五十五篇，大部份是政論散文（少部份以記敍爲主的寓言故事），內容豐富，體裁多樣，有長篇政論，短篇雜文，駁難式的史論，綱目體的經說，以及問答體、書信體等等。文風恣縱直捷，凌厲陡削，既有莊子散文博用明快的風格，又有墨子散文嚴密的邏輯推理，兼具荀子散文主題鮮明的特色，能廣取眾家之長，又有創新和發展，形成自己獨特的風格，和《墨子》的質樸、《莊子》的譎怪、《荀子》的渾厚，各具特色，可並稱「戰國散文四大家」。

大體而論，先秦長篇專題議論文是由《墨子》草創，《荀子》奠定基礎，到《韓非子》可謂成熟，體制更加宏大壯闊，結構更爲嚴密復雜，文風犀利恣肆，辯說剔抉精微，「帶有鮮明的論戰性和總結性」〔註 59〕，如〈顯學〉、〈五蠹〉、〈說難〉、〈孤憤〉諸篇可爲代表。《韓非子》散文不但善於以意名篇，切題論理，又能多方立論，詳盡透辟。尤其韓非能「據事以類義，援古以證今」〔註 60〕的說理，以生動的比喻、有力的論證、敍事的寓言強調其主張，深具說服力。語言上犀利明快、單刀直入、放言批判的特徵，形成文章具備嚴密性、條理性、科學性、生動性、尖銳性等多重藝術風貌。我們可以說，韓非散文不僅在思想上集法家之大成，在藝術上說他集諸子之大成，其實也不爲過。

（三）《尸子》與《公孫龍子》

今存《尸子》爲後人輯佚本，原本已散失難見全貌。《尸子》的特點是較少用寓言，而擅長比喻。其用喻有平實淺近，用「博喻」（以眾物的共性來說明一個道理）和類比推理的特色，觀其〈勸學〉篇，即可見其書用喻之精巧。其次，《尸子》的語言具有夸飾效果，會用通篇的排語加強說理的力度，如〈貴

〔註59〕 參見譚家健：《先秦散文藝術新探》，北京：首都師範大師出版社，1995 年，頁 124。
〔註60〕 梁・劉勰：《文心雕龍・本類》，《景印文淵閣四庫全書》四一七冊，頁 520。

言〉、〈分〉篇等內容。還有不少篇章會出現富有哲理的至理美言，值得保存。現存《尸子》篇章中的故事極少，不過輯錄的佚文中尚可看到不少歷史故事和寓言故事的殘存部份，頗具諷刺意味，可以推測原來的《尸子》應當更具有文學藝術價值的。

今本《公孫龍子》尚存六篇，不僅語言難讀，說理抽象，持論也較怪僻，但細加尋繹，仍有其獨到之處。就形式而言，除了〈名實論〉之外，其餘五篇都是假設問對，答難爭辯，採用層層推進、深入說理的筆法。說理技巧上，公孫龍善於「假物取譬」，而且是反面設喻或詭譎的比喻。語言藝術方面，《公孫龍子》的文字最顯著的特徵是將對應的名詞通篇反覆，如〈白馬論〉中的「白」和「馬」，〈堅白論〉中的「堅」、「白」、「石」，〈通變論〉中的「二」和「一」，〈指物論〉中的「物」與「指」，看似文字遊戲，其實是作者在反覆剖析命題，這種公孫龍獨創的語言風格，需要有清晰的邏輯概念才能準確理解其論說意旨。

除了上述諸書外，《呂氏春秋》一書爲呂不韋門客所著，呂氏門客來自於各個不同學派，儒、道、墨、法、陰陽、名、兵、縱橫、農家等各家思想在書中雜然並存，其中或有三晉人士執筆之篇章，但因無法確定該書寫作實況，故僅此附帶一筆。其餘如《愼子》、《申子》諸作，皆爲殘篇斷簡，難窺原貌片爪，故亦省略未及。

綜觀三晉文學成就，除了《詩經》對後代的詩歌文學具有深刻長遠的影響之外，荀子的賦體對漢賦體裁的形成，《韓非子》創作理念上強烈的政治諷刺作用，以及三晉諸子寫作技巧、語言藝術上的某些風格，對後世的文學家必然產生過一定程度的影響。

第十章 結 論

　　先秦時期是中國文明奠基、成熟、達於鼎盛的第一個文化高峰期。先秦文化開創了中華文化淵源古老、內涵豐富以及個性突出的發展面貌，而三晉文化則是先秦文化中最富有特色的地域文化之一。在滾滾不息的歷史長河中，三晉大地曾是中國原始人類繁衍生息的集聚之地，是華夏文明的發祥地之一。這樣遺風久遠的背景，為西周晉國和春秋戰國的三晉文化孕育了勃興的文化基礎，從而開展出先秦三晉文化獨具特色的個性和雲譎波詭、五光十色的景觀，大大地豐富了中華文化的內涵。

　　本論文經過一系列的分析和綜理，對先秦三晉文化的政治、社會、經濟、建築、文字、思想、天文曆法等諸多文化課題詳加探討，首先期望能更完整的呈現西周至春秋戰國這段歷史進程中，三晉文化自身存在的形式，以及它和其他地域文化間交流融合或矛盾衝突的態勢。其次，經由歸納概括而具體闡述三晉文化的「微觀」面貌後，以此為客觀依據，再從「宏觀」的角度總結先秦三晉文化的基本特色，值得關注的焦點有二：一是多種族與多鄰國的地理形勢，二是高度破壞與不斷整建的社會環境。

一、多種族與多鄰國的地理形勢

　　先秦三晉文化所在的地域，面臨多種族與多鄰國的複雜地理形勢。晉國歷史上曾經出現的戎狄族系至少有獫狁、犬戎、白狄、赤狄、山戎等狄族族系，以及驪戎、陸渾之戎、姜戎、條戎、揚拒、泉皋、伊雒之戎、狐戎等戎族族系；三家分晉後，位置居北的趙國與林胡、樓煩、東胡、中山等戎狄部族或國家接壤，也不能擺脫與戎狄部族的頻繁交流。由於晉國與趙國的地理

位置正位在華夏民族與西北游牧民族的文化交界處上，透過雙方不斷地衝突爭戰或和平往來的溝通，三晉文化因而滲入戎狄文化的氣息，西北戎狄的文化也相對受到三晉文化的浸染。換言之，先秦三晉文化的總體面貌其實具有華夏文化與戎狄文化融合的色彩。

其次，在毗鄰國家的數目上，從晉國發展到趙、魏、韓三晉國家的歷史過程中，晉國本是北線小國，因爲西北及北方受阻於戎狄部族的侵擾而轉向東南開展，經過歷代晉君發動大大小小的無數次戰爭，陸續兼併了周圍諸國，將其國勢領土漸向華夏文化的中心地帶延伸，至春秋戰國時期，趙、魏、韓三國的領地遂成爲天下中心，或爲「中央之國」（趙國），或爲「天下之胸腹」（魏國），或爲「天下之咽喉」（韓國）。此地西接霸秦，南臨強楚，東扼富齊，除了魯國之外，其餘國家如中山、燕、宋等，亦皆與其接壤，是毗鄰國家最多之地，也是南北商業往來，東西行旅交通匯集之所。不論是霸秦的東進併吞，強楚的北移開發，或者富齊的西向擴展，三晉國家都成爲其遭遇的第一線阻礙對象，因此不免成爲多戰之國。

肇因於多種族與多鄰國的地理環境因素，先秦三晉文化從而體現出華夏文化與戎狄文化融合，以及多戰之國背景孕育出習兵尚武的「強國」思想路線。

（一）三晉文化是華夏文化與戎狄文化的融合

春秋時人口中常稱的「諸華」或「諸夏」，似乎沒有很大的分別，其意義實指，就是華夏民族長期共育的華夏文化。華夏民族原是散居在中國北方平原上的許多不同支派和族系，由於北方平原水道交錯，易於交通，以及各地同樣宜於農耕發展，生活情形易於同化的結果，各地相互共有一種人文同化的趨向〔註1〕，由此形成一個融合的大民族和文化共同體，即後代所謂的「華夏民族」與「華夏文化」。華夏民族與華夏文化很早便成爲中華民族與中華文化的主幹，是周人觀念上自居的文化正統。相較於華夏文化，在周人封建屬國的四周，還有其他許多不同種族所建立的異族文化，如古史泛稱的東夷、南蠻、西戎、北狄之類，和華夏族在禮儀、服飾、飲食、風俗等文化面貌上呈現明顯的差異。養成三晉文化的三晉之地，即位於華夏文化和戎狄文化接臨的西北交界上。當兩種文化經過長時期的交流、碰撞、整合後，結果形成

〔註1〕參見錢穆：《中國文化史導論》，台北：臺灣商務印書館，1993 年初版，1996年三印，頁 25。

華夏文化、戎狄文化兼容並蓄的三晉文化面貌。

從具體的歷史事蹟來看，自晉國初建的立國方針「啓以夏政，疆以戎索」開始，就顯示晉地因位在華夏族與戎狄諸部犬牙雜居的地帶，治國政策上採取開放包容的指導原則，因俗而治，兼採夏政，並尊重戎狄異俗的文化傳統，最終自然走向融合型態的文化趨勢。隨著歷史洪流的推進，例如晉軍在開拓戰爭中大量藉助戎狄部隊輔助；晉國首先受到戎狄文化影響，採取以步兵取代車戰的作戰方式；趙武靈王仿效胡兵、胡俗，推動「胡服騎射」的重大改革；乃至於晉國上層社會與戎狄部族的通婚現象，流風必擴及社會下層階級。這些見之於文獻記載的歷史因緣，確切說明三晉文化成份存在戎狄文化的深刻影響。

再根據地下考古材料的發現證明，包括墓葬方式和器物造型或紋飾，在在顯示三晉文化融合戎狄文化的影子。例如中原地區的商周墓葬大多以木質的棺槨爲葬具，墓中以卵石塊砌棺的現象較少見。這種石築墓，自新石器時代到春秋戰國時期，一直是北方戎狄部族的墓葬習俗，具有較明顯的北方民族特色。近年來考古工作者在天馬——曲村遺址晉侯墓中發現類似的墓葬方式，證實晉國墓葬受到戎狄文化的影響〔註2〕。器物方面，以山西侯馬上馬墓地發掘出土的八百四十餘件陶鬲器型爲例（跨越年限由西周至戰國初期），考古學者將它們按形制分成甲乙丙三種類型：甲種鬲的文化特徵與陝西豐鎬地區西周文化有極大的相似性，乙種鬲的文化特徵和以黃土高原爲中心的北方地區古文化之間同類陶鬲風格十分相似，丙種鬲則是融合前兩種陶鬲特點爲一體的中間類型〔註3〕。這種情況表明晉文化的成因除了包含自周王朝帶來的周文化之外，還受到晉地當地或周邊文化的影響，經過各自獨立，交互衝擊，到變易改革，於是產生匯集兩種或多種不同文化特點於一身的新型融合文化，即三晉文化。

（二）三晉文化朝向習兵尚武的「強國路線」開展

晉國最初封建目的之一，在於爲周王朝築起防禦北線，避免戎狄的侵擾，因此國家武備的建設爲其立國重要的一環。唐叔率領「懷姓九宗」至大夏之

〔註2〕　參見〈晉豫鄂三省考古調查簡報〉，載於《文物》1982年第七期；以及〈論早期晉都〉，載於《文物》1994年第一期。

〔註3〕　參見〈山西侯馬上馬墓地發掘簡報〉，載於《文物》1989年第三期；以及〈晉文化研究的幾個問題〉，《汾河灣——丁村文化與晉文化考古學術研討會文集》，太原：山西高校聯合出版社，1996年，頁250。

墟，其中應包含作爲防禦武力的軍隊在內，才可能在戎狄交雜的夏墟建立穩固國勢，因此重視武備是晉國建國的一項根基。綜觀文獻記載，可說擴充軍備武力是春秋晉國文化的特色。政治制度上的軍政合一、軍法合一，都顯示晉國文化帶有濃厚的軍國主義色彩。原本習兵尙武是貴族子弟必受的教育，但軍隊的擴建，致使兵源擴及下層庶民，從而帶動郡縣普遍徵兵、國野界限消泯、兵農合一的社會改革。一方面，兵農合一促使習兵作戰成爲全體庶民的責任和義務；另一方面，晉國風尙重視軍功，開軍事封賞之制，進一步造成社會結構、社會組織的變遷。尙武習兵，因功賜爵，成爲下層社會份子進階上層社會的重要途徑。

以三晉思想文化主體的法家思想爲例，其思想軸心不離「富國強兵」。富國在農，強兵則可強國，耕戰合一是最理想完善的強國政策。戰國以來紛紛進行變法改革的趙、魏、韓三國，皆以耕戰合一爲強國要術。兵即是農，農即是兵，全國上下一律得從戎習武，才可保證位於多國比鄰、戰亂紛擾的三晉能在不斷的爭伐中自保。趙武靈王「胡服騎射」的創舉，更是浸染於胡俗強烈尙武風氣下推行最徹底的變法運動。深究其變俗肇因，其實是因趙國最近異族，戎狄雜處，倍受煩擾，故而吸取戎狄文化優良的成份，「以夷制夷」，先立於自救自安的情勢，然後才能進而擠身強國之林。故總體而論，三晉文化從周初立國，歷春秋戰國以來，其歷史進程由重視武備、擴充軍備，至整體社會習兵尙武成風，兵農合一政策廣行；從思想家提出改革政策，到國君變法推行，其目的皆是爲建立內可自保、外可擴展的霸權強國。其所以走向這種「強國」文化的開展路線，實乃源於三晉毗鄰多國、戰爭頻仍的地理背景。

二、高度破壞與不斷整建的社會環境

周族在取代商族爲天下共主後，主要是透過「宗法」和「封建」制度來鞏固王朝的政權，其封建屬國也都以宗法封建制度爲社會形態的基礎，以維持國家內部政治社會結構的平衡與穩定發展，晉國也不例外。「宗法封建制」原是晉國政治、經濟、社會組織等整體社會環境穩固的主要依據。不過相較於其他諸侯國，晉國卻有一個特別引人注意的特點，呈現在歷史演進上的具體面貌，即是「無公族的政治文化」，它正是直接釀成晉卿專權、三家分晉的主因。同時，一個社會如果只是一味地破壞而不建設，國家政權便無法持續，

國勢更不可能拓展，因此晉國雖然一方面陷入宗法社會由逐漸破壞到徹底崩潰的局面，另一方面也在順時應變，不斷地整建新的社會環境，面對宗法社會傾倒後緊跟而來的詭譎多變、舊制消失的社會時勢，不論晉國或三晉國家的執政者，以及三晉的思想家，都以一種充滿革新理念的進取精神，提出新的施政措施和新的社會改革理論，為三晉思想文化的內容，寫下豐富多彩、波瀾壯闊的記錄，成為三晉文化獨具特色的一環。

（一）無公族的政治文化

本論文在第四章第一節的內文中，曾一一列舉晉國宗法制遭到破壞的具體事例，包括晉殤侯以別子身份繼位為君，曲沃武公以小宗代大宗，晉君嫡長子繼承制色彩的淡化等，都是晉國公室宗法制度史上的破壞。至於對晉國內部政權結構產生最關鍵性影響的重大變化，則是晉獻公在位時發動兩次殲滅公族的行動。經過獻公大肆殘殺同姓公室宗族的結果，導致「晉之公族盡矣」（《左傳·昭公二年》叔向之語）的局面，所謂「國無公族」，竟成為晉國政治文化上異於他國政治文化的最大特色。同姓公族的勢力遭到摧毀壓抑，必然造成異姓異氏宗族的崛起，這是晉國國勢走向六卿坐大、三家分晉，乃至於滅亡的根本原因。

（二）充滿革新精神的思想文化

1. 施政措施上的變革

春秋中期以後，隨著晉國宗法制度與政權結構的剝離，宗法血緣觀念在晉人社會意識形態上的束縛因而解體，影響所及，晉國的政治社會環境，都呈現舊制度動搖，新制度應運而生的改革理念。例如晉國從「作州兵」、「作爰田」到郡縣組織的普遍設置，與郡縣二級制的出現，革新的腳步走得比大多數國家要快。晉國首先在實戰中以步戰取代車戰，趙國首先設立騎兵部隊，這些軍事上的首創之舉，馬上成為他國仿效的對象。趙鞅在鐵之戰前的誓師宣言，最先透露以軍功論賞的意味，開啟戰國與後代王朝軍功賜爵制度的先聲。晉國最早有「將軍」稱號，並且較早推行文武分治，中央集權的官僚制度。晉國鑄鐵鼓與成文法的較早公布，促使三晉走向法治文化凌駕禮治文化的改革路線，魏國並成為戰國時期率先變法圖強之國。

總體而論，晉國與晉卿在許多政策的推行上具有順應潮流、勇於創新的改革魄力，不囿於舊禮制、舊觀念的束縛，能在高度破壞的社會環境中不斷

地整建新的社會局面而不消靡，顯示晉人思想積極性的一面，透露出晉文化精神蘊含革新理念的本質。這種充滿革新理念的精神，一直延續在三晉文化中，隨著三晉思想家改革理論的建立與傳播，進一步清楚地體現。

2. 思想家理念上的變革

三晉思想家人才輩出，無論法家、名家、縱橫家、儒家、兵家，都有學術史上舉足輕重的人物誕生。其中法家思想爲三晉思想文化的主體結構，名家、縱橫家爲法家思想的側翼，儒家、兵家、道家與墨家則爲法家思想構成所吸納的養份來源。法家思想理論建構在「富國強兵」的政策目標上，其理論方針不外「變法」二字，既要「變」，自然得懷抱革新精神提出革新之道。因此不論是李悝、申不害在魏、韓兩國任相變法，或者商鞅、吳起在秦、楚兩國推行新政，以及總論前人成就，集法家大成建立思想體系的韓非，他們的思想都是立足在舊社會、舊制度的弊端上，各自以革新理念架構鋪展的治國之道，革新精神便是他們彼此立論的共同根基。

至於惠施、公孫龍等名家人物揭示名實關係的邏輯思維探討，跳脫孔子維護周禮舊制「正名」思想的框框，以及縱橫家在外交政策與思想主張上的見機行事，順風轉舵，其實也是本於順時應變、據變而行的革新理念所產生的實用之學。即使是一貫以維護傳統禮制色彩最濃厚的儒家思想，在三晉思想文化革新本質的熏陶下，代表戰國晚期儒家巨匠的荀子，其思想成份中異於孔孟色彩的性惡論，浸習三晉法家思想的禮、法並行說，與其擺脫傳統觀念，自創科學實證的「制天」說，處處都透顯荀子思想內涵中超越前人、盈溢革新思潮的痕跡。

因此，不論從具體的歷史歷程驗證，或者從剖析思想理論的內在成因探究，三晉思想文化中相繼不斷的革新精神，爲三晉社會的整建一再注入新的原動力，它絕對是創造三晉文化豐富壯觀的文化特色之一。

綜合而論，三晉文化最大的特徵在於它破壞與建設的速度皆甚於其他地域文化。不論是破壞或建設，三晉文化都凸顯了革新的積極性與開創性。在破壞、變革舊制度、舊文化的同時，它並且吸收不同養份，整建出新的文化面貌。透過和戎狄文化的雜處接壤，以及和其他地域文化頻繁爭戰的廣泛交流，三晉文化因而體現爲兼容並蓄，充滿開創革新精神的融合型文化。

除了上述立足於宏觀角度鳥瞰整體三晉文化的兩大特色外，尚可留意趙、魏、韓三晉文化在面貌「大同」前題下的「小異」之處。大體看來，三

晉文化因地處中原文化與戎狄文化的交界點，由於頻繁接觸而浸染戎狄文化
的色彩，其中更以趙國文化的戎狄氣息最為濃厚，「胡服騎射」改革政策和騎
兵隊的首設，都是趙國文化較魏、韓深受戎狄文化的影響所致；魏國立國於
晉國原有的河東大地上，直接傳承晉國文化的遺風，是三晉國家中文風最盛
之國，產生或活動於此的思想家比比皆是，如李悝、子夏、吳起、惠施、尉
繚、尸佼、張儀、公孫衍等等，魏國可說是戰國時期思想大家們嶄露頭角的
重要舞臺；相較於趙國和魏國，韓國是三晉國家中領地最小、國勢最弱的一
國，地瘠民貧的現實環境，促使在夾縫中求生存的韓國產生極端法治思想的
大家——韓非，雖然韓非的法家思想理論未曾在韓國實施，卻對戰國末年的
政治情勢有實際深刻的影響，這是趙、魏、韓三晉文化出身相同文化背景下，
因不同地理條件、歷史態勢而產生的重要文化差異。

重要參考文獻

壹、古籍及今人校釋（依時代先後，再依作者姓名筆畫由少至多排列）

一、經

1. 漢・桓寬撰，清・張敦仁考證，《鹽鐵論》，台北：臺灣商務印書館，1965年。

2. 漢・袁康撰，晉・孔晁注，《逸周書》，台北：台灣中華書局，1965年。

3. 漢・許慎著，清・段玉裁著，《圈點說文解字》，台北：萬卷樓，2002年二版。

4. 漢・劉熙，《釋名》，台北：臺灣商務印書館，1966年。

5. 漢・戴德，《大戴禮記》，台北：臺灣商務印書館，1965年。

6. 漢・韓嬰，《韓詩外傳》，《景印文淵閣四庫全書》八十九冊，台北：臺灣商務印書館，1983年。

7. 晉・郭璞註，《穆天子傳》，台北：臺灣商務印書館，1965年。

8. 清・王引之，《經義述聞》，台北：世界書局，1975年二版。

9. 清・王照圓補注，《列女傳補注》，台北：臺灣商務印書館，1968年。

10. 清・李調元，《左傳官名考》，《叢書集成初編》，北京：中華書局，1985年。

11. 清・阮元校刻本，《十三經注疏》，台北：藝文印書館。

12. 清・高士奇，《左傳記事本末》，北京：中華書局，1979年。

13. 清・程廷祚，《春秋職官考略》，《叢書集成初編》，北京：中華書局，1991年。

14. 清・顧棟高，《春秋大事表》，台北：鼎文書局，1974年。

15. 楊伯峻，《春秋左傳注》，高雄：高雄復文圖書出版社，1991年再版。

二、史

1. 漢・司馬遷，《新校本史記》，台北：鼎文書局，1987 年九版。

2. 漢・劉向集錄，《戰國策》（士禮居叢書本），台北：里仁書局，1990 年。

3. 吳・韋昭注，《國語》，台北：臺灣商務印書館，1965 年。

4. 唐・李泰等著、賀次君輯校，《括地志輯校》，北京：中華書局，1980年。

5. 唐・杜祐，《通典》，台北：新興書局，1959 年。

6. 唐・長孫無忌等，《唐律疏議》，《景印文淵閣四庫全書》六七二／六七三冊，台北：臺灣商務印書館，1983 年。

7. 宋・司馬光，《資治通鑑》，台北：臺灣商務印書館，1990 年。

8. 宋・鄭樵，《通志》，台北：臺灣商務印書館，1987 年。

9. 明・董說，《七國考》，北京：中華書局，1956 年版、1998 年第二次印刷。

10. 清・王軒等纂修、李裕民點校，《光緒山西通志》，北京：中華書局，1990年。

11. 清・江永，《春秋地理考實》，《景印文淵閣四庫全書》一八一冊，台北：臺灣商務印書館，1983 年。

12. 二十五史刊行委員會，《二十五史》，台北：開明書局，1962 年。

13. 楊家駱主編，《竹書紀年八種》（中國學術名著），台北：世界書局，1989年四版。

三、子

1. 西周・呂望，《六韜》（百部叢書集成：九十二武經七書），台北：藝文印書館，1967 年。

2. 春秋・李耳，《老子》，台北：台灣中華書局，1965 年。

3. 戰國・莊周，《莊子》，台北：台灣中華書局，1968 年二版。

4. 東周・公孫龍，《公孫龍子》，台北：台灣中華書局，1965 年。

5. 東周・司馬穰苴，《司馬法附逸文》（百部叢書集成：九十二武經七書），台北：藝文印書館，1967 年。

6. 東周・吳起，《吳子》，《景印文淵閣四庫全書》七二六冊，台北：台灣商務印書館，1983 年。

7. 東周・尉繚，《尉繚子及其他二種》，台北：臺灣商務印書館，1968 年。

8. 漢・劉向撰，趙善詒疏證，《說苑疏證》，台北：文史哲出版社，1986 年。

9. 唐・尹知章注，清・戴望校正，《管子校正》（續古逸叢書），台北：世界書局，1990 年十三版。

10. 宋・陸佃，《鶡冠子解》，台北：臺灣商務印書館，1968 年。

11. 清·王先謙集解,《荀子集解》,北京:中華書局,1988 年。

12. 清·孫詒讓,《墨子閒詁》,台北:華正書局,1985 年。

13. 王啓湘校,《周秦名家三子校詮》,上海:古籍出版社,1955 年。

14. 朱師轍,《商君書解詁定本》,台北:鼎文書局,1979 年。

15. 張震澤,《孫臏兵法校理》,台北:明文書局,1985 年。

16. 許維遹等,《呂氏春秋集釋》等五書,台北:鼎文書局,1984 年。

17. 陳奇猷,《呂氏春秋校釋》,台北:華正書局,1985 年。

18. 陳奇猷,《韓非子集釋》,台北:華正書局,1975 年二版。

19. 楊家駱主編,《韓非子集解》等九種(中國學術名著),台北:世界書局,1988 年。

20. 趙虛丹,《趙註孫子十三篇》,台北:新文豐書局,1982 年。

四、集

1. 唐·柳宗元,《柳河東全集》,台北:世界書局,1988 年。

貳、現代專著（依作者姓名筆畫由少至多排列,同一作者則依書名筆畫由少至多排列）

一、文化專著

（一）通　論

1. 王力,《古代漢語》,台北:藍燈文化,1989 年。

2. 弘文館編輯部,《中國古代文化趣談》,台北:弘文館,1990 年。

3. 田昌五,《華夏文明》(第一輯),北京:北京大學出版社,1987 年。

4. 田繼周,《先秦民族史》,成都:四川民族出版社,1996 年。

5. 白壽彝主編,《中國通史》,上海:上海人民出版社,1996 年。

6. 地球出版社編輯部編,《中國文明史》(先秦時期),台北:地球出版社,1991 年。

7. 何光岳,《周源流史》,南昌:江西教育出版社,1997 年。

8. 李民,《夏商史探索》,鄭州:河南出版社,1985 年。

9. 李學勤,《東周與秦代文明》,台北:駱駝出版社,1983 年。

10. 李鍌、邱燮友、周何、應裕康,《中國文化概論》,台北:三民書局,1996 年十四版。

11. 張其昀,《中華五千年史》第一冊,台北:中國文化大學出版社,1981 年七版。

12. 許倬雲，《西周史》(增訂版)，台北：聯經出版公司，1993 年四印。

13. 郭沫若，《十批判書》，北京：東方出版社，1996 年。

14. 陰法魯、許樹安，《中國古代文化史》，北京：北京大學出版社，1989 年。

15. 童書業，《春秋史》，濟南：山東大學出版社，1987 年。

16. 楊寬，《古史新探》，北京：中華書局，1965 年。

17. 楊寬，《西周史》，台北：臺灣商務印書館，1999 年。

18. 楊寬，《戰國史》(1997 年增訂版)，台北：臺灣商務印書館，1997 年。

19. 齊思和，《中國史探研》(古代篇)，台北：弘文館出版社，1985 年。

20. 錢穆，《中國文化史導論》，台北：臺灣商務印書館，1996 年。

21. 錢穆，《國史大綱》，台北：臺灣商務印書館，1990 年。

(二) 區域文化研究

1. 三晉文化研究會學術部編，《三晉文化研究論叢》第一輯，太原：山西人民出版社，1994 年。

2. 王志民，《齊文化概論》，濟南：山東人民出版社，1993 年。

3. 何平立，《中州文化》，瀋陽：遼寧教育出版社，1995 年。

4. 李元慶，《三晉古文化源流》，太原：山西古籍出版社，1997 年。

5. 李孟存、常金倉，《晉國史綱要》，太原：山西人民出版社，1988 年。

6. 周振鶴，《中國歷史區域文化研究》，上海：復旦大學出版社，1997 年。

7. 張正明，《楚文化史》，上海：上海人民出版社，1987 年。

8. 張京華，《燕趙文化》，瀋陽：遼寧教育出版社，1995 年。

9. 張景賢，《三家分晉》，北京：中華書局，1981 年。

10. 郭克煜，《魯國史》，北京：人民出版社，1994 年。

11. 馮寶志，《三晉文化》，瀋陽：遼寧教育出版社，1991 年。

12. 黃松，《齊魯文化》，瀋陽：遼寧教育出版社，1991 年。

13. 劉貫文編，《三晉歷史人物》，北京：書目文獻出版社，1993 年。

14. 劉舒俠，《閒話晉國三晉及其文化》，太原：山西高校聯合出版社，1996 年。

(三) 政治文化

1. 王天有，《中國古代官制》，台北：臺灣商務印書館，1994 年。

2. 王曉衛，《中國軍事制度史》(兵役制度)，鄭州：大象出版社，1997 年。

3. 左言東，《中國古代官制》，杭州：浙江古籍出版社，1988 年第三次印刷。

4. 左言東，《先秦職官表》，北京：商務印書館，1994 年。

5. 李新達，《中國軍事制度史》（武官制度），鄭州：大象出版社，1997 年。

6. 汪中文，《兩周官制論稿》，高雄：高雄復文出版社，1993 年。

7. 李德源，《中國軍事制度史》（軍事法制），鄭州：大象出版社，1997 年。

8. 俞鹿年，《中國官制大辭典》，哈爾濱：黑龍江人民出版社，1992 年。

9. 姚漢榮，《中國古代文化制度簡史》，上海：學林出版社，1992 年。

10. 郝志清，《中國軍事制度史》（軍事教育訓練制度），鄭州：大象出版社，1997 年。

11. 張晉藩，《中國古代法律制度》，北京：中國廣播電視出版社，1992 年。

12. 童超，《中國軍事制度史》（後勤制度），鄭州：大象出版社，1997 年。

13. 黃留珠，《中國古代選官制度述略》，西安：陝西人民出版社，1989 年。

14. 劉昭祥，《中國軍事制度史》（軍事組織體制編制），鄭州：大象出版社，1997 年。

15. 繆文遠，《戰國制度通考》，成都：巴蜀書社，1998 年。

16. 藍永蔚，《春秋時代的步兵》，台北：木鐸出版社，1987 年。

（四）社會文化

1. 毛禮銳、沈灌群，《中國教育通史》，濟南：山東教育出版社，1985 年。

2. 王子輝、王明德，《中國古代飲食》，台北：博遠出版有限公司 1989 年。

3. 王鳳喈，《中國教育史》，台北：正中書局，1945 年初版、1997 年二版。

4. 田昌五、臧知非，《周秦社會結構研究》，西安：西北大學出版社，1996 年。

5. 朱天順，《中國古代宗教初探》，台北：谷風出版社，1986 年。

6. 何懷宏，《世襲社會及其解體——中國歷史上的春秋時代》，北京：三聯書店，1996 年。

7. 杜希宙、黃濤，《中國歷代祭禮》，北京：北京圖書館出版社，1998 年。

8. 沈從文，《中國古代服飾研究》（增訂本），上海：上海書店出版社，1997 年。

9. 周迅、高春明，《中國古代服飾風俗》，台北：文津出版社，1989 年。

10. 林乃燊，《中國飲食文化》，上海：上海人民出版社，1989 年。

11. 晁福林，《夏商西周的社會變遷》，北京：北京師範大學出版社，1996 年。

12. 高壽仙，《中國宗教禮俗》，台北：百觀出版社，1994 年。

13. 張亮采，《中國風俗史》，北京：東方出版社，1996 年（據商務印書館，1926 年版再版）。

14. 張踐、馬洪路、李樹琦，《中國春秋戰國宗教史》，北京：人民出版社，

1994 年。

15. 盛義，《中國婚俗文化》，上海：上海文藝出版社，1994 年。

16. 郭振華，《中國古代人生禮俗文化》，西安：陝西人民出版社，1998 年。

17. 郭齊家，《中國古代學校》，北京：商務印書館，1998 年。

18. 萬建忠，《中國歷代葬禮》，北京：北京圖書館出版社，1998 年。

19. 鄭若葵，《中國遠古暨三代習俗史》，北京：人民出版社，1994 年。

20. 魯達，《中國歷代婚禮》，北京：北京圖書館出版社，1998 年。

21. 霍魏，《大禮安魂——中國古代墓葬制度》，成都：四川教育出版社，1998 年。

（五）經濟文化

1. 吳兆莘，《中國稅制史》，北京：商務印書館，1937 年第一版，1998 年印刷。

2. 李祖德、劉精誠，《中國貨幣史》，台北：文津出版社，1995 年。

3. 周國林，《戰國迄唐田租制度研究》，武昌：華中師範大學出版社，1993 年。

4. 柯育彥，《中國古代商業簡史》，濟南：山東人民出版社，1990 年。

5. 柴繼光、李希堂、李竹林，《晉鹽文化述要》，太原：山西人民出版社，1993 年。

6. 馬洪路，《中國遠古暨三代經濟史》，北京：人民出版社，1994 年。

7. 郭正忠，《中國鹽業史》（古代篇），北京：人民出版社，1997 年。

8. 陳維稷主編，《中國紡織科學技術史》，北京：科學出版社，1984 年。

9. 楊生民，《中國春秋戰國經濟史》，北京：人民出版社，1994 年。

（六）思想文化

1. 王曉波，《先秦法家思想史論》，台北：聯經出版公司，1991 年。

2. 呂思勉，《先秦學術概論》，上海：東方出版社，1996 年。

3. 李訓詳，《先秦的兵家》，台北：台灣大學出版委員會，1991 年。

4. 李賢中，《先秦名家「名實」思想探析》，台北：文史哲出版社，1992 年。

5. 林啓彥，《中國學術思想史》，台北：書林出版社，1996 年。

6. 侯外廬，《中國思想史綱》，北京：中國青年出版社，1980 年。

7. 徐文珊，《先秦諸子導讀》，台北：幼獅文化事業公司，1993 年。

8. 高正，《諸子百家研究》，北京：中國社會科學出版社，1997 年。

9. 梁啓超，《先秦政治思想史》，北京：民國學術經典文庫，東方出版社，

1996 年。

10. 陳啓天，《中國法家概論》，台北：臺灣中華書局，1985 年。

11. 楊俊光，《惠施公孫龍評傳》，《中國思想家評傳叢書》第七輯，南京：南京大學出版社，1992 年。

12. 趙忠文，《先秦思想史要論》，瀋陽：遼寧教育出版社，1993 年。

13. 劉毓璜，《先秦諸子初探》，淮陽：江蘇人民出版社，1984 年。

14. 謝雲飛，《韓非子析論》，台北：東大圖書公司，1980 年。

（七）其　他

1. 山西省文物工作委員會，《侯馬盟書》，北京：文物出版社，1976 年。

2. 中國地圖出版社編輯，《中華人民共和國分省地圖集》，北京：中國地圖出版社，1995 年。

3. 王國維，《鬼方昆夷獫狁考》，《叢書集成續編》（雪堂叢刻本），台北：藝文印書館。

4. 北京科學出版主編，《中國古代建築技術史》，北京：博遠出版，1993 年。

5. 曲英杰，《先秦都城復原研究》，哈爾濱：黑龍江人民出版社，1991 年。

6. 朱華，《三晉貨幣》，太原：山西人民出版社，1994 年。

7. 何九盈，《中國漢字文化大觀》，北京：北京大學出版社，1995 年。

8. 何琳儀，《戰國文字通論》，北京：中華書局，1989 年。

9. 李學勤，《古文字學初階》，北京：中華書局，1985 年。

10. 林秀貞、陳紹棣、雷從雲，《中國宮殿史》，台北：文津出版社，1995 年。

11. 徐傳武，《中國古代天文曆法》，濟南：山東教育出版社，1990 年。

12. 張頷，《張頷學術文集》，北京：中華書局，1995 年。

13. 梁思成，《中國建築史新編》，台北：明文書局，1986 年。

14. 陳久金，《陳久金集》，哈爾濱：黑龍江教育出版社，1993 年。

15. 楊寬，《中國古代都城制度史》，上海：上海古籍出版社，1993 年。

16. 褚斌杰、譚家健，《先秦文學史》，北京：人民出版社，1998 年。

17. 劉韶軍，《中華占星術》，台北：文津出版社，1995 年。

18. 劉昭民，《中國歷史上氣候之變遷》，台北：臺灣商務印書館，1992 年。

19. 鄭慧生，《古代天文曆法研究》，開封：河南大學出版社，1995 年。

20. 劉君燦編著，《中國天文學史新探》，台北：明文書局，1988 年。

21. 錢穆，《先秦諸子繫年》，台北：東大圖書公司，1986 年。

22. 薄樹人，《中國天文學史》，台北：文津出版社，1996 年。

23. 譚家健，《先秦散文藝術新探》，北京：首都師範大學出版社，1995 年。

24. 譚其驤，《中國歷史地圖集》，北京：中國地圖出版社，1996 年。

二、器物與考古專著

1. 丁福保，《古錢大辭典》，台北：世界書局，1947 年出版，1993 年三版二刷。

2. 山西省考古研究所，《上馬墓地》，北京：文物出版社，1994 年。

3. 山西省考古研究所，《山西考古四十年》，太原：山西人民出版社，1994 年。

4. 山西省考古學會、山西考古研究所，《山西省考古學會論文集》，太原：山西人民出版社，1992 年。

5. 山西省考古研究所，《山西舊石器時代考古文集》，太原：山西經濟出版社，1993 年。

6. 山西省考古研究所，《太原晉國趙卿墓》，北京：文物出版社，1996 年。

7. 山西省考古研究所，《侯馬鑄銅遺址》，北京：文物出版社，1993 年。

8. 山西省考古研究所侯馬工作站編，《晉都新田》，太原：山西人民出版社，1996 年。

9. 山西考古研究所編，《三晉考古》（第一輯），太原：山西人民出版社，1994 年。

10. 中國青銅器全集編輯委員會，《中國青銅器全集（八）》，北京：文物出版社，1995 年。

11. 中國社科院考古所，《夏縣東下馮》，北京：文物出版社，1988 年。

12. 袁仲一，《秦始皇兵馬俑》，台北：駱駝出版社，1988 年。

13. 馬承源，《中國青銅器》，上海：上海古籍出版社，1988 年。

14. 張希舜主編，《山西文物館藏珍品》（青銅器），太原：山西人民出版社，1992 年。

15. 山西考古研究所，《汾河灣——丁村文化與晉文化考古學術研討會文集》，太原：山西高校聯合出版社，1996 年。

16. 湖北省博物館，《曾侯乙墓文物藝術》，武漢：湖北美術出版社，1996 年。

17. 黃河文化論壇編輯部，《黃河文化論壇》第一輯，太原：北岳文藝出版社，1998 年。

18. 楊泓，《中國古代兵器論叢》，台北：明文書局，1983 年。

19. 楊育彬、袁廣闊編，《二十世紀河南考古發現與研究》，鄭州：中州古籍出版社，1997 年。

20. 睡虎地秦墓竹簡小組編，《睡虎地秦墓竹簡》，北京：文物出版社，1977

年。

21. 趙樹文、燕宇,《趙都考古探索》,北京:當代中國出版社,1993 年。

22. 謝燕萍、游學華,《中國舊石器時代文化遺址》,香港:中文大學出版社,1984 年。

23. 羅振玉,《三代吉金文存》,北京:中華書局,1983 年。

24. 張之恒、周裕興,《夏商周考古》,南京:南京大學出版社,1995 年。

25. 郭沫若,《兩周金文辭大系圖錄考釋》,《郭沫若全集·考古編》,北京:科學出版社,2002 年。

參、論文期刊（依作者姓名或篇名筆畫由少至多排列）

一、碩博士論文

1. 吳雅芝,《戰國三晉銅器研究》,台灣師範大學國文研究所碩士論文,1996 年。

2. 李隆獻,《晉史蠡測》,台灣大學中國文學研究所博士論文,1992 年。

3. 林天人,《先秦三晉區域文化研究》,台灣師範大學歷史研究所博士論文,1998 年。

4. 婁良樂,《惠施研究》,台灣師範大學國文研究所,嘉新水泥公司基金會研究論文,第九十一種。

5. 張有智,《論三晉法家形成的社會基礎》,復旦大學歷史系博士論文,1999 年。

6. 陳溫菊,《詩經器物考釋》,中正大學中文所碩士論文,1994 年。

7. 曾志雄,《侯馬盟書研究》,香港中文大學中文博士論文,1993 年。

8. 蔡鴻江,《晉國文獻及銘文研究》,高雄師範大學國文研究所碩士論文,1993 年。

二、單篇論文

1. 于省吾,〈關於古文字研究的若干問題〉,《文物》1973 年第二期。

2. 于豪亮,〈古璽考釋〉,《古文字研究》第五輯（北京:中華書局,1981 年）。

3. 山西省文管會侯馬工作站,〈侯馬北西庄東周遺址的清理〉,《文物》1959 年第六期。

4. 〈山西侯馬東周遺址發現大批陶範〉,《文物》1960 年第八～九期。

5. 〈山西侯馬東周遺址發現大批陶範補充資料〉,《文物》1961 年第一期。

6. 山西省考古研究所,〈山西渾源李峪東周墓〉,《文物》1983 年第八期。

7. 〈山西侯馬上馬墓地發掘簡報〉,《文物》1989 年第三期。

8. 山西省考古研究所侯馬工作站,〈三件戰國文物介紹〉,《文物季刊》1996 年第三期。

9. 〈山西省芮城縣出土的戰國貨幣〉,《文物參考資料》1958 年第六期。

10. 〈山西侯馬上馬村發現東周銅器〉,《考古》1959 年第七期。

11. 山西省文物管理委員會,〈山西陽高天橋出土的戰國貨幣〉,《考古》1965 年第四期。

12. 山西省考古研究所侯馬工作站,〈山西侯馬牛村古城晉國祭祀建築遺址〉,《考古》1988 年第十期。

13. 山西省考古研究所侯馬工作站,〈山西侯馬晉國遺址牛村古城的試掘〉,《考古與文物》1988 年第一期。

14. 山西省文物管理委員會,〈山西長治市分水嶺古墓的清理〉,《考古學報》1957 年第一期。

15. 山西省文管會侯馬工作站,〈山西侯馬上馬村東周墓葬〉,《考古學報》1963 年第五期。

16. 山西省考古研究所侯馬工作站,〈侯馬呈王路建築群遺址發掘簡報〉,《考古》1987 年第十二期。

17. 中國歷史博物館考古組,〈燕下都城址調查報告〉,《考古》1962 年第一期。

18. 中國科學院考古研究所山西工作隊,〈山西夏縣禹王城調查〉,《考古》1963 年第九期。

19. 中國科學院考古研究所山西工作隊,〈山西夏縣禹王城調查〉,《考古學報》1963 年第九期。

20. 中國社會科學院考古研究所河南一隊,〈裴李崗遺址發掘報告〉,《考古學報》1984 年第一期,1979 年。

21. 中國社科院考古所,〈山西夏縣東下馮遺址和傳說中的夏墟與夏年〉,《夏縣東下馮》(北京:文物出版社,1988 年)。

22. 〈中西長子殷周文化遺存〉,《文物》1959 年第二期。

23. 牛濟普,〈鄭州滎陽兩地新出戰國陶文介紹〉,《中原文物》1981 年第一期。

24. 王克林,〈侯馬東周社稷遺跡的探討〉,《山西文物》1983 年第一期。

25. 王建,〈下川文化——山西下川遺址調查報告研究〉,《山西舊石器時代考古文集》(太原:山西經濟出版社,1993 年)。

26. 王克林,〈山西侯馬上馬村東周墓葬〉,《考古》1963 年第五期。

27. 〈出土文物二三事〉,《文物》1972 年第三期。

28. 北京大學考古學系，〈天馬──曲村遺址北趙晉侯墓地第五次發掘〉，《文物》1995 年第七期。

29. 四川省博物管，〈成都百花潭中學十號墓發掘記〉，《文物》1976 年第三期。

30. 田昌五，〈談臨沂銀雀山竹書中的田制問題〉，《文物》1986 年第二期。

31. 田世英，〈歷史時期山西水文的變遷及其與耕牧業更替的關係〉，《山西大學學報》（哲學版）1981 年第一期。

32. 石凌虛，〈先秦時期山西水運試探〉，《山西大學學報》（哲學版）1983 年第四期增刊。

33. 安志敏、陳存洗，〈山西運城洞溝的東漢銅礦和題記〉，《考古》1962 年第十期。

34. 〈1957 年邯鄲發掘簡報〉，《考古》1959 年第十期。

35. 朱德熙，〈戰國陶文和璽印文字中的者字〉，《古文字研究》第一輯（北京：中華書局，1979 年）。

36. 朱華，〈稷山縣出土「甘丹」空首布〉，《中國錢幣》1984 年第二期。

37. 朱德熙、裘錫圭，〈關於侯馬盟書的幾點補釋〉，《文物》1972 年第八期。

38. 吳汝康，〈丁村人牙齒化石的研究〉，《山西舊石器時代考古文集》。

39. 吳連城，〈山西省揀選到珍貴文物──西周鎛幣〉，《文物》1965 年第五期。

40. 呂文郁，〈春秋時代晉國的縣制〉，《山西師大學報》（社科版）1992 年第四期。

41. 李學勤，〈戰國題銘概述〉，《文物》1959 年第七～九期。

42. 李家浩，〈戰國貨幣文字中的幣和比〉，《中國語文》1980 年第五期。

43. 李先登，〈河南登封陽城遺址出土陶文簡釋〉，《古文字研究》第七輯（北京：中華書局，1982 年）。

44. 李裕民，〈我對晊馬盟書的看法〉，《考古》1973 年第三期。

45. 李孟存、常金倉，〈叔虞封地說諸說正誤辨析〉，《晉陽學刊》1983 年第四期。

46. 李廣潔，〈先秦時期山西交通述略〉，《晉陽學刊》1985 年第四期。

47. 李晃世，〈三晉法家思想淵源的剖析〉，《中央研究院國際漢學會議論文集》，歷史考古組上冊，1981 年。

48. 杜正勝，〈周秦城市的發展與特質〉，《中央研究院歷史語言研究所集刊》五十一集第四分冊。

49. 〈河南登封陽城遺址的調查與鑄鐵遺址的試掘〉，《文物》1977 年第十二

期。

50. 〈河北省平山縣戰國時期中山國墓葬發掘簡報〉,《文物》1980 年第五期。

51. 〈河南固始侯古堆一號墓發掘簡報〉,《文物》1981 年第一期。

52. 河南省文物研究所,〈河南溫縣東周盟誓遺址一號坎發掘簡報〉,《文物》1983 年第三期。

53. 河南省文物研究所,〈河南新鄭故城的鑽探和試掘簡報〉,《文物資料叢刊》1980 年第三期。

54. 〈河北邯鄲澗溝村古遺址發掘簡報〉,《考古》1961 年第四期。

55. 〈河北邯鄲百家村戰國墓〉,《考古》1962 年第十二期。

56. 〈河北邯鄲百家村新石器時代遺址〉,《考古》1965 年第四期。

57. 〈河南新鄭沙窩李新石器時代遺址發掘簡報〉,《考古》1983 年第十二期。

58. 河北省文化局文物工作隊,〈河北易縣燕下都故城勘察和試掘〉,《考古學報》1965 年第一期。

59. 河北省文物管理處,〈河北武安磁山遺址〉,《考古學報》1981 年第三期。

60. 〈祁縣下王莊出土的戰國布幣〉,《文物》1972 年第四期。

61. 竺可楨,〈中國近五千年來氣候變遷的初步研究〉,《考古學報》1972 年第一期。

62. 邱文選,〈晉國七都六遷始末〉,《晉陽學刊》1982 年第五期。

63. 侯馬市考古發掘委員會,〈侯馬牛村古城南東周遺址發掘簡報〉,《考古》1962 年第二期。

64. 〈侯馬盟書疑難字考〉,《古文字研究》第五輯(北京:中華書局,1981 年)。

65. 段士樸,〈古晉都考〉,《山西師院學報》1983 年第一期。

66. 唐蘭,〈侯馬出土晉國趙嘉之盟書新證〉,《文物》1972 年第八期。

67. 唐蘭,〈陝西省岐山縣董家村新出西周重要銅器銘辭的釋文和注釋〉,《文物》1976 年第五期。

68. 〈晉文化研究的幾個問題〉,《汾河灣──丁村文化與晉文化考古學術研討會文集》(太原:山西高校聯合出版社,1996 年)。

69. 〈晉豫鄂三省考古調查簡報〉,《文物》1982 年第七期。

70. 陝西周原考古隊,〈陝西岐山鳳雛村西周建築基址發掘簡報〉,《文物》1979 年第十期。

71. 馬世之,〈關於春秋戰國城的探討〉,《考古與文物》1981 年第四期。

72. 馬世之,〈略論韓都新鄭的地下建築及冷藏井〉,《考古與文物》1983 年第一期。

73. 高明,〈中原地區東周時代青銅禮器研究〉,《考古與文物》1981 年第二～四期。

74. 高明,〈侯馬載書盟主考〉,《古文字研究》第一輯(北京:中華書局,1979年)。

75. 張玉勤,〈晉作州兵探析〉,《山西師大學報》(社科版)1985 年第一期。

76. 張守中,〈1959 年侯馬「牛村古城」南東周遺址發掘簡報〉,《文物》1960年第八～九期。

77. 張頷,〈侯馬東周遺址發現晉國朱書文字〉,《文物》1966 年第二期。

78. 張頷,〈侯馬盟書叢考續〉,《古文字研究》第一輯(台北:中華書局,1989 年)。

79. 張子高、楊根,〈從侯馬陶范和興隆鐵范看戰國時代的冶鑄技術〉,《文物》1973 年第六期。

80. 莊雅州,〈呂氏春秋之氣候〉,《中正大學學報》第一卷第一期人文分冊,1990 年。

81. 許倬雲,〈春秋戰國的社會變動〉,《中央研究院歷史語言研究所集刊》三十四期下集。

82. 許倬雲,〈西周的物理天文與工藝〉,《中央研究院歷史語言研究所集刊》四十四集第四分冊。

83. 郭沫若,〈侯馬盟書試探〉,《文物》1966 年第二期。

84. 郭沫若,古代文字之辯證的發展,《考古》1972 年第三期。

85. 陳夢家,古代文字之辯證的發展,《考古》1966 年第五期。

86. 陳夢家,〈戰國度量衡略說〉,《考古》1964 年第六期。

87. 陳良佐,〈古代的金屬工藝〉,《中央研究院歷史語言研究所集刊》五十二集第二分冊。

88. 陳英哲,〈山西舊石器時代考古綜述〉,《山西舊石器時代考古文集》(太原:山西經濟出版社,1993 年)。

89. 陳國生、羅文,〈試論地理環境在魏國興衰中的作用〉,《山西大學學報》(哲社科版)1993 年第二期。

90. 陶正剛、葉學明,〈古魏城和禹王城調查簡報〉,《文物》1962 年第四～五期。

91. 陶正剛、王克林,〈侯馬東周盟誓遺址〉,《文物》1972 年第四期。

92. 裴文中、賈蘭坡,〈丁村舊石器〉,《山西舊石器時代考古文集》(太原:山西經濟出版社,1993 年)。

93. 景廣學，〈歷史時期山西地區森林植被之景觀〉，《山西大學學報》（哲學版）1983 年第三期。

94. 曾庸，〈若干戰國布幣地名的辨識〉，《考古》1980 年第一期。

95. 馮時，〈侯馬盟書與溫縣盟書〉，《考古與文物》1987 年第二期。

96. 黃盛璋，〈釋初吉〉，《歷史研究》1958 年第四期。

97. 黃盛璋，〈所謂夏虛都三璽與夏都問題〉，《河南文博通訊》1980 年第三期。

98. 黃盛璋，〈試論三晉兵器的國別和年代及其相關問題〉，《考古學報》1974 年第一期。

99. 黃盛璋，〈三晉銅器的國別、年代與相關制度問題〉，《古文字研究》第十七輯（北京：中華書局，1989 年）

100. 黃盛璋，〈新出戰國金銀器銘文研究〉，《古文字研究》第十二輯（北京：中華書局，1985 年）。

101. 黃盛璋，〈司馬成公權的國別、年代與衡制問題〉，《中國歷史博物館館刊》1982 年第二期。

102. 黃盛璋，〈關於侯馬盟書的主要問題〉，《中原文物》1981 年第二期。

103. 黃盛璋，〈新發現之三晉兵器及其相關問題〉，《文博》1987 年第二期。

104. 黃茂琳，〈新鄭出土戰國兵器中的一些問題〉，《考古》1973 年第六期。

105. 楊文齋，〈侯馬地區古城址的新發現〉，《文物》1958 年第十二期。

106. 楊寶順，〈新鄭出土西周銅方壺〉，《文物》1972 年第十期。

107. 楊富斗，〈侯馬西新發現一座古城遺址〉，《文物參考資料》1957 年第十期。

108. 楊寶成，〈殷代車子的發現與復原〉，《考古》1984 年第六期。

109. 楊育彬、孫廣清，〈河南晉文化的發現與研究〉，《汾河灣——丁村文化與晉文化考古學術研討會文集》（太原：山西高校聯合出版社，1996 年）。

110. 楊伯峻，〈略說沂銀雀山漢墓出土的古代兵書殘簡〉，《楊伯峻學術論文集》（長沙：岳麓書社，1984 年）。

111. 葉其峰，〈戰國官璽的國別及有關問題〉，《北平故宮博物院院刊》1981 年第三期。

112. 裘錫圭，〈戰國貨幣考〉，《北京大學學報》1978 年第二期。

113. 裘錫圭，〈戰國璽印文字考釋三篇〉，《古文字研究》第十輯（北京：中華書局，1993 年）。

114. 裘錫圭，〈戰國文字中的市〉，《考古學報》1980 年第三期。

115. 賈蘭坡，〈山西朔縣峙峪舊石器時代遺址發掘報告〉，《山西舊石器時代考古文集》（太原：山西經濟出版社，1993 年）。

116. 賈蘭坡、王建，〈西侯度文化遺存〉，《山西舊石器時代考古文集》（太原：山西經濟出版社，1993 年）。

117. 賈蘭坡，〈匼河石器〉，《山西舊石器時代考古文集》（太原：山西經濟出版社，1993 年）。

118. 賈蘭坡、衛奇，〈陽高許家窯舊石器時代文化遺址〉，《山西舊石器時代考古文集》（太原：山西經濟出版社，1993 年）。

119. 暢文齋、顧鐵符，〈山西洪趙縣坊堆村出土的卜骨〉，《文物參考資料》1956 年第七期。

120. 暢文齋，〈侯馬發現了春秋時代的釉陶〉，《文物》1960 年第八～九期。

121. 日・增淵龍夫著、索介然譯，〈說春秋時代的縣〉，《日本學者研究中國史論文選譯三》（北京：中華書局，1993 年）。

122. 衛斯，〈試論下川遺址出土的研磨盤在我國北方粟作文化起源中的歷史地位〉，《山西文物》1986 年第一期。

123. 〈論早期晉都〉，《文物》1994 年第一期。

124. 〈鄭州市發現的一處商代居住與鑄銅器遺址簡介〉，《文物參考資料》1957 年第六期。

125. 〈臨沂銀雀山漢墓出土《孫子兵法》殘簡釋文〉，《文物》1974 年第十二期。

126. 謝元璐、張頷，〈晉陽古城勘察記〉，《文物》1962 年第四～五期。

127. 謝堯亭，〈侯馬盟書試析〉，《山西省考古學會論文集二》（太原：山西人民出版社，1994 年）。

128. 謝堯亭，〈關於晉文化與晉國史的幾點認識〉，《晉文化學術討論會論文》，1994 年。

129. 〈關於夏縣東下馮遺址三件銅器的金相鑒定〉，《夏縣東下馮》（北京：文物出版社，1988 年）。